iBT 고득점으로 가는

Grammar & Writing 4

2nd Edition

DARAKWON

임정준
서강대학교 영문학 학사
크레이튼대학교 영문학 석사
연세대학교 교육학 박사
전) 파고다 외국어학원 토플 강사
현) 서울대학교 치의학대학원 강의조교수
〈저서〉
CBT TOEFL TWE 5.0+ (파고다출판사 2003)
TOEFL WRITING Sentence to Sample Essay (파고다출판사 2004)

김민호
선문대학교 통번역 대학원 석사(한영과)
전) 정이조 영어학원 동작캠퍼스 원장
전) 정이조 영어학원 목동캠퍼스 원장
현) 김민호 영어 원장

iBT 고득점으로 가는
Grammar & Writing ❹
2nd Edition

지은이 임정준, 김민호
펴낸이 정규도
펴낸곳 (주)다락원

개정판 1쇄 발행 2014년 7월 31일
개정판 4쇄 발행 2020년 3월 2일

편집 최주연, 최순영, 김민주, 이동호
영문 교열 Michael A. Putlack, 최순영
디자인 조화연, 김금주

訂 다락원 경기도 파주시 문발로 211
내용문의: (02)736-2031 내선 502
구입문의: (02)736-2031 내선 250~252
Fax: (02)732-2037
출판등록 1977년 9월 16일 제403-2008-000007호

Copyright © 2014 임정준

값 **12,500**원

ISBN 978-89-277-0735-6 54740
ISBN 978-89-277-0731-8 54740 (set)

http://www.darakwon.co.kr
다락원 홈페이지를 방문하시면 상세한 출판정보와 함께 동영상강좌,
MP3자료 등 다양한 어학 정보를 얻으실 수 있습니다.

iBT 고득점으로 가는

Grammar & Writing

4

2nd Edition

DARAKWON

필자는 iBT 토플 영작 강의를 하면서 토플을 준비하는 많은 사람들을 만날 수 있었다. 그들과 강의실에서 함께 씨름하면서 느낀 것은, 많은 학생들이 영어 작문을 부담스러워 하며, 무엇보다 잘하고 싶은 마음에 비해 쉽게 늘지 않는 영작 실력을 답답해 한다는 것이다. 그들 대부분은 영어 문법과 단어를 충분히 알고 있는데도 정작 제대로 된 영어 문장을 쓰지 못했다. 이런 근본적인 문제를 파악하자 학생들에게 필요한 것은 단순한 문법책이 아니라 영어 작문을 위한 책이 필요하다는 것을 깨닫게 되었다. 단편적인 문법 지식이 아닌 전체 문장 구조를 정확하게 이해해야만 비로소 영어 문장을 쓸 수 있게 되기 때문이다.

이 책은 iBT 고득점으로 가는 Grammar & Writing 시리즈의 완결편으로, 시리즈 제목에서도 알 수 있듯이 토플 시험에 맞추어 영어 문법 공부와 작문 훈련을 효과적으로 결합시킨 교재다. 가능한 쉬운 문법 설명으로 시작해서 토플 에세이 완성까지 단계적(step by step)으로 구성하였다. 기본적인 문법 지식은 시리즈 1~3권에서 충분히 쌓았으므로, 이 책에서는 한 걸음 더 나아가 영문 에세이를 쓰는 데 필요한 문법적 설명과 영작 과정을 집중적으로 훈련시키고 있다.

매 Unit의 구성과 특징은 다음과 같다.

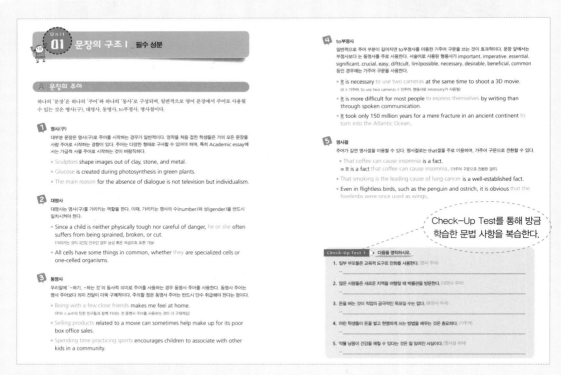

Unit의 핵심 문법 사항

먼저 그 Unit에서 꼭 알아두어야 할 핵심 문법 사항을 실제 토플에 나오는 문장과 유사한 예문으로 학습한다.

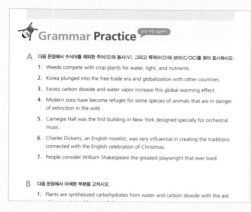

Grammar Practice

A 다음 문장에서 수식어를 제외한 주어(S)와 동사(V), 그리고 목적어(O)와 보어(C/OC)를 찾아 표시하시오.

1. Weeds compete with crop plants for water, light, and nutrients.
2. Korea plunged into the free-trade era and globalization with other countries.
3. Excess carbon dioxide and water vapor increase this global warming effect.
4. Modern zoos have become refuges for some species of animals that are in danger of extinction in the wild.
5. Carnegie Hall was the first building in New York designed specially for orchestral music.
6. Charles Dickens, an English novelist, was very influential in creating the traditions connected with the English celebration of Christmas.
7. People consider William Shakespeare the greatest playwright that ever lived.

B 다음 문장에서 어색한 부분을 고치시오.

1. Plants are synthesized carbohydrates from water and carbon dioxide with the aid

Sentence Writing Practice

A 다음 문장을 완성하시오.

1. 선입견은 사람이나 사물에 대한 지식이 적어서 생긴다.
   - Stereotypes _____ little knowledge about people or objects.
2. 그는 다른 사람들과 함께 있으면 불편하게 느낀다.
   - He feels _____ when being with others.
3. 나는 그가 왜 항상 불평만 하는지 모르겠다.
   - I don't know _____.
4. 그는 담배를 끊기로 약속했다.
   - He promised _____ smoking.
5. 나는 유년기가 한 사람의 인생에서 가장 중요한 시기라고 생각한다.
   - I believe _____
6. 낚시는 많은 인내심을 요구한다.
   - Fishing _____ much patience.
7. 좋은 식습관은 사람들이 건강을 유지할 수 있게 도와 준다.

Grammar Practice
다양한 유형의 문제로 해당 Unit에서 배운 문법 사항을 한꺼번에 복습해 본다.

Sentence Writing Practice
배운 문법 사항을 바탕으로 영어 문장을 만들어 보면서 영작 실력을 연마한다.

실전 Essay Practice

■ 아래 독립형 과제의 토픽을 읽고 에세이를 작성하기 위한 본론 전개를 완성하시오.

Some people say that advertising encourages us to buy things we really do not need. Others say that advertisements tell us about new products that may improve our lives. Which viewpoint do you agree with? Use specific reasons and examples to support your answer.

1. 오늘날 누구도 광고의 영향으로부터 벗어날 수 없다. 광고의 주된 혜택은 사람들에게 새로운 제품에 대해 알려 주는 것이다.
   ► Nowadays, nobody can _____ from the influence of advertisements. The primary benefit of advertisements is to keep people _____ about new products.

2. 예를 들면, 광고는 한 제품의 출시를 알려주고 소비자에게 그 제품의 가격을 통보하며 세부적인 특징을 설명해 준다.
   ► To illustrate, advertising _____ the release of a product, _____ customers of its price, and _____ its detailed qualities.

3. 광고가 없다면 대부분의 소비자들은 제품 간의 차이를 알기 어렵다.
   ► Without advertising, most customers could _____

4. 광고는 각 제품의 기능, 가격, 심지어 사후 서비스까지 비교할 수 있도록 해서 어느 것이 더 가치 있는 구매인지 결정할 수 있게 해 준다.
   ► Advertisements enable them to _____ of each product and decide which one is a more worthwhile purchase.

5. 일반적으로 기업은 강력하고 지속적인 광고를 만들려고 노력한다. 광고는 오늘날의 경쟁 시장에서 기업의 생존과 밀접하게 연관되어 있는 것이다.
   ► In general, companies strive to create strong and lasting advertisements, _____ in today's competitive markets.

6. 예를 들어, 한 제품이 잘 광고되어서 더 많은 사람들이 그 제품을 구입하면 제조사는 그 제품의 셀링포인트를 강화시킬 것이다.
   ► For example, if a product is advertised well and more people purchase the product, the manufacturer will _____ of the product.

7. 고객이 광고와 일치하지 않은 결함 있는 제품을 구매해서 그것에 대해 불만을 표시한다면 제조업체는 즉시 그 제품의 리콜을 알리고 결함을 시정해 줄 것이다.
   ► If customers buy a defective product that does not _____ its advertising and complain about it, the maker will _____ of the product and fix its faults.

8. 특정 제품의 판매를 증가시키기 위해 그 제품을 광고하는 기업은 소비자의 요구에 민감해야 하고 어떤 불만에도 즉각 대응해야 한다.
   ► To increase sales of a certain product, the company advertising the product should be _____ to customers' needs and _____ to any complaints.

9. 따라서 광고는 제조사와 소비자 사이의 상호 커뮤니케이션을 위한 효과적인 교량 역할을 할 수 있는 것이다.
   ► Therefore, advertising can be an _____ to connect customers with manufacturers for _____.

Tips for Academic WRITING

독자를 2인칭대명사로 언급하지 않는다. Avoid addressing the reader as you.
일반적으로 academic writing과 같이 일정한 형식을 갖춘 formal essay에서 독자를 언급하기 위해 you와 같은 2인칭 대명사를 사용하지 않는 것이 바람직하다.

- You can see the results in Table 1.
  → The results can be seen in Table 1.
- You would be impressed when you watched the film's ending.
  → People would get impressed while watching the film's ending.

실전 Essay Practice
iBT 토플 에세이 쓰기에 본격적으로 대비하기 위한 코너이다. 실제로 출제되는 문제와 유사한 독립형 과제와 통합형 과제에 대한 답안을 학생 스스로 완성해 볼 수 있다.

Tips for Academic Writing 에는 학생들이 어렵게 느낄 수 있는 학술적인 글쓰기에 꼭 필요한 조언을 담았다.

혼자서 공부하는 학생들의 편의를 위해 해설서를 별책으로 실었다. 이 책으로 공부하는 학생들이 영작에 관한 재미와 자신감을 쑥쑥 키워가길 기대하며…

임정준

(1) 통합형 과제(Integrated Task)

기존 CBT의 TWE와는 다르게 독해(Reading)와 듣기(Listening) 후 Writing을 완성하는 유형의
문제로서 Writing Skill뿐 아니라 Reading과 Listening Skill도 함께 요구된다. 아래 두 가지 유형이
대표적이다.

① 의견 – 반박 유형(Opinion – Challenging)

`Reading` 먼저 지문을 통해 한 가지 이론이나 문제, 혹은 원리에 대한 글쓴이의 의견이나 입장을 보여준다.

`Listening` 3분의 지문 읽기가 끝나면 2분간의 강의를 듣게 된다. 강의의 내용은 앞에서 읽은 지문의 의견에
반대하는 의견을 제시한다. 반론을 제기하면서 독해 지문에서 제시되었던 예시나 근거를
조목조목 반박한다.

`Writing` 들은 강의의 내용을 중심으로 요약하되 읽기 지문에 사용되었던 근거와 주장을 비교하여
글을 작성한다.

② 문제 – 해결 유형(Problem – Solution)

`Reading` 한 가지 문제가 제시되고 그것에 대한 설명을 위해 문제가 발생한 원인이나 구체적인 실례
혹은 증거가 언급된다.

`Listening` 읽기 지문에서 제시되었던 문제를 해결할 수 있는 방안(solution)이 제시되고 이 해결방안의
결과가 성공적인지, 실패했는지 아니면 예상치 못한 결과를 초래했는지 그 결과를 설명한다.

`Writing` 지문에 사용되었던 문제제기를 언급하면서 강의에서 제시한 해결방안이 성공적인지, 실패했는지,
아니면 다른 결과를 초래했는지 종합적으로 요약해 준다.

(2) 독립형 과제(Independent Task)

기존 CBT의 TWE와 같은 형태로, 주어진 Topic에 대해 자신의 의견이나 생각을 충분한 근거나 이유를
제시하며 설명하는 문제 유형이다. 문장을 완성하는 능력뿐 아니라 Essay의 구조를 익혀 그 틀에 맞게
글을 구성하는 능력이 요구된다. 아래 두 가지 유형이 대표적이다.

① 찬성/반대 유형(Agree/Disagree Type)

주어진 문제에 대해 수험자가 동의 혹은 반대하는지 의견을 묻는 유형이다. 자신의 의견을 제시하고
이를 지지할 수 있는 근거를 본론에서 구체적으로 제시해야 한다.

② 선호 유형(Preference Type)

주어진 문제는 주로 두 가지 입장이나 생각 중 어떤 것을 선호하는지를 묻는 것인데, 이에 대해 수험자가
선호하는 것을 말하고 이에 대한 근거를 본론에서 구체적으로 제시해야 한다.

CONTENTS

CHAPTER 01

문장 구조

A 문장의 주어

하나의 '문장'은 하나의 '주어'와 하나의 '동사'로 구성되며, 일반적으로 영어 문장에서 주어로 사용될 수 있는 것은 명사(구), 대명사, 동명사, to부정사, 명사절이다.

 명사(구)

대부분 문장은 명사(구)로 주어를 시작하는 경우가 일반적이다. 영작을 처음 접한 학생들은 거의 모든 문장을 사람 주어로 시작하는 경향이 있다. 주어는 다양한 형태로 구사할 수 있어야 하며, 특히 Academic essay에서는 가급적 사물 주어로 시작하는 것이 바람직하다.

- **Sculptors** shape images out of clay, stone, and metal.
- **Glucose** is created during photosynthesis in green plants.
- **The main reason** for the absence of dialogue is not television but individualism.

 대명사

대명사는 명사(구)를 가리키는 역할을 한다. 이때, 가리키는 명사의 수(number)와 성(gender)을 반드시 일치시켜야 한다.

- Since a child is neither physically tough nor careful of danger, he or she often suffers from being sprained, broken, or cut.
  (가리키는 것이 3인칭 단수인 경우 남성 혹은 여성으로 표현 가능)
- All cells have some things in common, whether they are specialized cells or one-celled organisms.

 동명사

우리말에 '~하기, ~하는 것'의 동사적 의미로 주어를 사용하는 경우 동명사 주어를 사용한다. 동명사 주어는 명사 주어보다 의미 전달이 더욱 구체적이다. 주의할 점은 동명사 주어는 반드시 단수 취급해야 한다는 점이다.

- Being with a few close friends makes me feel at home.
  (주어 = 소수의 친한 친구들과 함께 지내는 것 동명사 주어를 사용하는 것이 더 구체적임)
- Selling products related to a movie can sometimes help make up for its poor box office sales.
- Spending time practicing sports encourages children to associate with other kids in a community.

to부정사

일반적으로 주어 부분이 길어지면 to부정사를 이용한 가주어 구문을 쓰는 것이 효과적이다. 문장 앞에서는 부정사보다 는 동명사를 주로 사용한다. 서술어로 사용된 형용사가 important, imperative, essential, significant, crucial, easy, difttcult, (im)possible, necessary, desirable, beneficial, common 등인 경우에는 가주어 구문을 사용한다.

- <u>It</u> is necessary to use two cameras at the same time to shoot a 3D movie.
  (It = 가주어, to use two cameras = 진주어, 형용사로 necessary가 사용됨)

- <u>It</u> is more difficult for most people to express themselves by writing than through spoken communication.

- <u>It</u> took only 150 million years for a mere fracture in an ancient continent to turn into the Atlantic Ocean.

 명사절

주어가 길면 명사절을 이용할 수 있다. 명사절로는 that절을 주로 이용하며, 가주어 구문으로 전환할 수 있다.

- That coffee can cause insomnia is a fact.
  = It is a fact that coffee can cause insomnia. (가주어 구문으로 전환한 경우)

- That smoking is the leading cause of lung cancer is a well-established fact.

- Even in flightless birds, such as the penguin and ostrich, it is obvious that the forelimbs were once used as wings.

Check-Up Test 1 〉 다음을 영작하시오.

1. 일부 부모들은 교육적 도구로 만화를 사용한다. (명사 주어)
   → _____

2. 많은 사람들은 새로운 지역을 여행할 때 박물관을 방문한다. (대명사 주어)
   → _____

3. 돈을 버는 것이 직업의 궁극적인 목표일 수는 없다. (동명사 주어)
   → _____

4. 어린 학생들이 돈을 벌고 현명하게 쓰는 방법을 배우는 것은 중요하다. (가주어)
   → _____

5. 약물 남용이 건강을 해칠 수 있다는 것은 잘 알려진 사실이다. (명사절 주어)
   → _____

문장에서 제일 중요한 열쇠는 바로 '동사'이다. 동사가 바로 문장의 형식과 구조를 결정한다는 점에서 동사의 종류를 정확하게 이해해야 한다. 동사의 종류는 크게 자동사와 타동사로 구분하며, 다섯 개의 문장 형태를 만들 수 있다.

1형식 문장

1형식 문장	
문장의 필수 성분	주어 + 동사
동사의 종류	occur, rise, originate, evolve, depend, rely, react, go, come, arrive, sit

- The meeting is supposed to take place at eight next Monday.
- A chemical reaction occurs as soon as these two liquids combine.
- Species of insects can evolve quickly because of their rapid reproduction cycle.

2형식 문장

2형식 문장	
문장의 필수 성분	주어 + 동사 + 주격보어
동사의 종류	be, become, stay, remain, prove, appear, look, seem, feel, taste, smell, sound

- One of the key elements of jazz is improvisation.
- Andrew Wyeth is famous for his realistic and thoughtful paintings.
- Today, the national museum remains a powerful inspiration to thousands of people from all over the world.

3형식 문장

3형식 문장	
문장의 필수 성분	주어 + 동사 + 목적어
동사의 종류	devise, develop, encourage, exhibit, include, influence, involve, form, owe, prevent, pull, question, receive, require, represent

- Planting trees on barren slopes can prevent erosion.
- Earth's gravity pulls everything toward the center of Earth.
- A crowd of several hundred fans watched the ceremony from behind a fence.

4형식 문장

4형식 문장	
문장의 필수 성분	주어 + 동사 + 직접목적어 + 간접목적어
동사의 종류	give, award, grant, cost, save, win, show, tell, persuade, convince, inform, warn

- Chlorophyll gives green leaves their color.
- Berkeley's utility tax will cost you hundreds of dollars per year.
- The United States granted women the right to vote only after the adoption of the 19th Amendment in 1920.

5형식 문장

5형식 문장	
문장의 필수 성분	주어 + 동사 + 목적어 + 목적격보어
동사의 종류	call, consider, make, name, elect, appoint, designate

- People called Hippocrates the father of modern medicine.
- I make it a rule to eat foods that are naturally low in fat.
- The president intends to appoint him a chairperson for a term of five years.

 Check-Up Test 2 ▶ 다음을 영작하시오.

1. 건강한 몸은 좋은 영양과 좋은 운동 습관에 달려 있다. (1형식 동사)
   → _____

2. 몸무게를 줄이는 것은 심장이 건강한 상태를 유지하도록 도와준다. (2형식 동사)
   → _____

3. 대부분 인간 활동은 야생 동물의 생존과 자연 환경을 위협한다. (3형식 동사)
   → _____

4. 그의 직업은 그에게 그다지 많은 성취감을 주지 못했다. (4형식 동사)
   → _____

5. 기숙사에 사는 것은 신입생들의 학교 시설물 이용을 편리하게 해 줄 수 있다. (5형식 동사)
   → _____

Grammar Practice 문법 사항 복습하기

A 다음 문장에서 수식어를 제외한 주어(S)와 동사(V), 그리고 목적어(O)와 보어(C/OC)를 찾아 표시하시오.

1. Weeds compete with crop plants for water, light, and nutrients.

2. Korea plunged into the free-trade era and globalization with other countries.

3. Excess carbon dioxide and water vapor increase this global warming effect.

4. Modern zoos have become refuges for some species of animals that are in danger of extinction in the wild.

5. Carnegie Hall was the first building in New York designed specially for orchestral music.

6. Charles Dickens, an English novelist, was very influential in creating the traditions connected with the English celebration of Christmas.

7. People consider William Shakespeare the greatest playwright that ever lived.

B 다음 문장에서 어색한 부분을 고치시오.

1. Plants are synthesized carbohydrates from water and carbon dioxide with the aid of energy derived from sunlight.

2. In a solar calendar, the waxing and waning of the Moon can be taken place at various stages of each month.

3. The gradual change in eating habits will guarantee his a healthy life.

4. He taught to me how to make spaghetti.

5. Doing household chores teaches important lessons children.

A 다음 문장을 완성하시오.

1. 선입견은 사람이나 사물에 대한 지식이 적어서 생긴다.

   → Stereotypes _____ little knowledge about people or objects.

2. 그는 다른 사람들과 함께 있으면 불편하게 느낀다.

   → He feels _____ when being with others.

3. 나는 그가 왜 항상 불평만 하는지 모르겠다.

   → I don't know _____.

4. 그는 담배를 끊기로 약속했다.

   → He promised _____ smoking.

5. 나는 유년기가 한 사람의 인생에서 가장 중요한 시기라고 생각한다.

   → I believe _____.

6. 낚시는 많은 인내심을 요구한다.

   → Fishing _____ much patience.

7. 좋은 식습관은 사람들이 건강을 유지할 수 있게 도와 준다.

   → Good diet _____ people _____ healthy.

B 다음을 영작하시오.

1. 그녀는 유치원에서 아이들에게 영어를 가르친다. (유치원: kindergarten)

   → _____

2. 광고는 우리들에게 상품에 대한 많은 정보를 준다. (상품: products / 정보: information)

   → _____

3. 클래식 음악은 나를 편안하게 한다. (편안한: relaxed)

   → _____

4. 규칙적인 운동은 나의 삶을 더 활기차게 만들어 준다. (규칙적인: regular / 활기찬: active)

   → _____

5. 제복은 사람들에게 그들의 책임과 역할을 상기시킨다.

   (제복: uniforms / A에게 B를 상기시키다: remind A of B)

   → _____

6. 아침을 거르는 것은 점심에 과식을 유발한다. (거르다: skip / 유발하다: cause, bring / 과식하다: overeat)

   → _____

7. 직업 여성들이 매일 집안일을 하기는 어렵다. (~가 …하기 어렵다: It is difficult for O to V)

   → _____

   _____

8. 좋은 부모가 되기 위해서 아이들과 많은 시간을 보내는 것은 필수적이다.

   (~이 필수적이다: It is essential to V)

   → _____

   _____

9. 좋은 부모가 되기 위해 필요한 많은 자질들이 있다. (자질: quality / 필요한: necessary)

   → _____

   _____

10. 컴퓨터에 익숙하지 않은 사람들이 인터넷에 관심을 갖게 되었다.

    (~에 익숙하지 않다: be unfamiliar with / 관심이 있는: interested)

    → _____

    _____

실전 Essay Practice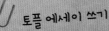

■ 아래 독립형 과제의 토픽을 읽고 에세이를 작성하기 위한 영작을 완성하시오.

> In some countries people are no longer allowed to smoke in many public places and office buildings. Do you think it is a good law or a bad law? Use specific reasons and examples to support your position.

A 서론 문장을 영작하시오.

영문 에세이의 서론은 도입 문장(General Statement)과 주제 문장(Thesis Statement)으로 구성되어 있다. 도입 문장은 주어진 문제의 내용을 재진술하고, 주제 문장은 자신의 주장을 밝혀준다.

1 _ 도입 문장(General Statement) 쓰기
토픽에 진술된 문장을 Restate하도록 한다. 그리고 필자의 주장과 다른 상반된 주장을 비교해 준다.

2 _ 주제 문장(Thesis Statement) 쓰기
토픽에 대한 필자의 견해를 타당한 근거를 제시하면서 분명하게 전달해야 한다. 영문 에세이는 두괄식 구조로 이루어져 있으므로 주제 문장이 서론에 언급되어야 한다.

| General | It is controversial whether the law which prohibits smoking in public places should be passed or not. | Anti-thesis | Some smokers may ❶_____

_____. | Thesis | However, in my view, there are many advantages to the anti-smoking law since it ❷_____

_____.

❶ 그들이 담배를 피우고 싶은 곳에서 흡연할 권리를 가지고 있다고 주장한다.

❷ 흡연자뿐만 아니라 비흡연자의 건강 문제의 위험을 낮춰 주고, 사무실 건물에 깨끗한 환경을 제공해 준다.

B 본론 문장을 영작하시오.

본론은 두 개의 문단(Paragraph)으로 쓰고 충분한 내용 전개가 이루어져야 한다. Topic Sentence(1문장), Supporting Sentence(4문장 이상), Closing Sentence(1문장)가 필요하다.

1 _ 소주제 문장(Topic Sentence) 쓰기
본론의 중심 생각(Main Idea)으로, 주제 문장에서 언급한 근거 제시를 적는다.

2 _ 부연설명 문장(Supporting Sentences) 쓰기
소주제 문장을 구체적으로 부연설명함으로써 내용을 전개시키는 문장이다. 논리적인 내용 전개를 위해 접속부사를 적절히 사용하는 것이 중요하다.

3 _ 맺는 문장(Closing Sentence) 쓰기
본론의 내용을 마무리하는 문장이다.

1 흡연은 사람들의 건강에 해로울 수 있다. (소주제 문장)

▶ Smoking can be _____ .

2 다시 말해, 신경계에 미치는 니코틴의 영향은 많은 사람들로 하여금 중독되게 만들 수 있다. (부연설명 문장)

▶ In other words, the effect of nicotine on the _____

causes many people to become _____ to it.

3 게다가 흡연은 심장병, 폐질환, 그리고 다른 질병으로 연결된다. (부연설명 문장)

▶ Besides, cigarette smoking _____ heart disease, lung disease,

and other ailments.

4 예를 들면, 비흡연자와 비교하면 흡연자는 나이가 들면서 폐 기능의 효율이 현저히 감소한다. (부연설명 문장)

▶ For example, the efficiency of the lungs decreases with age much faster in smokers

_____ .

5 더욱이 흡연은 작업 환경을 비위생적으로 만들기 때문에 사무실 건물에서 금지되어야 한다. (소주제 문장)

▶ Moreover, _____

_____ .

6 흡연자가 자리를 비우고 나서도 오랫동안 담배 연기의 지독한 냄새가 공기 중에 남아 있다. 그리고 담배 꽁초가 바닥을 지저분하게 만든다. (부연설명 문장)

▶ _____

_____ .

7 흡연이 사무실 건물에서 허용된다면 관리인은 깨끗이 치우기 위해 항상 신경을 써야 한다. (부연설명 문장)

▶ If _____, the janitors should be on

a constant lookout to clean up the area.

8 그것은 청소 서비스를 위한 추가적인 비용을 발생시킬 뿐만 아니라 비흡연 직원이 불쾌감을 느끼게 만들고 직장에서의 생산성을 저하시키게 된다. (부연설명 문장)

▶ It would cost extra for cleaning service and the nonsmoking employees would feel

_____ ;

as a result, they would be _____ at work.

9 결국 모든 직원은 위생적인 환경에서 근무할 권리가 있다. (맺는 문장)

▶ Hence, _____

_____ .

C 결론 문장을 영작하시오.

영문 에세이의 결론은 결론 문장(Concluding Statement)과 마지막 문장(Ending Statement)으로 구성된다. 결론 문장은 본론의 내용을 요약하고 마지막 문장은 필자의 주장을 함축적으로 강조 · 제안 · 당부한다.

1 _ 결론 문장(Concluding Statement) 쓰기

결론 문장은 본론의 내용을 요약해 주는 역할을 한다. 결론의 첫 문장에서는 서론에서 제시한 자신의 Thesis를 재언급해야 한다. 그리고, Body에서 주장했던 근거제시를 요약해 주면 된다.

2 _ 마지막 문장(Ending Statement) 쓰기

마지막 문장은 에세이의 주제와 연관한 필자의 주장을 압축해서 최종적으로 언급해 주는 문장이다. 독자들이 에세이를 읽고 나서 기억에 남을 수 있는, 인상적인 마지막 문장을 써야 한다.

| **Concluding** | In conclusion, **1** _____

_____ from hazards such as unsanitary conditions and health risks caused

by secondhand smoke. | **Ending** | Therefore, **2** _____

_____ to demonstrate the

countries' determination to protect their citizens.

1 금연법은 대중을 보호하기 위해 만들어진 것이다.
2 수많은 나라의 정부에 의해 채택된 금연법은 최선의 선택이다.

Tips for Academic WRITING

축약표현을 피하라. Generally avoid contractions.

영어를 사용하여 공식적으로 작성해야 하는 문서 또는 학교에 제출해야 할 영작문과제 그리고 영어논문작성을 위한 글쓰기에서는 아래와 같은 축약표현은 쓰지 않도록 한다. 이러한 축약표현은 주로 일상회화에서 자주 사용되는 구어체 표현으로 격식을 갖춘 작문(formal writing)에서는 피하는 것이 일반적이다.

- Export figures won't improve until the economy is stronger.
  → Export figures will not improve until the economy is stronger.

- I'd like to contend that the primary attribute of a good supervisors is flexibility of thinking.
  → I would like to contend that the primary attribute of a good supervisors is flexibility of thinking.

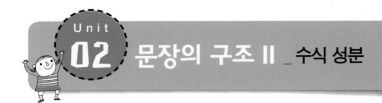

Unit 02 문장의 구조 Ⅱ _수식 성분

A 형용사 상당어구

문장에서 명사(구)를 수식하는 역할을 한다. 명사 앞뒤에 올 수 있으며 단독으로 사용하는 경우를 제외하고는 명사 뒤에서 사용한다.

 형용사 + 명사

형용사가 구 혹은 절의 형태가 아니라 단독으로 명사를 수식하는 경우, 반드시 명사 앞에 와야 한다.

- During pioneer times, the Allegheny Mountains were a major barrier to transportation. (a major barrier라는 표현을 a barrier which was major로 쓰지 않는다.)

- According to quantum mechanics, the emptiest possible void of outer space is never really completely empty.

- Some cultures have customs that regulate the clothing fashions of people in certain social classes.

 관계사절 형태 (형용사절)

주로 주어 혹은 목적어 뒤에서 수식하거나 보충 설명하기 위한 목적으로 관계사절을 자주 활용한다. 우리말에서는 수식해 주는 부분이 아무리 길어져도 명사 앞에 사용하지만, 영어 문장에서는 수식 부분을 명사 앞이 아닌 명사 뒤에 관계사절로 표현하는 것이 효과적이다.

- Prints which are made with a greasy substance such as oil paint are called monotypes.

- A substance that is harmless to a person who has no allergies can cause serious reactions in a person with allergies.

- In 1728 Benjamin Franklin formed a club of young tradesmen that was called the Junto, a group interested in reading, debating, and public service.

- The poet Walt Whitman, (who was) the son of an impoverished farmer, was born on Long Island.

준동사 형태 (to부정사 / 현재분사 / 과거분사)

관계사절보다 간결하게 명사를 뒤에서 수식하는(후치수식) 방법으로 준동사 형태를 사용할 수 있다. 특히, 현재분사와 과거분사는 관계사절의 축약 형태로 볼 수 있다.

- Numerous types of cells, such as skin cells and white blood cells, have the power to reproduce asexually. (to부정사로 후치수식)

- In 1066, a bright comet appearing in the sky attracted much attention. (현재분사로 후치수식)

- All of the plants now raised on farms have been developed from plants that once grew wild. (과거분사로 주어를 후치수식; 동사로 혼동하면 안 됨)

- Esperanto is a language created to facilitate communication among people from different countries. (과거분사로 후치수식)

 전치사구 형태 (형용사구)

주로 주어 뒷자리에 사용되며 전치사와 목적어의 결합으로 이루어진다. 목적어 자리에는 명사 상당어구가 올 수 있다. (to 부정사는 전치사의 목적어 자리에 올 수 없다.)

- The aim of a science is the acquisition of information.

- A person with a good education is a very capable problem solver.

- In 1914 a bronze tablet in honor of Harriet Tubman was placed at the entrance of the Cayuga County courthouse in New York.

Check-Up Test 1 ▶ **다음을 영작하시오.**

1. 먼 사촌보다 가까운 이웃이 낫다. (형용사)
   → _____

2. 인삼은 건강에 좋은 성분들로 잘 알려진 식물이다. (관계대명사)
   → _____

3. 인터넷에 기초한 전자 메일은 무료이며 빠르다. (과거분사)
   → _____

4. 교복 착용의 첫 번째 이점은 돈과 시간이 덜 든다는 것이다. (전치사구)
   → _____

부사 상당어구

완전한 문장 앞에 나온 수식어는 부사로 간주하며 부사 상당어구를 쓸 수 있다. 콤마(,)로 분리되는 것이 일반적이지만 생략하는 경우도 있다.

1 문두 부사

부사가 문두에 올 수 있으며, 형용사를 쓰는 경우 문장의 전환에 유의한다.

- Ordinarily, tariff duties are placed on commodities according to their value.

  - Obviously, schools cannot function without teachers.
  → It is obvious that schools cannot function without teachers. (문두 부사의 문장전환)

2 부사절 형태

부사 자리에 부사절이 올 수 있으며, 부사절 접속사 뒤에 주어와 동사 구조의 완전한 절이 와야 한다. 부사절이 문장 앞에 쓰이는 경우 부사절과 주절 사이에 콤마를 반드시 표시하도록 한다.

- When you live in a new country, you often have no choice but to follow some of that country's customs.
  = You often have no choice but to follow some of that country's customs when you live in a new country. (부사절이 주절 뒤에 쓰이는 경우는 쉼표 생략)

- Even with the richest diamond deposits, tons of rock must be mined and crushed to produce one small diamond.

- If the air is cool around stones that are sun-warmed, even the smallest of stones create tiny currents of warm air.

3 준동사 형태 (to부정사 / 현재분사 / 과거분사)

동사의 의미를 가지고 주절을 수식하기 위한 방법으로 준동사 형태가 올 수 있다. 부정사는 주로 목적의 의미로 사용되며, 분사 구문은 주어의 보충 설명으로 볼 수 있다.

- To anticipate consumer demand, market researchers study the interests of a sample group of the population.
  (→ 부정사가 부사적으로 사용되는 경우 목적의 의미: 소비자 수요를 예측하기 위해)

- Believing that diseases were caused by evil spirits, Native American Indians used charms and magic to remove the evil influence.
  (→ 분사 구문은 주어를 보충 설명)
  = Native American Indians believing that diseases were caused by evil spirits used charms and magic to remove the evil influence.

- Printed in book form, some metropolitan newspapers would make sizable volumes.
  = Some metropolitan newspapers printed in book form would make sizable volumes.

- (Being) still a prisoner, Ralph Earl painted portraits of some of New York City's most elegant society women and their husbands.
  (→ 동격 명사가 오는 경우는 원래 분사구문에서 Being이 생략된 형태로 보는 것이 타당하다.)

 전치사구(부사구)

전치사와 목적어로 이루어진 전치사구가 부사 자리에 올 수 있으며 이때 콤마는 생략하는 경우도 있다.

- At the turn of the 20th century, life for most women was backbreaking.

- Despite its wide range of styles and instrumentation, country music has certain common features that give it its own special character.

- In businesses with steady employment, workers are hired only to replace employees who have left their jobs.

Check-Up Test 2 ▶ 다음을 영작하시오.

1. 불행히도 오늘날 학생들은 작문을 지루한 필수 과목으로 여긴다. (부사)

→ _____

2. 대부분 사람들은 직업에 만족을 느낄 때 열심히 일한다. (부사절)

→ _____

3. 현명한 직업(진로) 결정을 내리기 위해 사람들은 가능한 많은 정보를 필요로 한다. (to부정사)

→ _____

4. 열 세 살의 나이에 Tom은 토플 시험에서 만점을 받았다. (전치사구)

→ _____

Grammar Practice 문법 사항 복습하기

A 다음 문장에서 주어(S)와 동사(V), 그리고 목적어(O)와 보어(C/OC)를 찾아 표시하시오.

1. According to some critics, the novels of William Burroughs demonstrate the major hazard of absurd literature.

2. Despite its wide range of styles and instrumentation, country music has certain common features that give it its own special character.

3. Speech sounds are sound waves created in a moving stream of air.

4. Groundwater seeping into a cave chamber contains carbon dioxide absorbed from the atmosphere of the soil.

5. To save the panda from extinction, the Chinese government and many other world organizations including the United Nations have been working together for the past two years.

6. Planets are formed by the accretion of gases and dust in a cosmic cloud.

7. Although each baby has an individual pace of development, general patterns of growth have been observed.

B 괄호 안의 표현 중 알맞은 것을 고르시오.

1. Obese people have a keener sense (of taste, tasting) than non-obese people.

2. A society (basing, based) on information and knowledge requires people with higher education.

3. Quasars, faint celestial objects resembling stars, are perhaps the most distant objects (know, known).

4. Julia Roberts, one of the most famous movie stars, is the leading actress (of the movie, to the movie).

5. If I had a chance (to travel abroad, traveling abroad), I would like to visit France.

6. Because modern people have few opportunities to move their bodies, they should exercise (regular, regularly).

Sentence Writing Practice 영어 문장 만들기

A 다음 문장을 완성하시오.

1. 요즘, 젊은이들은 패션에 관심이 많다.

→ _____, youngsters are interested in fashion.

2. 서양인들과 달리 우리는 매일 밥을 먹는다.

→ _____, we eat rice everyday.

3. 패스트푸드점에서 일하는 직원도 읽고 쓸 줄 알아야 한다.

→ Even employees _____ need to be able to read and write.

4. 그의 도움 덕분에 나는 그 영화표를 구할 수 있었다.

→ _____, I could get the movie ticket.

5. 한 연구에 의하면, 여자가 남자보다 언어를 빨리 배운다고 한다.

→ _____, women learn languages faster than men.

6. 그를 보자 그녀의 얼굴이 붉어졌다.

→ _____, her face turned red.

7. 많은 사람들이 영어를 배우는 반면에, 직장에서 사용하는 사람은 거의 없다.

→ _____, few people use it in their job fields.

B 다음을 영작하시오.

1. 도시 지역에는 많은 문화 시설들이 있다. (도시 지역: urban areas / 문화 시설: cultural facilities)

→ _____

2. 무엇보다도, 나는 매일 스트레스를 풀기 위해 따뜻한 물로 목욕을 한다.

(스트레스를 풀다: relieve stress / 따뜻한 물로 목욕을 하다: take a warm bath)

→ _____

3. 십대들은 스타를 모방하기 위해 유명 브랜드를 산다. (십대: teenager / 모방하다: imitate)

→ _____

4. 손으로 만들어진 물건은 그것만의 독특한 특징이 있다.

   (물건, 생산물: products / 독특한: unique / 특징: characteristics)

   → _____

5. 길을 걸어가다가 나는 영어 선생님과 우연히 마주쳤다. (우연히: by chance)

   → _____

6. 학습자의 나이가 어릴 때 영어 능력은 쉽게 획득될 수 있다. (얻다, 획득하다: acquire)

   → _____

7. 아이들은 집안일을 도우면서 책임감을 기를 수 있다.

   (집안일: household chores / 책임감: sense of responsibility)

   → _____

   _____

8. 함께 공부하면서 학생들은 서로 정보를 교환할 수 있다. (정보를 교환하다: share information)

   → _____

   _____

9. 어린 나이에 학교 교육을 시작하는 아이는 사회성을 빨리 기를 수 있다. (사회성: social skills)

   → _____

   _____

10. 나는 그 분야에서 가장 유명한 대학인 하버드대에서 공부하고 싶다. (분야: field)

   → _____

실전 Essay Practice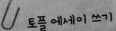

토플 에세이 쓰기

- 아래 독립형 과제의 토픽을 읽고 에세이를 작성하기 위한 영작을 완성하시오.

> Do you agree or disagree with the following statement? Television, newspapers, magazines, and other media pay too much attention to the personal lives of famous people such as public figures and celebrities. Use specific reasons and details to explain your opinion.

A 서론 문장을 영작하시오.

1   미디어는 공인이나 유명 인사 같은 유명한 사람들의 사생활에 너무 많은 관심을 갖고 있다.

▶ Media _____ the personal lives of famous people such as public figures and celebrities.

2   나는 미디어의 지나친 관심에 반대한다. 그들에게도 사생활이 있으며, 거짓에 근거한 기사들은 명예를 훼손시 킬 뿐만 아니라 정신적 피해를 유발시킬 수 있기 때문이다.

▶ I am opposed to the media's over-emphasis of famous people because they have private lives, and false articles not only _____ but also _____ .

B 본론 문장을 영작하시오.

1   공인이나 유명한 사람들은 사생활을 보호받을 권리가 있다.

▶ _____

2   다이애나 공주의 예에서 볼 수 있는 것처럼 미디어의 지나친 관심은 결국 그녀의 죽음을 초래했으며, 그 결과 많은 파파라치들이 그녀의 죽음에 대해 비난을 받았다. 따라서, 미디어는 유명 인사와 공인의 사생활을 존중해 주어야 하며, 그들이 정상적인 삶을 영위하도록 해 주어야 한다.

▶ _____Princess Diana's example, the media's over-emphasis of her eventually _____ and, as a result, many paparazzi were _____ for their role in her death. Thus, the media should respect the privacy of celebrities and public figures and enable them to _____ .

3 유명인의 가십은 흥밋거리에 집중되고, 그 내용이 과장되거나 거짓일 수 있다는 점에서 결국 그 유명인을 상처 입히게 된다.

▶ In that celebrity gossip is _____ on entertainment and much of its contents are either _____ or _____, it may hurt the celebrity.

4 타블로이드판 신문은 매일 혹은 매주 발행되기 때문에 기자는 꾸준히 새로운 정보를 얻기 위해 노력해야 한다. 문제는 미디어가 사실에 근거한 정보를 제공하기보다 구독률을 높이기 위해 잘못된 정보를 제공하려는 유혹을 받기도 한다는 것이다. 소문이 거짓이라는 것을 입증하기도 전에 해당 유명인의 신뢰성이 손상될 수도 있다.

▶ As a tabloid is published every day or week, reporters must work hard to _____ _____. The problem is that, _____ provide information based on facts, the media are tempted to offer false information in order to _____. A celebrity's credibility may _____ before he or she proves that rumors are false.

C 결론 문장을 영작하시오.

1 결론적으로 말해, 그들의 사생활보다는 공인으로서의 면모가 더 중요한 것이다.

▶ In conclusion, _____
_____.

2 연예인에 대한 미디어의 관심은 그들의 사생활을 침해하고, 극단적인 경우 정신적 피해마저 유발할 수 있기 때문이다.

▶ This is because the media's interests on entertainers _____ _____ and, in extreme cases, _____ _____.

간결하고 명쾌한 문장을 써라. Write compact sentences.

학생들의 에세이에서 자주 발견되는 현상 중의 하나는 글이 지나치게 길어지고 문장구조가 복잡해진다는 것이다. 이러한 현상은 한국어적 사고를 그대로 영역하는 습관 때문에 발생하는 경우가 많다. 가능하면 간결하면서도 의미전달이 명쾌한 문장을 쓰는 것이 바람직하다.

- A soap opera with a happy ending that presents a man who manages his living very eagerly may provide us with optimistic perspectives and wisdom on our life.
  → A soap opera, which deals with a man's self-success, can teach us a positive way of thinking.

- If I were given a chance to build a music concert hall in some area, I would like to make it serve as a refreshing facility and the medium to connect us with disabled persons in the community.

  → If I were given some land, I would like to construct a concert hall that will get us refreshed and connected with the disabled in the community.

CHAPTER
02

동사 구조

Unit 03 핵심동사 I _ 자동사

A 1형식 완전 자동사

주어와 동사만으로 문장 구조상 완전한 절을 만들 수 있으며, 일부 완전 자동사는 의미상 전치사(부사)구를 필요로 한다.

S + V1	완전 자동사	S + V1
	존재 동사	S + V1 + 장소 부사구
	숙어형 동사	S + V1 + 전치사구
	that절을 주어로 취하는 자동사	It + V1 + that절

 완전 자동사

이 패턴의 동사들은 주어와 동사만으로도 완벽한 문장이 되므로 목적어 혹은 보어가 필요 없다는 점이 특징이다. 수동태가 될 수 없으므로 문장에서 'V-ed' 형태가 쓰이면 과거분사가 아닌 과거동사인 점을 유의한다.

발생하다	occur, arise, happen, take place, result
왕래발착	come, go, arrive, leave
반응하다	respond, react
다양하다	vary, differ

- John will arrive soon.
- His mood varies according to the weather. (O)

  His mood is varied according to the weather. (✕) (자동사는 수동태로 사용될 수 없음)
- In spite of the dismal economy, their business continues to thrive.
- Abstract Expressionism was a movement in American painting that flourished from the mid 1940s to the mid 1950s.

  (→ flourished는 자동사이므로 과거분사가 아닌 과거동사임에 유의)
- Almost one million earthquakes occur each year, but most of them are so minor that they pass undetected.

존재 동사

이 패턴의 동사들은 완전 자동사이지만 의미상 시간 혹은 장소 부사구를 필요로 하는 동사들이다. 특히 장소 부사가 문장 앞으로 나오면 동사와 주어의 도치를 가져올 수 있다.

존재하다	be, exist
거주하다	live, dwell, reside, stay
놓여 있다	lie, sit, stand, rest, depend, rely
유래하다	originate, come, evolve, date, stem
A에서 B에 이르기까지 다양하다	range, vary, extend (from A to B)

- John lives in New York.
- Favorable conditions for geysers exist in regions of recent geological volcanic activity.
  = In regions of recent geological volcanic activity exist favorable conditions for geysers. (→ 장소 부사구가 문장 앞으로 이동하면 〈주어+동사〉가 도치)
- The practice of awarding degrees originated in the universities of medieval Europe.
- The only known group of flying mammals, bats range in size from Thailand's tiny bumblebee bat to Indonesia's giant flying fox.

 숙어형 동사(완전 자동사 + 전치사)

이 패턴의 동사들은 완전 자동사이지만 뒤에 반드시 전치사구가 함께 쓰여 타동사적 의미를 지니게 된다.

account for	~을 설명하다, 차지하다	depend on	~에 의존하다
apologize for	~에 대해 사과하다	differ in	~점에서 다르다
apply for	~에 지원하다	differ from	~와 다르다
approve of	~을 승인하다	experiment with	~을 실험하다
ask for	~을 부탁하다	insist on	~을 주장하다
believe in	~의 존재를 믿다	object to	~에 반대하다
care for	~을 돌보다	pay for	~을 지불하다
concentrate on	~에 집중하다	result in	~을 초래하다
consist of	~로 구성되다	serve as	~로서 역할을 하다
contribute to	~에 기여하다	succeed in	~에 성공하다
compete with	~와 경쟁하다	suffer from	~로부터 고통받다
deal with	~을 다루다	vary in	~점에서 다양하다

- The value of the land accounts for thirty percent of the house's price.
- The national parks of various countries differ greatly in their effectiveness in protecting their resources.
- Some plants in the forest depend on forest fires for their survival.

 that절을 주어로 취하는 자동사 (It + V + [that + S' + V' + ~])

이 형태의 자동사들은 that절을 주어로 하기 때문에 가주어 it을 쓰고 동사 뒤에 that절이 나오는 형태이다. 가주어가 아닌 that절 내부의 주어가 문장의 주어로 나올 경우 동사 뒤에는 to부정사를 쓰게 된다.

S가 ~으로 보인다	seem, appear
S가 ~으로 판명되다	turn out, prove
S가 ~할 가능성이 높다/적다	be likely, be unlikely

- It seems that Korea suffered from the economic crisis in 1997.
- It is likely that the strike continues because neither side is willing to compromise.
  = The strike is likely to continue because neither side is willing to compromise.
  (→ 앞문장 that절 내부의 주어인 the strike를 문장 주어로 사용함)

Check-Up Test 1 ▶ 괄호 안의 동사를 이용하여 다음을 영작하시오.

1. 나는 인생에서 '안 좋은' 일이 생기면, 가까운 친구들 몇 명과 의논하겠다. (occur)

   → _____

2. 성적은 개인적 판단에서 비롯하는 것이고 교사마다 다를 수 있다. (vary)

   → _____

3. 일부 교사들은 점수 매기는 것에 반대하는데, 왜냐하면 그것이 다양한 결과를 한 가지 잣대로 요약하도록 강요하기 때문이다. (object to)

   → _____

4. 현대 사회에서 한 가지 기술만 가진 사람이 성공하는 것은 아주 어려워 보인다. (seem)

   → _____

B 2형식 불완전 자동사(연결동사)

불완전 자동사는 주어와 보어를 연결하는 연결동사로서, 보어 자리에 형용사 혹은 명사가 오게 된다.
이때 보어 자리에 명사가 오면 주어와 동격이 되는지 확인해야 한다.

S + V2 + C	형용사를 보어로 취하는 불완전 자동사	S + V2 + C(형용사)
	명사를 보어로 취하는 불완전 자동사	S + V2 + C(명사)

 형용사를 보어로 취하는 불완전 자동사

연결동사(Linking Verb)라 불리는 불완전 자동사들은 보어인 형용사가 동사의 뒤에 위치하게 된다. 동사 다음의 보어 자리에 부사를 쓰지 않도록 주의한다.

상태의 지속	be, stay, remain, prove	외양의 상태	look, appear, seem
상태의 변화	become, get, grow, go, turn	지각동사	smell, feel, taste, sound

- These apples taste sweet. (O)　These apples taste sweetly. (×)
- Reading is still an important part of our lives.
- The talks between the labor union and the company's owners seemed hopeless.

2 **명사를 보어로 취하는 불완전 자동사**

주격 보어 자리에 명사가 올 수 있는 동사로 주로 be와 become동사가 포함된다. 주어와 보어가 동격인지를
반드시 살펴야 한다.

- Photosynthesis is an important process for plants.
- The most striking difference between Americans and Europeans is the difference in their attitudes towards money.

Check-Up Test 2 ▶ **괄호 안의 동사를 이용하여 다음을 영작하시오.**

1. 갈수록 대도시에서 좋은 직장을 구하는 것이 어려워지고 있다. (get)
   → _____

2. 오늘날, 한국인의 아침식사 패턴은 서구화되었다. (become)
   → _____

3. 인터넷은 수많은 사용자들을 연결시키는 방대한 컴퓨터 네트워크이다. (be)
   → _____

Grammar Practice 문법 사항 복습하기

A 다음 문장에서 틀린 부분이 있으면 고치시오.

1. Tornadoes are occurred when a warm weather meets a body of very cold air.

2. Acid rain forms when water vapor in the air reacts certain chemical compounds.

3. Species of insects can be evolved quickly because of their rapid reproduction cycles.

4. Listening becomes an essential part of communication.

5. Because of Confucianism, members of Asian families are often highly dependence on one another.

6. At the center of the Earth's solar system lie the Sun, whose temperature is over 10,000 degrees Fahrenheit at the surface.

7. Andrew Wyeth is fame for his realistic paintings of persons and places in rural Pennsylvania and Maine.

B 괄호 안의 표현 중 알맞은 것을 고르시오.

1. Fish (is, are) the most ancient form of vertebrate life, and from them evolved all other vertebrates.

2. The panda became an endangered species because humans have encroached on the wilderness that is (essence, essential) to the animal's survival.

3. (Responding, Responded) to changes in the constant-frequency, bats of some species change flight direction.

4. Those who wear suits feel (uncomfortable, uncomfortably) when they do outdoor activities.

5. It is (difficult, difficulty) for students who wear school uniforms to do what is forbidden to them.

Sentence Writing Practice

A 다음 문장을 완성하시오.

1. 가족은 가장 작은 사회적 집단으로 불린다.

→ Family _____ the smallest group in society.

2. 사람들의 행동은 그들이 입는 옷에 의해서 달라진다.

→ People's behavior _____ depending on what they wear.

3. 물은 수소와 산소로 이루어져 있다.

→ Water _____ hydrogen and oxygen.

4. 건강한 사람은 다른 사람들과도 잘 어울린다.

→ Healthy people _____ others.

5. 사람들이 가지고 있는 차는 그들이 얼마나 많은 돈을 가지고 있느냐에 따라서 달라진다.

→ Cars people have _____ depending on how much money they possess.

6. 성공하는 사람은 보통 늘 성공하는 그룹에 속해 있다.

→ Those who succeed _____ the groups which always succeed.

7. 경제침체의 결과로 심각한 실업문제가 일어났다.

→ Serious unemployment problems _____ as a result of economic recession.

8. 집안일을 하는 것은 점점 더 쉬워지고 있다.

→ Doing household chores _____.

B 다음을 영작하시오.

1. 상품에 대해 불평하는 방법에는 크게 두 가지가 있다. (불평하다: complain / 상품: products)

→ _____

2. 큰 도시에는 다양하고 편리한 교통시설들이 있다. (교통시설: transportation facilities)

→ _____

3. 경제불황 동안에는 높은 실업률이 발생한다.

(실업률: rate of unemployment / 발생하다: arise / 경제불황: economic recession)

→ _____

4. 소방관들의 중요한 업무들 중 하나는 화재 예방이다.

(소방관: firefighters / 업무: tasks / 화재 예방: prevention of fires)

→ _____

5. 건강을 지키기 위한 가장 좋은 방법은 규칙적으로 운동하는 것이다. (규칙적으로: regularly)

→ _____

6. 구세대는 인터넷 사용에 익숙하지 않다. (~에 익숙하다: be familiar with)

→ _____

7. 김치는 세계적으로 인기를 얻고 있다. (인기 있는: popular)

→ _____

8. 청소년기는 아이에서 어른으로 가는 변화단계를 일컫는다.

(청소년기: adolescence / 일컫다: refers to / 단계: stage)

→ _____

_____

9. 인터넷은 정보를 공유하기 위한 가장 편리한 수단 가운데 하나가 되었다.

(정보를 공유하다: share information)

→ _____

_____

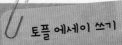
■ 아래 독립형 과제의 토픽을 읽고 에세이를 작성하기 위한 본론 전개를 완성하시오.

> Do you agree or disagree with the following statement? A zoo has no useful purpose. Use specific reasons and examples to explain your answer.

Body Development (본론 전개)

1 _ Topic Sentence
본론의 첫 번째에 오는 문장으로, 본문의 주제를 적는다.

첫째, 동물원은 아이들과 어른들 모두에게 교육적인 장소가 될 수 있다.

▶ First, a zoo can _____
_____ .

2 _ Supporting Sentence
주제 문장(Topic sentence)과 관련된 보편적인 내용을 적는다.

일반적으로, 동물원은 사람들이 그곳을 돌아보는 동안 많은 동물을 직접 볼 수 있는 기회를 제공한다.

▶ In general, a zoo _____
_____ .

3 _ Restatement
앞에 나온 문장을 부연 설명함으로써 구체적인 설명을 제공하는 문장이다.

다시 말하자면, 점점 더 많은 사람들이 동물들과 그들 공동체의 실제 삶에 노출될 수 있는 것은 다름 아닌 인근 동물원에서인 것이다.

▶ In other words, it is in a zoo nearby that _____
_____ .

4 _ Reason
인과관계로 문장을 전개하는 경우 자주 사용한다.

이러한 이유로, 교육이 동물원의 중요한 역할로 점차 인식되고 있다.

▶ For this reason, education has been increasingly recognized as _____
_____ .

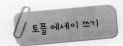

5 _ Specific Details

구체적인 예를 들거나 설득력 있는 정보를 적는다.

예를 들면, 동물원 견학은 특히 아이들에게 교육적일 수 있다. 왜냐하면 다양한 활동이 아이들에게 동물들에 대한 애정을 갖게 해 주고, 모든 생명체들 속에서의 조화를 이해할 수 있도록 동기를 부여하기 때문이다.

▶ For example, the experience of visiting a zoo can be quite instructive especially to children since various kids activities _____ _____ and understand the unity among all living things.

6 _ Addition

추가적인 설명이 필요한 경우 작성한다.

더욱이 멸종 위기의 동물들은 어른들에게 생태계 보존에 대한 인식을 갖게 하고 강한 책임 의식을 길러줄 것이다.

▶ What is more, endangered species enable adults to open up their eyes and_____ _____ for ecological preservation.

7 _ Closing

본문을 마무리하는 문장이다.

이와 같이, 교육과 재미가 동물원에서 함께 이루어질 수 있다.

▶ Thus, education and entertainment _____ _____ .

Tips for Academic WRITING

이디엄을 사용하라. Use Idioms in a sentence.

영문 에세이를 작성할 때 관용적인 표현(idioms)을 적절하게 사용하면 더욱 자연스러운 문장이 만들어질 수 있다. 따라서 평소에 유용한 표현을 익혀둘 수 있도록 한다.

· Good neighbors should not bother you, and they always help you when you are in trouble.
  → Good neighbors do not rub you the wrong way, but they are always willing to give a hand.
· However difficult the situation may be, he will bring success.
  → However difficult the situation may be, he will come through it with flying colors.

A 3형식 완전 타동사

3형식 타동사의 목적어 자리에는 주로 명사 상당어구를 쓴다. 그리고 타동사의 목적어로 to부정사가 나오는 경우와 동명사가 오는 경우는 각각 구분해서 암기해야 한다. 특히 내용상 자동사처럼 해석되지만 전치사(구)가 필요하지 않은 타동사인 경우를 주의하도록 한다.

S + V3 + O	명사구를 목적어로 취하는 완전 타동사	S + V3 + O(명사/구)
	that절을 목적어로 취하는 완전 타동사	S + V3 + O(that S+V)
	to부정사를 목적어로 취하는 완전 타동사	S + V3 + O(to부정사)
	동명사를 목적어로 취하는 완전 타동사	S + V3 + O(동명사)
	목적어 뒤에 전치사구를 필수적으로 취하는 완전 타동사	S + V3 + O + 전치사구
	장소 개념을 목적어로 취하는 완전 타동사	S + V3 + O

1 명사구를 목적어로 취하는 완전 타동사

완전 타동사 뒤에는 반드시 목적어가 필요하다. 대부분 목적어 자리에는 명사구가 온다.

S + V3 + O	have, devise, develop, prevent, owe, extend, exhibit, receive, require, include, influence, involve, encourage, permit, provide, dominate 등의 모든 완전 타동사

- Water pollution involves the release of substances.
- The United States census provides vital information to government agencies.
- In the early 1900s, Eastman developed inexpensive Brownie box cameras.
- Few men have influenced the development of American English to the extent that Noah Webster did.

2 that절을 목적어로 취하는 완전 타동사

that절을 목적어로 취하는 타동사 구문은 〈가주어 It is + p.p. + that + S + V〉 형태의 구문으로 바꾸어 쓸 수 있다. that 절의 주어가 가주어 자리로 이동하는 경우 〈S + be + p.p. + to부정사〉 형태로 문장을 전환시킬 수 있다.

~라고 생각하다	believe / think
~라고 알다	know / see

~라고 알게 되다	realize / recognize
~라고 주장하다	insist / assert
~라고 가정하다	assume / presume
~라고 말하다	say / announce
~라고 동의하다	consent / agree
~라고 보여주다	show / indicate
기타	prove / observe

- Most scientists believe that there is life on Mars.
- In 1988, an expert announced that nicotine was as addictive as drugs such as heroine and cocaine.
- It is assumed that the rays are due to discharges of electricity in the rare upper atmosphere.
- People say that Erickson coined the term "identity crisis."
  → It is said (by people) that Erickson coined the term "identity crisis."
    (It is + p.p. + that + S + V로 전환)
  → Erickson is said to have coined the term "identity crisis."
    (S + be + p.p. + to부정사로 전환)

 3 to부정사를 목적어로 취하는 완전 타동사

타동사의 목적어로 to부정사가 쓰이는 경우가 있다. 이때, 의미상 목적 혹은 미래의 의미로 사용되는 경우가 많다.

~할 것을 바라다	want / hope
~할 것을 계획하다	plan / arrange
~할 것을 결정하다 / 주저하다	decide / hesitate
~할 것을 동의하다 / 거부하다	agree / refuse
~할 것을 시도하다 / 노력하다	try / struggle
기타	manage / deserve / tend

- The company planned to establish its new hotel in an attractive location.
- We will definitely refuse to renew the contract with the original partner.
- A moving object tends to maintain its speed.
- They sacrificed their well-being for the nation, and deserve to receive their retirement pay.

동명사를 목적어로 취하는 완전 타동사

mind	miss	enjoy	give up
avoid	appreciate	anticipate	admit
postpone	finish	forgive	escape
suggest	practice	propose	stop
dislike	deny	defy	delay
quit	consider	risk	recommend

- People of all ages enjoy looking at animals.
- Some schools suggest taking several short vacations per year.
- When they confront the situation and resist accepting the new job, they are pressured and forced.

 목적어 뒤에 전치사구를 필수적으로 취하는 완전 타동사

직접 목적어를 목적어로 취하는 타동사와는 다르게 의미상 직접 대상을 전치사구로 나타내는 형태의 동사이다. 반드시 동사와 전치사를 함께 암기해야 한다.

S + V + 간접 대상 + with + 직접 대상 : ~에게 …을 공급하다			
provide	supply	present	furnish

S + V + 간접 대상 + of + 직접 대상: ~에게 …을 알리다			
inform	warn	remind	

S + V + 간접 대상 + of + 직접 대상: ~에게 …을 박탈하다			
deprive	rid	strip	rob

S + V + O + from V-ing: ~가 …하는 것을 방해하다			
prohibit	prevent	keep	inhibit
deter	discourage	limit	constrain

S + V + A + as + B: A를 B로 간주하다(A=B)			
consider	realize	regard	view
look upon	recognize	think of	describe
define	illustrate	depict	classify
group	refer to	categorize	characterize

- Some governments provide their park systems with large enough budgets.
- The visa officer must inform a person of the reason for the visa delay.
- You should prohibit your children from stamping on the floor.
- We regard movies as a popular form of entertainment.

6 장소 개념을 목적어로 취하는 완전 타동사

이 종류의 동사들은 우리말로 해석할 경우 마치 자동사같이 느껴지기 때문에 장소 부사구를 써야 할 것 같지만 문장에서 타동사로 쓰이는 동사들이다. 목적어 자리에는 장소를 나타내는 명사를 주로 사용한다.

inhabit	settle	populate	approach
reach	attend	enter	permeate

- Some fish inhabit the waters around the Antarctic continent. (O)
  (장소를 나타내는 목적어 사용)

  Some fish inhabit in the waters around the Antarctic continent. (×)
  (장소 부사구를 사용할 수 없음 → live in the waters는 가능)

- The Polynesians first settled the Hawaiian Islands between C.E. 300 and 750.

- Halley's Comet can be seen in its orbit only as it approaches the Sun.

Check-Up Test 1 ▶ **괄호 안의 주어진 동사를 이용하여 다음을 영작하시오.**

1. 일부 고용주들은 고용할 지원자를 결정하기 위해 성적표를 이용한다. (use)

   → _____

2. 대부분 사람들은 18세가 되면 어른이 된다고 생각한다. (think)

   → _____

3. 휴가가 주어진다면 주저 없이 여행 목적지로 이탈리아를 선택할 것이다. (hesitate)

   → _____

4. 학생들은 마감 기한 전까지 반드시 기말 보고서 제출을 끝내야 한다. (finish)

   → _____

5. 인간 발달 분야의 전문가들 대부분은 청소년기를 성장기로 간주한다. (recognize)

   → _____

6. 열은 일반적으로 분자에너지로 정의된다. (define)

   → _____

7. 사람들은 삶의 어려움을 극복함으로써 정신적 성숙에 도달할 수 있다. (reach)

   → _____

Grammar Practice 문법 사항 복습하기

A 다음 문장에서 틀린 부분이 있으면 고치시오.

1. Some critics argue that grades result from personal judgment and vary from teacher to teacher.

2. Pesticides are used to killing harmful organisms in botanical products.

3. Scientists usually character the disease leukemia as an overabundance of white blood cells in the bloodstream.

4. Some people believe that the crystals of certain minerals to have curative powers.

5. The test-oriented approach prevents students to explore their potentials in different fields.

6. Tremors are not unusual along the San Andreas Fault, some of which are classified major earthquakes.

7. William Burroughs is consistently thought of a novelist who is gay, rather than a gay novelist.

B 괄호 안의 표현 중 알맞은 것을 고르시오.

1. (Entering to, Entering) a university is one of the requirements to apply for a good job.

2. Forest fires, (referred to, referred to as) wildfires, can cause extensive damage and destruction to property and wildlife.

3. Over 60 species of fish are known to (inhabit, inhabit for) the waters around the Antarctic continent.

4. Doctors recommend (taking, take) a balanced meal for the healthy development of body structure.

5. Becoming friends with someone who has little in common with me will provide me (with, for) a chance to do things that I have never experienced before.

6. First impressions (tell, become) many stories about a person.

Sentence Writing Practice 영어 문장 만들기

A 다음 문장을 완성하시오.

1. TV와 영화는 사람들의 행동방식에 영향을 끼친다.

   → TV and movies _____ the way people behave.

2. 외국어를 능통하게 하는 것은 인내심과 근면함을 요한다.

   → Speaking foreign languages fluently _____ patience and diligence.

3. 학교 하나를 짓는 데는 약 1년이 걸릴 것이다.

   → It will _____ about 1 year to finish constructing a school.

4. 금연법은 사람들이 공공장소에서 흡연하는 것을 금지시키고 있다.

   → The anti-smoking law _____ people from smoking in public places.

5. 단지 한두 과목에만 관심이 있는 학생들은 다른 과목에서는 낮은 성적을 받는 경향이 있다.

   → Students who are interested only in one or two class subjects _____ receive lower grades in other classes.

6. 주민들은 지역사회 인근에 새로운 공장을 짓는 것을 거부할 것이다.

   → The residents will _____ to build a new factory near the community.

7. 좋은 부모들은 꽤 많은 시간을 자녀들과 대화하며 보낸다.

   → Good parents _____ quite a few hours talking with their children.

B 다음을 영작하시오.

1. 젊은이들의 실업이 많은 사회적 문제를 일으켰다. (실업: unemployment)

   → _____

   _____

2. 나는 정부가 스팸 메일을 줄이기 위한 해결책을 마련해야 한다고 생각한다. (해결책: solution)

   → _____

   _____

3. 나는 집에서 먹는 것이 외식하는 것보다 건강에 좋다고 믿는다. (외식: eating out)

→ _____

_____

4. 오늘날, 젊은이들은 영어 실력이 직업을 얻기 위한 분명한 필수 조건이라는 것을 잘 알고 있다.
(필수 조건: prerequisite)

→ _____

_____

5. 많은 교사와 부모들은 학생들이 교복을 입어야 한다고 주장한다. (주장하다: insist)

→ _____

_____

6. 나는 이번 주말에 옷장 정리를 하려고 계획하고 있다. (옷장 정리를 하다: to clean out the closet)

→ _____

_____

7. 이번 주말에 개봉될 영화를 보기 위해 등산을 미루었다. (미루다: postpone)

→ _____

_____

8. 호랑이와 사자는 고양이과의 동물로 분류된다. (고양이과: Felidae / ~로 분류되다: be classified as)

→ _____

_____

9. Brown 씨는 지난 주에 있었던 주주총회에 참석하지 않고 대리인을 보냈다.
(주주총회: a general meeting of stockholders / 대리인: proxy)

→ _____

_____

10. 자택학습에 대한 향상된 이미지로 인해 자녀들을 학교에 꼭 보내야 하는지 망설이는 부모들이 증가하고 있
다. (자택학습: homeschooling)

→ _____

_____

실전 Essay Practice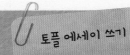

■ 아래 독립형 과제의 토픽을 읽고 에세이를 작성하기 위한 본론 전개를 완성하시오.

> Some people say that advertising encourages us to buy things we really do not need. Others say that advertisements tell us about new products that may improve our lives. Which viewpoint do you agree with? Use specific reasons and examples to support your answer.

1   오늘날 누구도 광고의 영향으로부터 벗어날 수 없다. 광고의 주된 혜택은 사람들에게 새로운 제품에 대해 알려 주는 것이다.

   ▶ Nowadays, nobody can _____ from the influence of advertisements. The primary benefit of advertisements is to keep people _____ about new products.

2   예를 들면, 광고는 한 제품의 출시를 알려주고 소비자에게 그 제품의 가격을 통보하며 세부적인 특징을 설명해 준다.

   ▶ To illustrate, advertising_____the release of a product, _____ customers of its price, and _____ its detailed qualities.

3   광고가 없다면 대부분의 소비자들은 제품 간의 차이를 알기 어렵다.

   ▶ Without advertising, most customers could _____
   _____.

4   광고는 각 제품의 기능, 가격, 심지어 사후 서비스까지 비교할 수 있도록 해서 어느 것이 더 가치 있는 구매인지 결정할 수 있게 해 준다.

   ▶ Advertisements enable them to _____
   _____ of each product and decide which one is a more worthwhile purchase.

5   일반적으로 기업은 강력하고 지속적인 광고를 만들려고 노력한다. 광고는 오늘날의 경쟁 시장에서 기업의 생존과 밀접하게 연관되어 있는 것이다.

   ▶ In general, companies strive to create strong and lasting advertisements, _____

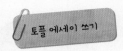

_____ in today's competitive markets.

6 예를 들어, 한 제품이 잘 광고되어서 더 많은 사람들이 그 제품을 구입하면 제조사는 그 제품의 셀링포인트를 강화시킬 것이다.

▶ For example, if a product is advertised well and more people purchase the product, the manufacturer will _____ of the product.

7 고객이 광고와 일치하지 않는 결함 있는 제품을 구매해서 그것에 대해 불만을 표시한다면 제조업체는 즉시 그 제품의 리콜을 알리고 결함을 시정해 줄 것이다.

▶ If customers buy a defective product that does not _____ its advertising and complain about it, the maker will _____ _____ of the product and fix its faults.

8 특정 제품의 판매를 증가시키기 위해 그 제품을 광고하는 기업은 소비자의 요구에 민감해야 하고 어떤 불만에도 즉각 대응해야 한다.

▶ To increase sales of a certain product, the company advertising the product should be _____ to customers' needs and _____ to any complaints.

9 따라서 광고는 제조사와 소비자 사이의 상호 커뮤니케이션을 위한 효과적인 교량 역할을 할 수 있는 것이다.

▶ Therefore, advertising can be an _____ to connect customers with manufacturers for _____.

Tips for Academic WRITING

독자를 2인칭대명사로 언급하지 않는다. Avoid addressing the reader as you.

일반적으로 academic writing과 같이 일정한 형식을 갖춘 formal essay에서 독자를 언급하기 위해 you와 같은 2인칭 대명사를 사용하지 않는 것이 바람직하다.

- You can see the results in Table 1.
  → The results can be seen in Table 1.
- You would be impressed when you watched the film's ending.
  → People would get impressed while watching the film's ending.

Unit 05 핵심동사 III _ 타동사

A 4형식 수여동사

4형식 동사는 간접목적어(IO)와 직접목적어(DO)를 필요로 한다. 직접목적어에 that절이 오는 수여동사는 따로 정리해서 구분해야 한다.

S + V4 + IO + DO	직접목적어로 명사를 취하는 수여동사	S + V4 + IO + DO(명사)
	직접목적어로 that절 형태를 취하는 수여동사	S + V4 + IO + DO(that S+V)

 1 수여동사

4형식 동사로 알려진 이 형태의 동사들은 동사 뒤에 간접목적어와 직접목적어 두 개의 목적어가 연이어서 나온다는 점이 특징이다. 직접목적어와 간접목적어의 어순을 바꾸어 쓸 경우에는 전치사 to나 for 등을 넣어주어야 한다.

give	grant	award	bring	save
earn	guarantee	offer	cost	gain

- The development of computers brings us a convenient life. (간접목적어 + 직접목적어)
  = The development of computers brings a convenient life to us.
    (직접목적어를 먼저 쓴 경우)

- Driving from one side of town to another, knowing light patterns saves car drivers noticeable time.

- By the 1950's, Mahalia Jackson's powerful, joyous gospel music style had gained her an international reputation.

 2 직접목적어로 that절의 형태를 취하는 수여동사

다음은 수여동사 중에서 간접목적어 뒤의 직접목적어로 that절을 취하는 수여동사이다. V-ed 형 뒤에 that절만 나오는 경우는 과거분사로 쓰인 경우이므로 주의해야 한다.

show	persuade	inform	convince	warn	tell

- The college informed me that my application was no longer under consideration.
  = I was informed that my application was no longer under consideration.
    (V-ed 뒤에 that절이 나온 경우는 수동태로 쓰인 문장임)

- Teachers should convince students that they are capable of achieving their learning objectives.

- The fortune-tellers of the Middle Ages selected birthstones for every month and told people that wearing these stones would keep them from harm.

B 5형식 불완전 타동사

5형식 불완전 타동사는 동사의 종류에 따라 목적 보어 자리에 각각 원형부정사, to부정사, 형용사, 명사가 올 수 있다.

S + V5 + O + OC	원형부정사를 목적 보어로 취하는 불완전 타동사	S + V5 + O + OC(원형부정사)
	to부정사를 목적 보어로 취하는 불완전 타동사	S + V5 + O + OC(to부정사)
	형용사를 목적 보어로 취하는 불완전 타동사	S + V5 + O + OC(형용사)
	명사를 목적 보어로 취하는 불완전 타동사	S + V5 + O + OC(명사)

 원형부정사를 목적 보어로 취하는 불완전 타동사

다음은 목적어 뒤에 동사원형이 보어로 나오는 구문을 만드는 동사들이다. 사역동사와 지각동사가 여기에 속한다. 준사역동사인 help는 목적 보어로 to부정사가 오는 경우도 있다.

help	make	let	have	see	watch

- The structure of a cactus helps it (to) survive in dry climates.
  (help 뒤에 to 생략 가능)
- Wearing uniforms makes students focus on their schoolwork.
- We could see gasoline prices go up over $0.45 per gallon this winter.

Check-Up Test 1 ▷ **괄호 안의 동사를 이용하여 다음을 영작하시오.**

1. 캐나다에 있는 대학 대부분이 학생들에게 다양한 프로그램을 제공한다. (offer)
   → _____

2. 노벨상 위원회는 김대중 대통령에게 인권에 대한 그의 업적에 대해 2000년도 노벨 평화상을 수여했다. (award)
   → _____

3. 건강 전단지는 흡연자들에게 담배가 심각하게 건강을 해칠 수 있다고 경고한다. (warn)
   → _____

to부정사를 목적 보어로 취하는 불완전 타동사

다음은 목적어 뒤에 to부정사를 목적 보어로 취하는 동사의 유형들이다. 대부분의 경우 사역의 의미와 주장, 요구, 제안, 명령의 의미를 지닌 동사들이다.

충고, 주장, 소망, 요구, 제안, 명령의 동사			
S +V + [that + S + (should) + V′ + ~] (S≠S′): S + V + O(S′) to V (주어와 목적어가 다른 경우 문장 전환 가능)			
require	ask	request	demand
urge	advise	order	propose
recommend	insist	suggest	
사역의 의미를 갖는 동사 (S + V + O + to V)			
get	tell	cause	lead
stimulate	motivate	teach	enable
allow	permit	forbid	encourage

- Some high schools require that all students should wear school uniforms.
  = Some high schools require all students to wear school uniforms.

- Advertising stimulates customers to buy unnecessary things.

- A good exercise program teaches people to avoid the habits that might shorten their lives.

- The sense of sight permits most animals to perform many important tasks in everyday life.

 형용사를 목적 보어로 취하는 불완전 타동사

다음은 목적어 뒤에 형용사를 목적 보어로 취하는 동사 유형들이다. 수동태로 변환하면 be p.p. 뒤에 형용사가 나올 수 있다는 특징이 있음에 유의해야 한다. 또한, 일부 동사들은 목적어가 to부정사나 that절일 경우 가목적어 구문을 사용하거나, 긴 명사구 목적어일 경우는 목적 보어인 형용사와 목적어의 어순을 바꾸어 쓰기도 한다.

~을 …한 상태로 유지하다	keep, leave
~을 …한 상태로 되게 하다	make, drive
~을 …라고 여기다	find, consider

- These hands-on activities are originally designed to keep children occupied while their parents are looking at exhibits.

- It is much better to tackle several small parts than to leave a large project undone.

- The development of computers makes it possible to store much information in limited space. (가목적어 구문)
= The development of computers makes possible the storage of much information in limited space. (명사구 목적어가 긴 경우 형용사와 도치)

 명사를 목적 보어로 취하는 불완전 타동사

다음은 목적어와 동격을 이루는 명사 목적 보어를 취하는 동사 유형이다. 역시 수동태로 변환하면 be p.p. 뒤에 명사 상당어가 나올 수 있는 것이 특징이고, 그런 경우 주어와 be p.p. 뒤에 나오는 명사는 동격 관계가 된다.

~을 …라고 부르다	call, name, entitle
~을 …로 뽑다	elect, choose, appoint, designate
~을 …로 만들다	make
~을 …로 여기다	consider

- Some scientists call this movement emigration, because these animals never return to their homes.
- The Greek correspondent of the letter B is named beta. (주어와 beta는 동격)
- The Roman Empire appointed Julius Caesar the dictator of Rome.
  (Julius Caesar = the dictator of Rome)
- Scientists usually consider ethnology one of the major branches of cultural anthropology.

Check-Up Test 2 ▶ **괄호 안의 동사를 이용하여 다음을 영작하시오.**

1. 애완동물을 돌보는 것은 어린아이가 책임감을 기를 수 있도록 도와줄 것이다. (help)
   → _____

2. 많은 의사들은 당뇨병을 가진 환자에게 등산을 하도록 충고한다. (advise)
   → _____

3. 일부 학생들은 마감일 전에 기말 과제를 제출하는 것이 어렵다고 생각한다. (find)
   → _____

4. 사람들은 일반적으로 물 위를 걷는 것을 기적이라고 생각한다. (consider)
   → _____

A 다음 문장에서 틀린 부분이 있으면 고치시오.

1. Many scientists convince that the Moon consists almost entirely of rocky material.

2. At the Seventh International Ballet Competitions, Fernando Bujones won the first gold medal ever to award to a United States male dancer.

3. The principles that allow aircraft flying are also applicable in car racing.

4. The center part of a hurricane called the eye of the storm.

5. Some scientists are called this movement emigration, because these animals never return to their homes.

6. Building a factory may help reduce unemployment and to enhance standards of living.

B 괄호 안의 표현 중 알맞은 것을 고르시오.

1. Catcher in the Rye, written by J. D. Salinger, is a work that won (him, his) respect among younger audiences searching for order in a chaotic world.

2. The invention of the generator (made possible, made it possible) to produce large amounts of electric current.

3. Snowshoes let a person (to walk, walk) on snow without sinking into it because they distribute the person's weight over a wider area.

4. Mammals use food to keep themselves warm and (health, healthy).

5. Some children find it (difficult, difficulty) to make friends with others when they first enter school.

6. In 2000, Bush (elected, was elected) the President of the United States of America, after the quarrelsome debate.

7. The noise from the construction site made it absolutely impossible for Jessica (fall asleep, to fall asleep) at night.

Sentence Writing Practice 영어 문장 만들기

A 다음 문장을 완성하시오.

1. 새로 개발되는 약은 암 환자들에게 완치를 보장할 것으로 기대된다.

→ It is expected that the newly developed medicine would _____ cancer patients a complete recovery.

2. 학생 대표는 겨울 방학 동안 교내 식당들이 모두 문을 닫을 것이라고 학생들에게 공고했다.

→ The student representative of the school _____ the students that the dining halls on campus would be closed for the winter break.

3. 술을 마시면 체온이 올라가는 것을 볼 수 있다.

→ We could _____ our body temperature go up when drinking alcoholic beverages.

4. 지난 주말에 지하철 역에서 할머니가 계단 올라가시는 것을 도와드렸다.

→ I _____ an old lady go up the stairs of the subway station last weekend.

5. 내 친구들 중 하나는 나에게 스쿼시와 테니스를 배워보라고 조언했다.

→ One of my friends _____ me to learn the sports, squash and tennis.

6. Jane의 부모는 선물이나 현금을 약속함으로써 자녀에게 성적 향상에 대한 동기를 부여하기도 한다.

→ Jane's parents sometimes _____ their child to improve on academics by promising her presents or cash.

7. 개나 고양이가 이갈이를 할 때에 장난감 이외의 것을 물어뜯도록 허락해서는 안 된다.

→ One should never _____ cats or dogs to chew on anything but their toys while they are teething.

B 다음을 영작하시오.

1. 승리에도 불구하고, 최근 있었던 재판은 Michael Jackson에게 불명예스러운 평판을 얻게 하였다.

(재판: trial / 불명예스러운 평판: infamous reputation)

→ _____

_____

2. 놀이동산에서 주의사항 표지를 자세히 읽지 않았던 것은 Tom으로 하여금 큰 대가를 치르게 했다.

(놀이동산: amusement park / 주의사항 표지: warning sign / 대가: price)

→ _____

3. 철강 산업은 Andrew Carnegie에게 미국에서 가장 성공적인 사업가 중 한 명이 될 수 있는 기회를 가져다주었다. (철강 산업: steel business)

→ _____

_____

4. 훌륭한 변호사는 재판관과 배심원을 포함해 그 누구라도 설득할 수 있다. (재판관: judge / 배심원: jury)

→ _____

_____

5. 다루기 쉬운 일을 맡겨보는 것은 아이들이 독립심을 기르는 데 도움이 될 것이다.

(다루기 쉬운: manageable / 독립심: sense of independence)

→ _____

_____

6. 카페인은 중추신경계를 자극하는데, 이는 많은 경우 불면증을 유발할 수 있다.

(중추신경계: central nervous system / 불면증: insomnia)

→ _____

_____

7. 심각한 간질과 같은 신체적 특징을 가진 사람들은 운전을 하지 말 것을 권장한다.

(간질: epilepsy / 신체적 특징: physical conditions)

→ _____

_____

8. 의사들은 디스크 환자들에게 고정된 자세로 너무 오랜 시간을 보내는 것을 피하도록 권한다.

(고정된 자세: fixed position)

→ _____

_____

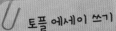

■ 아래 독립형 과제의 토픽을 읽고 에세이를 작성하기 위한 본론 전개를 완성하시오.

> Do you agree or disagree with the following statement? First impressions about a person's character are generally correct. Use specific reasons and details to explain your opinion.

1   다시 말해, 사람들은 자신의 선입견을 통해 보고 듣는 모든 것을 걸러내고 거기에 고정관념을 부여한다.

▶ In other words, people _____ what they see and hear

through their own prejudice, _____ a stereotype to them.

2   심리학자에 의하면, 일단 부정적인 첫인상이 형성되면 오랜 시간 동안 그것을 극복하는 것이 거의 불가능하다고 한다.

▶ According to psychologists, once _____,

it is almost impossible to overcome them for a long time.

3   예를 들면, 누군가 기분이 좋지 않거나 궁지에 몰렸을 때, 낙심하고 무력해 보일 수도 있다.

▶ For example, when a person is feeling _____

or driven into a _____, he may look depressed and helpless.

4   관계가 발전하고 나서야 그 사람이 누구인지에 대해 더 잘 알 수 있다.

▶ After _____, it is possible to get much closer to

who he or she is.

5   한 사람이 옷을 입는 방식에서 많은 것을 알 수 있다.

▶ We can gain much information by _____.

6   리크루터들은 면접관들에게 긍정적인 인상을 주기 위해 구직자들에게 면접 시 단정한 옷차림을 하도록 충고한다.

▶ Recruiters _____,

because they can give interviewers a positive impression.

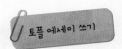

7 반면에 첫인상이 잘못된 인상을 남기는 경우도 많다.

. ▶ On the other hand, there are many times when _____

_____ .

8 사람들은 새로운 사람을 처음 만날 때면 다르게 행동하는 경향이 있으며, 흔히 자신을 드러내지 않는다.

▶ People _____ when they meet new people

for the first time, and they often do not _____ .

9 사람들은 긴장한 나머지 새로운 자리에서 자기 자신처럼 행동하지 못할 수 있다.

▶ People _____ and do not

_____ when they are in a new place.

Unit 06 동사의 시제

A 단순 시제

동사의 시제는 시간 부사(구)와 연관해서 함께 쓰이는 경우가 대부분이다. 따라서 시제에 따라 잘 어울리는 시간 부사(구)를 정리해 둘 필요가 있다.

현재단순	과거단순	미래단순
now / today usually always sometimes every morning nowadays / currently	yesterday / ago last week / last semester in 2010 / in the 21st century once just now from 2000 to 2005	in the future next week / next year tomorrow soon

 현재단순 시제

현재단순 시제는 주어의 반복적이고 습관적인 행위를 기술하거나, 일반적이고 객관적인 사실을 기술하는 경우에 주로 사용한다.

- Tom watches television every day. (습관적 행위)
- Water consists of hydrogen and oxygen. (과학적 사실)
- Groundwater is a major source of mankind's usable water. (과학적 사실)
- Some animals move in large numbers from one place to another. (습관적 행위)

 과거단순 시제

과거단순 시제는 과거의 특정 시점에서 시작해서 과거에 끝난 행위를 기술할 때 사용한다. 이때 과거시간 부사(구)를 함께 사용하는 경우가 많다.

- Tom watched television last night. (과거시간 부사구: last night)
- The first dinosaur footprints in America were discovered by a twelve- year-old boy in 1802. (과거시간 부사구: in 1802)
- The Illinois region was once the home of prehistoric Indians who built temple mounds. (과거시간 부사: once)
- The current Maryland Constitution was adopted in 1867 shortly after the American Civil War. (과거시간 부사구: in 1867)

 **미래단순 시제**

미래단순 시제는 미래 조동사 will을 사용하는 경우가 대부분이다.

- Tom will watch television tonight.
- In the future, archaeologists will continue to move into new realms of study.
- World food requirements will increase tremendously in the next 20 years.

* 원인과 결과가 분명한 경우에는 미래 조동사 will 대신 be going to V를 사용할 수 있다.

- It is too cloudy. It is going to rain outside. (원인: 매우 흐린 날씨 / 결과: 비가 내릴 것)

B 완료 시제

단순 시제는 하나의 시제(과거, 현재, 미래)에 발생한 동사의 행위나 상태를 표시해 준다. 이에 반해, 완료 시제는 두 개의 시제 사이에 벌어진 행위 동작의 지속이나 상태의 결과를 보여준다고 할 수 있다. 완료 시제 역시 자주 쓰이는 시간부사(구)를 정리해야 한다.

현재완료	과거완료	미래완료
so far / by now up to now / until now since recently / lately over the last few years for centuries	before the Civil War by 1850 by the time	before 2010 by 2010 by the time

 현재완료 시제

불특정 과거 시점에서 시작된 행위가 현재까지 반복 혹은 지속되는 동작이나 상태를 표현할 때 현재완료 시제를 사용한다.

- David has stayed in Seoul since Monday. (불특정 과거: 지난 월요일 / 현재: 여전히 서울에 거주)
- Industrial waste, sewage, and other wastes have polluted the Great Lakes since the mid-1800s.
- Since 1913 the Federal Reserve System, commonly called the Fed, has served as the central bank for the United States.

과거완료 시제

기준이 되는 과거 시점과 비교해서 그 이전에 시작한 행위 및 동작이나 상태를 표현할 때 과거완료 시제를 사용하는 것이 바람직하다. 기준이 되는 과거시점보다 이전에 시작된 행위나 동작을 had p.p.로 표현한다.

- By the late 1700s, scientists had studied many minerals.
  (기준이 되는 과거 시간: 1700년대 / 과학자들은 1700년대 이전부터 연구해 왔음)

- Before I arrived at Heathrow Airport, I had never seen snow in England.
  (기준이 되는 과거 시간: Heathrow 공항에 도착한 시간 / 나는 그 전에 영국에서 한 번도 눈을 본 적이 없음. 그러므로 공항 에 도착했을 때 처음으로 영국에서 눈을 본 것임)

- By the fourteenth century, alchemy had developed two distinct groups of practitioners – the laboratory alchemist and the literary alchemist.

- Financial institutions had been located mainly in Boston, but the center was rapidly shifting to New York City around the time of the American Civil War.

 미래완료 시제

미래 특정 시점까지 행동이 완료될 것을 보여주는 시제로서 미래완료 시제를 사용한다.

- I will have cleaned the room by the time you get home.
  (미래 특정 시점: 집에 도착하는 미래시간 / 완료될 미래 행동: 방 청소)

- When Dr. Fleming retires next semester, he will have taught for ten years.
  (미래 특정 시점: 다음 학기 / 완료될 미래 행동: 10년간의 강의)

Check-Up Test 1 ▶ **괄호 안의 동사를 적절한 시제로 완성하시오.**

Libraries nowadays are completely different from those in the 1800s. To illustrate, the contents of libraries (change) _____ on a large scale up to now. In the 1800s, libraries (be) _____ simply collections of books. However, recently most libraries (become) _____ multimedia centers which contain tapes, computers, and paintings. The role of the library in society (change, also) _____ up to the present. In the nineteenth century, libraries (be) _____ open only to certain people, such as scholars or the wealthy. Today, libraries (serve) _____ everyone.

C 시제 일치

시제 일치라는 개념은 한 문장 안에 있는 모든 동사의 시제를 일치시킨다는 의미가 아니라 동일 시점에 일어난 일들만 동사의 시제를 일치시키는 것을 의미한다.

- Many people used to think that communism would last forever.
- President Hoover held office when the Great Depression began.

시점이 서로 다른 동사의 시제는 일치시키지 않아도 된다. 객관적 진리, 속담, 격언 등은 항상 현재시제를 사용 한다. 여기서 주목할 점은 동사의 시제 일치란 같은 시점에서 발생한 동사의 시제를 반드시 일치시켜야 한다는 것을 의미하며, 한 문장 내에서도 서로 시점이 다른 내용은 시제 일치와 상관이 없다는 것이다.

- The government is suffering from the wrong decision that it made a few years ago. (시점이 서로 다름)
- Some ancient people found that the Earth has one moon. (객관적 진리)

Check-Up Test 1 ▷ 괄호 안의 동사를 적절한 시제로 완성하시오.

In 1985, my parents (emigrate) _____ to the United States from Korea.
They (travel, never) _____ outside of Korea and were, of course,
excited by the challenge of relocating in a foreign country. Eventually, they (settle)
_____ in Los Angeles. My brother and I were born there and (grow)
_____ up there. Last year, I (go) _____ to Korea for the
first time to study at Seoul National University. I (want, always) _____
to visit Korea and learn more about my own family background. My dream was finally
realized.

Grammar Practice 문법 사항 복습하기

A 다음 문장에서 틀린 부분이 있으면 고치시오.

1. Venus has a dense atmosphere that consisted primarily of carbon dioxide.

2. Today, Maryland publishers printed about 100 newspapers, about 15 of which are dailies.

3. Railroads in the United States now carried less than 1 percent of all intercity passenger traffic.

4. Dinosaurs had lived in New Mexico for about 154 million years, between 66 and 220 million years ago.

5. In about 1960, chemists have developed synthetic pheromones that are used to control insect pests.

6. Since the last two centuries the average life expectancy has increased by about twenty years.

7. Dinosaurs died out millions of years ago, but they have fascinated people ever since they are first described in the early 1800s.

8. When the European settlers come to North America, they found a vast land rich in natural resources.

B 괄호 안의 표현 중 알맞은 것을 고르시오.

1. The Illinois region was once the home of prehistoric Indians who (build, built) temple mounds.

2. The Great Depression began in October 1929, when stock values in the United States (have dropped, dropped) rapidly.

3. Terry Erwin once (has estimated, estimated) that we share the Earth with some 30 million different species of animals and plants.

4. Ragtime developed around New Orleans in the late 1800s and then (has spread, spread) to St. Louis, Chicago, and New York, among other cities.

5. During the Middle Ages, many European rulers and nobles (have maintained, maintained) private zoos.

6. Mammals (are breathing, breathe) with lungs rather than gills.

Sentence Writing Practice

영어 문장 만들기

A 다음 문장을 완성하시오.

1. 우리는 항상 그 공원에 간다.

   → We _____ to the park all the time.

2. 내 여동생은 생선을 좋아하지 않는다.

   → My sister _____ fish.

3. Jane은 경제학과 학회에 속해 있다.

   → Jane _____ the economics club.

4. 우리 엄마는 손으로 설거지를 하신다.

   → My mother _____ by hand.

5. Claire는 1999년 이래로 뉴욕에서 산다.

   → Claire _____ in New York since 1999.

6. 그녀는 아직 아침을 먹지 않았다.

   → She _____ breakfast yet.

7. 몇 달 전에 그녀는 내 디지털 카메라를 빌려 갔다.

   → She _____ my digital camera several months ago.

8. 작년에 정부는 대중교통을 개선하는 데 많은 돈을 투자했다.

   → The government _____ a lot of money in improving public transportation last year.

9. 몇 달 전에 우리 이웃은 일곱 살짜리 사내아이를 입양했다.

   → A few months ago, my neighbors _____ a seven-year-old boy.

10. 나는 그가 몇 달 안에 새로운 급우들과 학교에 익숙해질 것이라고 확신한다.

    → I am sure that he _____ familiar with his new classmates and school in the next few months.

B 다음을 영작하시오.

1. 나는 매일 피로를 풀기 위해 따뜻한 물로 목욕을 한다.

   (따뜻한 물로 목욕을 하다: take a warm bath / 피로를 풀다: relieve fatigue)

   → _____

2. 우리 마을 사람들은 심각한 실업난으로 오랫동안 고통받아 왔다.

   (~로 고통받다: suffer from / 심각한: serious / 실업난: unemployment)

   → _____

3. 고등학교 시절에 나는 문법과 문학을 공부하기를 좋아했다.

   → _____

4. 나는 정직함의 중요성을 항상 기억할 것이다. (정직: honesty)

   → _____

5. 한 사람의 인생에 영향을 끼치는 요소 중 하나는 가족이다. (요소: factors)

   → _____

6. 나는 우리의 우정이 영원히 지속되기를 기대한다. (지속되다: last)

   → _____

7. 가족은 전통적으로 어머니, 아버지, 그리고 아이들로 정의된다. (정의하다: define)

   → _____

8. 그러나 이 정의는 1960년대부터 바뀌어 왔다. (정의: definition)

   → _____

9. 미국 교육자들은 지금 그들의 교육 표준을 향상시키기 위해서 노력하고 있다.

   (교육 표준: academic standards)

   → _____

10. 공부하러 미국에 온 이래로 나는 학문적 성공이 모든 미국인들에게 중요한 것은 아니라는 것을 깨달았다.

   (깨닫다: notice / 학문적 성공: academic success)

   → _____

   _____

실전 Essay Practice

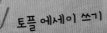

■ 아래 독립형 과제의 토픽을 읽고 에세이를 작성하기 위한 영작을 완성하시오.

It is sometimes said that borrowing money from a friend can harm or damage the friendship. Do you agree? Why or why not? Use reasons and specific examples to explain your answer.

A 서론 문장을 작성하시오.

1 돈을 빌리는 것은 우정에 해를 끼칠 수 있다고 생각한다. 왜냐하면 일단 돈이 관련되면 돈을 요청하는 것이 양쪽 모두에게 부담이 되기 때문이다.

▶ In my view, borrowing money can damage the friendship, because, once _____

_____, asking for money is a burden for both parties.

2 게다가 돈을 제때 갚지 않으면 관계는 쉽게 위태로워진다.

▶ In addition, if _____,

the relationship readily becomes shaky.

B 본론 문장을 영작하시오.

1 만일 돈이 모자라면 언제 빌린 돈을 갚을지 예측할 수 없다.

▶ If one is _____ funds, he may not be able to predict when

_____.

2 만일 돈이 적은 금액이라면, 채권자로서 친구는 그다지 신경 쓰지 않을 것이다.

▶ If it were a small amount of money, his friend as the _____ would not

_____

_____.

3 그러나, 큰 금액이 연루된 것이라면 상황은 완전히 다를 것이다.

▶ _____

_____.

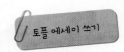

4 다정한 관계는 점차 채권자와 채무자의 사무적 관계로 바뀔 것이다.

▶ _____ gradually becomes

_____ between a debtor and a creditor.

5 게다가, 채무자가 상당히 큰 금액을 오랜 기간 동안 갚을 수 없다면, 채권자는 난색을 표시하고 심지어 이자와 함께 갚는 것도 고려할 것이다.

▶ Besides, if the debtor cannot pay a big loan back for a long period, the creditor

may _____ and even consider paying

the debt _____ .

6 문제는 일단 우정에 금이 가면 깨진 관계를 회복하는 것이 훨씬 더 어려워진다는 것이다.

▶ The problem is that once a friendship is damaged, it becomes _____

_____ .

C 결론 문장을 영작하시오.

1 결론적으로, 돈을 빌리고 갚지 않으면 이런 돈 문제는 감정을 상하게 하고 친구 간의 신뢰는 마침내 깨어질 것이다.

▶ In conclusion, when money is borrowed and not paid back, this money issue

will result in hurt feelings, and _____

_____ .

2 돈은 다시 얻을 수 있는 것이지만 우정은 그렇지 않다.

▶ _____ .

Tips for Academic WRITING

다양한 형태의 주어를 사용하여 문장을 시작하라.
Start your sentence with different forms of subjects.

일반적으로 영어문장에서 주어로 사용할 수 있는 품사로는 명사(구,절), 대명사 등이 있지만 주어부분을 충분히 설명하고자 하는 경우 가주어구문을 사용할 수 있다.

- It has been proved that students who exercise on a regular basis have a stronger immune system.
- It is absolutely significant to pay homage to their immigrant roots for those who choose to remain unchanged.

우리말에 '~하기, ~하는 것'의 의미로 주어를 사용하는 경우 동명사 주어를 사용하는 것이 일반적이다.

- Being with a few friends makes me feel at home.

Unit 07 수의 일치

A 주어와 동사의 수 일치

원칙적으로 주어의 수에 동사의 수를 일치시키므로 주어가 단수이면 동사도 단수로, 주어가 복수이면 동사도 복수로 일치시켜야 한다.

1 be 동사

- The skyscraper is a fixture of major cities around the world. (주어가 3인칭 단수)
- In some industries, such as banking and travel, computers are not a convenience but a necessity. (주어가 3인칭 복수)

2 have 동사

- The destruction of the rainforests has brought about a huge amount of environmental damage. (주어는 rainforests가 아닌 destruction임에 유의할 것)
- A successful salesperson has an intuitive understanding of human psychology.
- Apple trees have been cultivated for their fruit for more than thousands of years.

3 일반 동사

- Humidity refers to the air's water vapor content.
- Humans differ from other mammals in their ability to speak and use tools.

B 삽입어구와 수 일치

주어와 동사 사이에 삽입된 수식어구는 수의 일치에서 영향을 주지 않는다. 따라서 주어 뒷자리에서 삽입어구가 사용되는 경우에도 동사와의 수 일치에 유의해야 한다.

> 주어(S) + 삽입어구(관계사절, 분사, 부정사, 전치사구, 동격 명사구) + 동사(V)

1 관계사절 삽입어구

- <u>Anyone</u> who has ever pulled weeds is well aware that roots firmly anchor plants to the soil. (be동사 앞의 weeds를 보고 복수로 착각하면 안 됨)

- <u>The short lifespan</u> of monarch butterflies, which are ordinary insects in most of South and Central America, makes their migration unusual.

- <u>The tornadoes</u> that tear through this county every spring are more than just a nuisance. (be동사 앞의 spring을 보고 단수로 착각하면 안 됨)

2 분사 삽입어구

- <u>Most studies</u> investigating the role of prostaglandin in asthma have used invasive or semi-invasive techniques.

- <u>The Boston Public Library</u>, founded in 1848, houses a vast research collection that is open to the public.

- <u>Pikes Peak</u>, named for explorer Zebulon Pike, is Colorado's most famous but not its highest mountain.

3 부정사 삽입어구

- The Prime minister's <u>decision</u> to resign was welcomed by the opposition.

- The first well-organized postal <u>systems</u> to be established were those of Europe.

- The <u>ability</u> to objectively assess the positive and negative potential of others is a vital part of the job.

4 전치사구 삽입어구

- <u>The most dangerous effect</u> of a hurricane is a rapid rise in sea level called a storm surge.

- <u>The crucial problem</u> of short-story writing is to create a balanced work of fiction within a limited space.

- <u>The Earth</u>, along with the rest of the nine planets, orbits a star, the Sun.

5 동격 명사구 삽입어구

- Plato, (who was) the famous Greek philosopher, was a student of Socrates.
- A molecule, (which is) the smallest unit of a substance, has a definite size.
- Most mammals, (which are) animals that raise their young with milk, are covered with hair or fur.

C 주의해야 할 수의 일치

1 동명사 주어의 수 일치

동명사는 하나의 행위이므로 동명사 주어를 사용하는 경우 동사의 수는 반드시 단수가 된다.

- Studying fossils of prehistoric people has provided anthropologists with much of their most valuable information.
  (fossils 혹은 people이 주어가 아니라 동명사 Studying이 주어이므로 동사는 단수)
- Understanding diseases depends on a clear delineation of symptoms, ranging from subjective reports of pain to visible conditions.

2 수량 표현의 수 일치

1 all, most, some, half, the rest, percent (분수 포함) 등 부분사가 주어일 때, 동사의 수는 of 뒤의 명사에 일치시킨다.

- All of the enzymes are globular proteins. (the enzymes가 복수이므로 are가 옴)

Check-Up Test 1 ▷ 괄호 안의 삽입어구에 유의하여 다음을 영작하시오.

1. 사람들이 입는 옷은 행동 방식에 영향을 준다. (관계사절)
   → _____

2. 어떤 사람의 겉모습에 기초한 첫인상은 흔히 잘못된 인상을 남기기도 한다. (분사)
   → _____

3. 아들의 빚을 갚을 수 없다는 그녀의 거절이 그녀를 궁지에 몰리게 한다. (부정사)
   → _____

4. 아이들의 미래는 부모의 자질에 달려 있다. (전치사구)
   → _____

5. 전 한국 국가대표 축구팀 감독인 Guss Hiddink는 팀을 2002 월드컵 준결승에 진출시켜 신화를 만들어냈다.
   (동격 명사구)
   → _____

- Ninety-eight percent of the upper atmosphere is composed of hydrogen and helium. (the upper atmosphere가 단수이므로 동사 is가 옴)

2 one + 단수명사 + 단수동사 / one of + 복수명사 + 단수동사

- One major earthquake belt passes around the Pacific Ocean.
- One of the most important tools for research in the social sciences is a well written questionnaire.

3 a number of + 복수명사 + 복수동사 / the number of + 복수명사 + 단수동사

- Since the mid-1900s, an increasing number of jobs in the United States have involved the handling of information.
- The number of words in a language is quite large.

3 주격 관계대명사의 수 일치
주격 관계대명사는 반드시 선행사와의 수 일치를 확인해야 한다.

- The wrasse is a small, brightly colored fish that has the habit of picking parasites. (선행사가 a fish로 단수)
- Film sound is recorded by an analog system which, like the compact disc, uses light.
- Computers have aided in the development of industrial robots, which are transforming the workplace in major manufacturing countries.

4 등위 상관접속사의 수 일치
주어가 (Both) A and B의 형태가 되면 항상 복수로 처리한다. 그러나 (Either) A or B, Neither A nor B, not only A but also B의 형태가 주어로 쓰이면 B의 위치에 있는 명사에 동사의 수를 맞춰야 한다.
(동사와 가까운 거리에 있는 명사에 수 일치 적용: 근자일치의 법칙)

- Both the Sun and the Moon periodically repeat their movements.
- Either unfavorable weather or soil makes farming impossible.
- Neither the computers nor the lights in the office were turned off.

5 도치 구문의 수 일치
1형식 문장에서 장소 부사구를 문두에 쓰면 주어와 동사가 도치되므로 수의 일치에 각별히 주의해야 한다.

- In front of the museum are two statues. (museum이 주어가 아니라 two statues가 주어)
- Among the greatest inventors is Thomas Edison. (Thomas Edison이 주어)
- Upon the complex relations between people and their environment focuses ecological anthropology. (ecological anthropology가 주어)

There be 구문의 수 일치

유도부사로 시작하는 There be 구문은 1형식 문장의 도치 형태로 볼 수 있으므로 뒤에 나오는 주어의 수에 동사를 일치 시켜야 한다.

- There are also <u>breaks</u> for television commercials. (주어: breaks)

- There are about <u>six species of aquatic mammals</u> in the Artic, including the walrus, seal, and whale.

- At the time of Columbus' arrival, there were probably roughly 1,500,000 <u>Indians</u> in the United States.

Check-Up Test 2 ▶ **괄호 안의 어휘를 이용하여 다음을 영작하시오.**

1. 화석 연료는 탄소를 포함하고 있어서 연소시키면 이산화탄소를 발생시킨다. (burn)

   → _____

2. 편친 가정에서는 어머니나 아버지가 혼자 가장이 된다. (head)

   → _____

3. 인생에서 가장 어려운 일 중의 하나는 아이를 키우는 것이다. (raise)

   → _____

4. 좋은 상사에게는 공통적으로 가지고 있는 몇 가지 중요한 자질들이 있다. (have in common)

   → _____

Grammar Practice

A 다음 문장에서 틀린 부분이 있으면 고치시오.

1. Mushrooms, which are found all over the world, is so fragile that they are seldom preserved for long.

2. During the last five years, improved methods of fabricating optical fibers has led to a reduction in fiberscope diameters.

3. The size, shape, or hardness of a substance's particles determine its characteristics as an abrasive.

4. Approximately fifty percent of the packaging utilized in the United States are for foods and beverages.

5. Helping people who have marriage problems require a great deal of tact and patience.

6. A car with leather upholstery and thick rugs are beautiful but a bit sumptuous for a person of simple tastes.

7. Some of the precipitation that falls are captured in mountain glaciers.

B 괄호 안의 표현 중 알맞은 것을 고르시오.

1. A highly elaborate form of communication (occur, occurs) among bees.

2. There are more than 600 species of oak, all of which only (grow, grows) naturally in the Northern Hemisphere.

3. Using only 20 different amino acids, a cell constructs thousands of different proteins, (which, each of which) has a highly specialized role in the cell.

4. A key difference between stocks and bonds (are, is) that stocks make no promises about dividends or returns.

5. The Welland Ship Canal, one of Canada's greatest engineering projects, (are, is) a twenty-seven mile long waterway between Lake Erie and Lake Ontario.

6. Fish (rank, ranks) among the most nourishing of all foods.

7. The major burden for the development of managerial skills (rest, rests) on the individual organizational members themselves.

Sentence Writing Practice 영어 문장 만들기

A 다음 문장을 완성하시오.

1. Johnson과 그의 형은 제과점에서 일한다.

→ Johnson and his brother _____ at Baker's.

2. 복권에 있어서 모든 사람들은 동일한 기회를 갖는다.

→ Everybody in the lottery _____ an equal chance.

3. 재고 목록과 보고서가 준비되고 있다.

→ The inventory and the report _____ being prepared.

4. 각 영역은 네 부분으로 되어 있다.

→ Each of the classifications _____ four parts.

5. 많은 점원과 접수원들이 전화 교환대에 대하여 불평해 왔다.

→ Many a clerk and receptionist _____ complained about the switchboard.

6. 몇 개의 제안서들은 복잡한 공식들을 포함하고 있다.

→ Several of the proposals _____ complex formulas.

7. 유명인사들의 집을 표시한 지도가 할리우드에서 팔린다.

→ A map showing the homes of celebrities _____ sold in Hollywood.

8. 이 보험 청구 건들에 관한 무언가가 의심스러워 보인다.

→ Something about these insurance claims _____ questionable.

9. 바다와 해양생물의 보존이 주요 관심사이다.

→ Preservation of the ocean and its creatures _____ a major concern.

10. 지원자 수가 예상보다 많다.

→ The number of applicants _____ greater than expected.

B 다음을 영작하시오.

1. 스트레스가 쌓일 때는 책을 읽거나 영화를 보거나 게임을 하거나 음악을 듣는다.

   → _____

2. 첫 번째 이유는 보석은 자산이 될 수 없다는 점이다. (자산: property)

   → _____

3. 나는 빵이나 밥, 우유 또는 다른 인스턴트 음식만으로 살 수 없다.

   → _____

4. 버스를 타는 동안 나는 책을 읽거나 잠을 자거나 쉴 수 있다.

   → _____

5. 새 공장은 실업자들에게는 일종의 희망이 될 수 있다. (실업자들: unemployed people)

   → _____

6. 오늘날 젊은이들은 대부분의 시간을 친구와 보낸다.

   → _____

7. 한국인들은 쌀밥을 먹음으로써 다양한 영양소를 얻는다. (영양소: nutrient)

   → _____

8. 애완동물을 키우면 삶의 질이 높아지지만, 장기적으로 애완동물의 털과 비듬에 가까이 노출되면 알레르기
   가 생길 수 있다. (애완동물: pet)

   → _____

   _____

9. 어떤 사람들은 자신과 공통의 관심사를 가진 친구와 사귀는 것을 선호한다.

   → _____

   _____

10. 의학과 생명공학이 매우 발전해서, 병에 걸린다는 것이 이제 더 이상 죽음을 의미하지 않는다.

    (생명공학: biotechnology)

    → _____

    _____

실전 Essay Practice

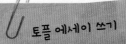

■ 아래 독립형 과제의 토픽을 읽고 에세이를 작성하기 위한 영작을 완성하시오.

> Some students prefer to study alone. Others prefer to study with a group of students. Which do you prefer? Use specific reasons and examples to support your answer.

A 서론 문장을 영작하시오.

내 생각을 말하자면 학업에 집중하고 정보를 공유할 수 있다는 점에서 스터디 그룹에 참여하는 것이 더 낫다고 생각한다.

▶ As far as I am concerned, it is better to **1** _____

_____

_____ .

B 본문 문장을 영작하시오.

우선, 그룹으로 공부하는 것은 각각의 학생이 학업에 전념할 수 있도록 도와준다. 책상에 혼자 앉아 있을 때마다 몇 가지 강력한 유혹을 극복하는 일이 내게는 쉽지 않다. 예를 들면, 컴퓨터, 간식, 그리고 TV의 재미있는 프로그램에 종종 관심을 뺏기는 편이다. 이러한 중단은 내가 학업에 집중하는 것을 방해한다.

▶ Above all, studying in a group helps **1** _____

_____ . Whenever **2** _____ , it is not easy

for me to overcome several strong temptations at hand. For example, I am often

3 _____ by my computer, snacking, or my favorite show on

television. These breaks **4** _____ .

더욱이, 여러 학생들은 각 과목에 대한 이해심을 향상시키기 위해 서로 협력하게 된다. 선생님이 수업 시간에 제공하는 구체적인 실명을 모든 학생들이 이해할 수 있는 것은 아니다. 이런 이유 때문에 학생들은 스터디 그룹을 조직하여, 일주일에 한두 번 만나 수업 필기를 비교하고 불분명한 부분을 토론하며 과제로 내준 자료를 반복해서 복습할 수 있는 것이다.

▶ Moreover, a group of students are supposed to **5** _____

in order to **6** _____.

Not all students may comprehend every specific detail teachers give in class. For this

reason, students can **7** _____

where they can **8** _____, discuss points that are

unclear, and review their assigned reading once or twice a week.

C 결론 문장을 영작하시오.

결론적으로 나는 규칙적으로 여러 학생들과 함께 공부하는 것을 선택한다. 스터디 그룹은 꾸준히 공부하면서 다른 학생들로부터 도움을 얻는 일을 가능하게 해 주기 때문이다.

▶ In conclusion, I choose to study together with several students on **1** _____

_____. This is because a study group enables me to

2 _____ and benefit from other students.

Unit 08 부정사와 동명사

A 준동사의 특징

준동사의 특징은 문장에서 동사의 기능(성질)은 그대로 가지고 있으면서 역할(품사)로는 명사, 형용사, 부사로 사용할 수 있다는 점이다. 우선, 동사의 성질을 정확하게 이해해야 문장에서 준동사를 적절하게 구사할 수 있다.

 의미상의 주어가 있으며 부정사에 대해서는 목적격으로, 동명사에 대해서는 소유격으로 쓴다.

- We expect <u>him</u> to pass the entrance exam. (부정사: 의미상의 주어는 목적격)
- It is necessary <u>for the students</u> to submit papers by coming Friday.
- Margaret complained about <u>my</u> coming late. (동명사: 의미상의 주어는 소유격)
- <u>John's</u> being successful depends on his constant efforts.

2 **타동사일 경우 목적어를 취할 수 있으며 동명사는 명사와 구분해서 써야 한다.**

- It is beneficial for children to begin their formal education at a very early age.
- Getting a parking spot on the streets was a little annoying.
- Before beginning his career as a teacher, he worked for a car company. (○)
  Before beginning of his career as a teacher, he worked for a car company. (✕)
  (→ 동명사로 사용된 경우 동사의 성질 때문에 전치사 없이 목적어를 써야 함)
- The beginning of the 21st century has brought high expectations for the future. (→ 명사로 사용되었으므로 소유격의 of로 수식을 받을 수 있음)

3 **부사의 수식을 받으며 부정은 부사 not으로 한다. (no를 사용해서는 안 됨)**

- Getting up early is the key to good health.
- Carefully washing hands is really important for the sanitation of patients.
- His new approach allowed him not to fail in his chemistry experiment.
- They should be responsible for not passing the urgent bill.

4 관사는 명사 앞에 오는 한정사이므로 준동사 앞에는 절대로 관사가 올 수 없다.

- My hobby is collecting stamps. (○)

  My hobby is the collecting stamps. (✕) (→ 동사의 성질 때문에 정관사가 올 수 없음)

5 준동사는 서로 다른 시제를 구분해 주는 시제 개념이 있다. 주절의 동작과 동시에 일어난 일은 단순 준동사(to V / V-ing)로 표시하고, 주절의 동작보다 먼저 일어난 일이나 완료적 의미일 경우 완료 준동사(to have p.p. / having p.p.)를 쓴다.

- It seems that David writes his final paper by himself. (두 동사의 시제가 같은 경우)
  → David seems to write his final paper by himself.

- It seems that Korea suffered from the economic crisis in 1997.
  (두 동사의 시제가 다른 경우)
  → Korea seems to have suffered from the economic crisis in 1997.

B to부정사

부정사는 〈to + 동사원형〉 형태이며, 문장에서 각각 명사, 형용사, 부사로 쓰인다.

1 to부정사의 명사적 용법

1 _ to부정사는 주어, 목적어, 보어 자리에 각각 올 수 있으며, 특히 일부 형용사(hard, difficult, easy, important, essential, necessary, (im)possible 등)와 함께 진주어 혹은 진목적어 구문으로 자주 사용된다.

- It is important for students to choose their career fields after graduation.
  (to 이하가 진주어)

- It is easy for native speakers of Italian to learn Spanish in a relatively short period of time. (to 이하가 진주어)

- They found it almost impossible to complete their projects within a day.
  (to 이하가 진목적어)

2 _ 주어가 주로 목적을 나타내는 경우(purpose, goal, aim 등) be동사 뒤에서 보어로 쓸 수 있다.

- The purpose of cost accounting is to determine the costs involved in producing and selling a good or service. (to determine을 determining으로 쓰지 않음)

- The aim of this class is to teach students how to speak English more fluently.

3 _ 일부 완전 타동사 뒤에서 동사를 목적어의 의미로 사용할 때는 반드시 부정사를 써야 한다.

- Some students cannot afford to take private lessons in music and art.

- They refused to accept the gracious offer that is made to them.

- Sound waves tend to curl around obstacles according to the laws of refraction.

4 5형식 불완전 타동사 중에 목적 보어 자리에 to부정사를 쓰는 것이 있다. 문장에서 자주 사용되는 매우 중요한 구조이므로 반드시 동사를 외워야 한다.

- Taking a vacation <u>enables</u> him to promote unity among his family members.
- Hypnosis is sometimes employed as a means of <u>encouraging</u> people to quit smoking.
- The narrow blades of speed skates <u>allow</u> skaters to maintain speeds of up to 30 miles per hour.

2 to부정사의 형용사적 용법

1 to부정사를 목적어로 취하는 동사의 명사형(attempt, plan, decision, determination, failure, refusal 등)은 주로 to부정사의 수식을 받는다. 그리고 일부 명사(way, ability, chance, opportunity 등) 뒤에 to부정사의 수식을 받는 경우를 기억하자.

- My community will make a plan to fight against environmental pollution.
- At the beginning of the 19th century, dramatists made conscious decisions to break with earlier traditions.
- I am in favor of exploring outer space, because it would give us many chances to experience new surroundings.

2 서수와 최상급(the first, the -est / most + N), 그리고 the only 뒤에 동사를 쓸 때는 부정사가 명사를 수식해 줄 수 있다.

- Duke Ellington was the first composer to arrange jazz music for a large orchestra.
- Wheaton was the only school to win three do-or-die games in a row.
- The best way to cool the bolometer to such a low temperature is to surround it with liquid helium.

Check-Up Test 1 ▶ 부정사의 명사적 용법에 유의하여 다음을 영작하시오.

1. 많은 골초들은 담배를 끊는 것이 상당히 어렵다고 생각한다.

   → _____

2. 아이들은 부모들의 지도 없이는 공부와 놀이의 균형을 맞추는 일에 종종 실패한다.

   → _____

3. 일부 고등학교는 학생들이 교복을 입도록 요구한다.

   → _____

to부정사의 부사적 용법

1 too, enough, so 뒤에서 부정사는 내용상 부사적으로 사용된다.

- Twentieth-century art is far too diverse to be fully contained within any one definition. (too 형용사/부사 to V: 너무 ～해서 …할 수 없다)

- When alloyed with other metals, aluminum becomes strong enough to construct buildings. (형용사/부사 enough to V: ～하기에 충분할 만큼 …하다)

- stars is so slight as to be obliterated by the control of the Moon. (so 형용사/부사 as to V: 매우 ～해서 …하다)

2 문장에서 구체적인 목적을 표현할 때는 부정사의 부사적 용법을 써야 한다.

- Compressed air is used to power air brakes, pneumatic tools, and other machinery.

- Air Force One was extensively modified to meet presidential requirements.

- To be ranked as a masterpiece, a work of art must transcend the ideals of the period in which it was created.

Check-Up Test 2 ▶ 제시된 to부정사의 용법에 유의하여 다음을 영작하시오.

A. to부정사의 형용사적 용법에 유의하여 다음을 영작하시오.

1. 배심원단은 자유롭고 정의로운 사회가 되기 위한 미국의 노력 중 일부이다.

→ _____

2. 음식을 쉽게 준비할 수 있는 가장 좋은 방법 중 하나는 가전제품을 사용하는 것이다.

→ _____

B. to부정사의 부사적 용법에 유의하여 다음을 영작하시오.

1. 일부 부모들은 자녀와 감정적으로 너무 밀착되어서 객관적일 수 없다.

→ _____

2. 건강을 유지하기 위해서, 사람들은 인체에 대한 기본적인 지식을 갖고 있어야 한다.

→ _____

C 동명사

동명사는 〈동사원형+-ing〉의 형태이며, 주어, 동사의 목적어, 전치사의 목적어 자리에서 명사 역할을 한다.

 동명사 주어

to부정사는 보통 문장 앞에서 주어로 쓰이지 않는 반면, 동사적 의미를 나타내는 주어인 경우(~하기, ~하는 것) 동명사 주어를 자주 사용한다. 이때, 동명사 주어 뒤에 오는 동사는 항상 단수로 취급한다.

- Placing a satellite into orbit <u>requires</u> a tremendous amount of energy.
- Bathing in mineral water <u>has</u> long been believed to have beneficial effects.
- Selling products related to a movie can sometimes help make up for its poor box office sales.

 타동사 뒤 목적어

타동사의 목적어 자리에 동명사가 올 수 있다.

- John <u>regrets</u> having spent too much time on Internet surfing.
- Anna decided to abort her child and <u>postpone</u> getting married.
- If your free time is limited, it would be better to <u>consider</u> joining us for a regularly scheduled activity.

3 **전치사 뒤 목적어**

전치사 뒤 목적어 자리에 동명사가 올 수 있으나 to부정사는 사용할 수 없다는 점에 유의해야 한다.

- The Internet will play a key role <u>in</u> changing the way people get an access to information.
- Astronomer George Hale was a pioneer in the art <u>of</u> photographing the Sun.
- The beams can cut and sear tissue in a fraction of a second <u>without</u> damaging the surrounding healthy tissue. (without to damage로 쓸 수 없음)

Check-Up Test 3 ▶ **동명사를 이용하여 다음을 영작하시오.**

1. 충분한 수면을 취하는 것은 나의 건강을 유지하는 데 중요한 역할을 한다.
   → _____

2. 나는 자유시간 동안 노트북 컴퓨터로 영화 보는 것을 매우 즐긴다.
   → _____

3. 축구를 하기 전, 우리는 부상을 예방하기 위해 항상 준비운동을 한다.
   → _____

Grammar Practice 문법 사항 복습하기

A 다음 문장에서 틀린 부분이 있으면 고치시오.

1. Amoebas are so small to be seen without the aid of a microscope.

2. The chief goal of biochemistry is for to understand the structure and behavior of the carbon-containing compounds that make up various components of a living cell.

3. Producing a new movie rarely go exactly according to its original plan.

4. People expect something exotic on their trips and some of them feel the desire write down their exciting and extraordinary experiences.

5. Cross rivers was one of the most difficult tasks pioneers faced on their journeys west.

6. Natural enemies can be used to controlling a large number of insects.

7. The first obstacle getting over is a new language, which is extremely important to live as a new citizen in a new country.

B 괄호 안의 표현 중 알맞은 것을 고르시오.

1. Billie Holiday's reputation as a great jazz and blues singer rests on her ability (giving, to give) emotional depth to her songs.

2. Educator Helen Magill White was the first American woman (to have earn, to have earned) a Ph.D. degree.

3. The University of Wisconsin was the first school (make, to make) a serious effort to teach students public administration.

4. The air of the upper atmosphere is (enough dense, dense enough) to ignite meteors by friction.

5. An electromagnet is created (to pass, by passing) electrical current through a coil of wire.

6. The delegates had been instructed by the Continental Congress (revising, to revise) the old Articles of Confederation.

7. The acquisition of language by children is a remarkable achievement that continues to (fascination, fascinate) those who study child development.

A 다음 문장을 완성하시오.

1. 어린이들이 집안일을 돕는 것은 바람직하다.

   → It is desirable for children _____.

2. 내가 이 강을 헤엄쳐 건너기는 힘들다.

   → It is hard for me _____ this river by swimming.

3. 우리 마을에 공장을 짓는 것은 많은 이득을 가져온다.

   → _____ brings a number of benefits.

4. 그녀는 내년에 대학에 갈 것을 계획하고 있다.

   → She plans _____ next year.

5. 그는 질문하려고 오른손을 들었다.

   → He raised his right hand _____.

6. 사람들은 같은 실수를 다시 범하지 않기 위해 역사를 공부할 필요가 있다.

   → People need to study history _____.

7. 그녀는 텔레비전을 볼 시간이 없다.

   → She has no time _____.

8. 나를 도와줄 친구가 없다.

   → There is no friend _____.

9. 고등학교 학생들은 학창시절 동안 기초적인 지적 능력을 향상시키는 것이 중요하다.

   → It is important for high school students _____

   _____ during their high school years.

10. 일찍 일어나는 것은 사람들이 아침에 더 효율적으로 시간을 이용하도록 도울 수 있다.

    → _____ can help people use their time efficiently in the morning.

11. 나는 여행을 가는 것보다 차를 사는 것이 더 이득이라고 생각한다.

    → I think that _____ is more beneficial than ____

    _____.

12. 나는 인생을 배우기 위해 주로 가족과 친구들에게 조언해 달라고 부탁한다.

    → I usually ask my family and friends _____ some advice to learn
    about life.

B 다음을 영작하시오.

1. 내가 아침에 일찍 일어나는 것은 거의 불가능하다. (불가능한: impossible)

→ _____

2. 모퉁이에 서 있는 것은 안전하지 않다. (모퉁이에: at the corner)

→ _____

3. 나는 생일을 혼자 보내기로 결심했다. (혼자서: alone)

→ _____

4. 우리는 언제나 다른 부부들과 여행하는 것을 즐긴다. (다른 부부들: other couples)

→ _____

5. 사람들은 생동감 있는 분위기를 느끼기 위하여 라이브 공연에 간다.

(생동감 있는 분위기: vivid atmosphere / 공연에 가다: attend live performances)

→ _____

6. 청소년들은 돈의 중요성을 이해하기 위하여 아르바이트를 해야 한다. (돈의 중요성: value of money)

→ _____

7. 나는 이번 달부터 담배를 끊기로 약속하겠다.

→ _____

8. 고등학교는 모든 학생들에게 음악과 미술을 공부할 기회를 제공해야 한다. (기회: opportunities)

→ _____

9. 우리 마을에 새로운 대학을 짓는 것은 마을 사람들에게 많은 이익을 준다. (이득: benefits / 짓다: build)

→ _____

10. 학생들은 그들의 개성을 표현할 권리가 있다. (표현하다: express / 개성: individuality)

→ _____

■ 아래 독립형 과제의 토픽을 읽고 에세이를 작성하기 위한 영작을 완성하시오.

> Do you agree or disagree with the following statement? People are never satisfied with what they have; they always want something more or something different. Use specific reasons to support your answer.

A 서론 문장을 영작하시오.

[Thesis] 내 관점으로는 사람들이 더 많은 것 혹은 새로운 것을 원하는 것이 사실이다. 왜냐하면 오늘날의 사회에서 광고는 그들로 하여금 더 많이 갖도록 유혹하기 때문이다. 게다가 사람들은 성공을 그들이 가지고 있는 소유와(소유물의 양과) 동일시하는 경향이 있다.

▶ In my view, it is true that people want more or something different because, in today's society, advertising **1** _____.

In addition, people tend to **2** _____

_____.

B 본론 문장을 영작하시오.

[Topic Sentence 1] 사람들이 더 많은 것 혹은 색다른 것을 갖고자 하는 끊임없는 욕구는 본능에 깊이 뿌리내리고 있으 며 현대 자본주의에 의해 강화되고 있다.

▶ People's endless drive to possess more or something different is **1** _____

_____ and reinforced by modern capitalism.

[Example 1] 자동차 광고는 좋은 예가 될 수 있다. 광고에서 사람들은 새 차로 드라이브하는 행복한 가족의 모습을 본다. 무의식적으로 그들은 현재 사용하는 차가 정상적으로 사용할 수 있는 것임에도 불구하고 불만족을 느끼기 시작한다. 무엇보다 광고에서 보는 사람들과 같아지고 싶은 마음으로 마침내는 새 차를 선택하게 되는 것이다.

▶ Here is a good illustration of automobile commercials where **2** _____

_____.

Subconsciously, they start to **3** _____

_____ even though it functions perfectly. Most of all, they want to be like those people they see in the advertisements and finally choose a new one.

[Topic Sentence 2] 사람들은 얼마나 많은 것을 소유하고 있는지에 따라 성공과 행복을 측정하기 때문에 더 많은 것을 소유하고 싶어한다.

▶ People want to have more possessions because they **4** _____

_____ .

[Example 2] 예를 들면 내 친구는 일 년 전에 집을 구입했지만 더욱 현대적이고 널찍한 집을 갖고 싶어했다. 더 큰 집을 사기 위해 심지어 은행에서 상당한 액수의 대출을 받는 부담도 져야 했다. 왜냐하면 그녀는 경제적으로 부유한 친구들을 항상 부러워했기 때문이다. 그녀는 자신의 동년배들과 비슷하게 부유해 보임으로써 최근에 거둔 성공을 뽐낸 것인지도 모른다.

▶ For instance, my friend bought a house a year ago, but she wanted to have a more modern and spacious house. To purchase a larger house, she even **5** _____

_____

from a bank, because she **6** _____

her wealthy friends. She **7** _____

by making her look as rich as her peers.

Tips for Academic WRITING

사용빈도 높은 동사(make)를 활용하라. Use essential verbs such as make.

문장에서 make 동사는 주로 3형식을 만드는 타동사와 5형식의 사역동사로 사용할 수 있다. 특히 '돈을 벌다'의 표현을 만들기 위해 make 동사를 쓸 수 있다.

- Making money cannot be the ultimate aim of jobs.
- A number of food companies have made a fortune selling groceries on the Internet.

목적어로 하여금 무엇이 되거나 하도록 만드는 사역동사로 자주 사용된다.

- His rude attitude made him very unpopular with his colleagues.
- My parents always make me do my homework before I go out.

Unit 09 분사구문

A 부사절의 축약 (부사절 → 부사구)

부사절의 축약은 부사절의 주어와 주절의 주어가 동일한 경우 부사절을 부사구로 전환하는 것을 의미한다. 이때, 축약된 형태는 부사절 접속사 뒤에 각각 현재분사, 과거분사, 형용사, 명사로 쓰게 된다.

 V-ing, S + V(축약된 형태: 현재분사)

부사절을 부사구로 축약해서 사용하는 방법이다. 주어가 동일한 경우 생략하고 동사는 분사 형태로 바꿔 쓰면 된다. 부사절의 주어와 주절의 주어가 같은 경우 부사절을 축약해서 분사구문으로 사용한다. 이때, 부사절 접속사는 생략 가능하나 명확한 의미 전달을 위해 남겨둘 수 있다.

> • 부사절 접속사 → 생략 가능
> • 주어 일치 → 반드시 생략
> • 능동일 경우의 동사 → V-ing, 수동일 경우의 동사 → p.p.

* Although the boys swam vigorously, they were not able to cross the raging river.
  → Although swimming vigorously, the boys were not able to cross the raging river. (○) (→ 주어 생략하고 분사구문 작성. 접속사는 의미전달을 위해 생략하지 않는 경우도 있다.)
  → Although swam vigorously, the boys were not able to cross the raging river. (✕) (→ 원래 문장에서 주어만 생략한 문장 오류)

* When traveling through space or a uniform medium, light moves in straight lines.

* The giraffe uses its long neck while feeding to pull down leaves and move aside branches that are in the way.

 p.p., S + V(축약된 형태: 과거분사)

부사절 내용이 수동인 경우 분사구문으로 전환하면 주어와 be동사가 생략되고 접속사와 과거분사 형태로 다시 쓸 수 있다. 이때, 〈주어 + 과거분사〉 형태로 쓰는 일이 없도록 유의해야 한다.

* Since we were exposed to the Sun for a long time, we got sunburns.
  → Exposed to the Sun for a long time, we got sunburns. (○)
  (→ 주어와 접속사 생략하고 과거분사만 남긴 분사구문)
  → Since we exposed to the Sun for a long time, we got sunburns. (✕)
  (→ 원래 문장에서 be동사만 생략한 문장 오류)

- If printed in book form, some metropolitan newspapers would make sizable volumes.
- Today there are about 3,000 buffalo in Yellowstone National Park, but although not considered endangered, the animal is no longer a major source of food for Americans.

3 Adj, S + V(축약된 형태: 형용사)

부사절 접속사 뒤에 〈주어 + be동사 + 형용사〉가 나오는 경우로서, 분사구문으로 전환하면 접속사와 형용사만 남게 된다. 이때, 형용사 자리에 부사를 쓰지 않도록 유의한다.

- Although pipelines are expensive to build, they are relatively cheap to operate and maintain.
  → Although expensive to build, they[pipelines] are relatively cheap to operate and maintain. (O) (→ 주어를 생략하고 접속사와 형용사만 남긴 분사구문)
  → Although expensively to build, they are relatively cheap to operate and maintain. (X) (→ 형용사 자리에 부사를 사용한 문장 오류)
- Although essential to buy the car, the money was stolen by the burglar.
- Even though apparently rigid, bones exhibit a degree of elasticity that enables the skeleton to withstand considerable impact.

4 N, S + V(축약된 형태: 명사)

부사절에 〈주어 + be동사 +명사(구)〉가 나오는 경우 분사구문으로 전환하면 접속사와 명사(구)만 남게 된다. 이런 경우, 접속사마저 생략하면 부사 자리에 명사구만 남게 되어 주절의 주어와 동격으로 쓸 수 있다.

- Since they are excellent swimmers, beavers can stay under water for up to fifteen minutes.
  → Since excellent swimmers, beavers can stay under water for up to fifteen minutes. (→ 주어와 be동사가 생략된 분사구문)
  → Excellent swimmers, beavers can stay under water for up to fifteen minutes. (→ 접속사마저 생략하여 주어와 동격)
- A heavy bird, the skua is nearly two feet long and has long, pointed wings.
- A newspaper reporter and editor, Walt Whitman first published poems that were traditional in form and conventional in sentiment.

B 형용사절의 축약(형용사절 → 형용사구)

 N + V-ing(명사 수식)

1 명사를 수식하는 형용사절도 분사구문으로 전환해서 작성하는 경우가 대부분이다. 주격 관계대명사가 이 끄는 형용사절의 동사가 능동이면 현재분사로, 수동이면 과거분사로 전환해서 수식 가능하다.

- The plan which connected the Hudson River with Lake Erie by a canal was first proposed in the late eighteenth century.
  → The plan connecting the Hudson River with Lake Erie by a canal was first proposed in the late eighteenth century. (형용사절의 동사가 능동이므로 현재분사)

- The vivid colors which are seen in Jupiter's clouds are probably the result of subtle chemical reactions of the trace elements in Jupiter's atmosphere.
  → The vivid colors seen in Jupiter's clouds are probably the result of subtle chemical reactions of the trace elements in Jupiter's atmosphere.
  (형용사절의 동사가 수동이므로 과거분사)

- Children seeing positive qualities in their parents will likely learn to see themselves in a positive way.

- The first successful America comic strip was The Yellow Kid, drawn by Richard Outcault.

2 주격 관계대명사 뒤에 be동사와 명사구가 나오는 경우 분사구문으로 바꿔 쓰면 선행사 뒤에 바로 동격 명사구가 쓰이게 된다.

- Willa Cather, (who was) a Pulitzer prizewinning novelist, gained recognition for her books concerning the American frontier.

- Arthritis, (which is) a painful swelling of the joints, is often associated with old people, but can afflict the young as well.

Check-Up Test 1 ▷ **괄호 안의 분사구문을 이용하여 다음을 영작하시오.**

1. 체스를 하는 동안 아이는 비판적인 사고 기술을 기를 수 있다. (V-ing, S + V)
   → _____

2. 경제가 기본적으로 안정적이라고 확신했음에도, 불구하고 대통령은 인플레이션을 예방하기 위한 조치를 강구 했다. (p.p., S +V)
   → _____

3. 비록 종종 신파조이기는 하지만, Lillian의 희곡은 통찰력과 기법(finesse)으로 유명하다. (Adj, S + V)
   → _____

V-ing, S + V(문두로 이동)

주어 뒤에서 주어를 보충 설명해 주는 관계사절을 분사구문으로 축약하면 문장의 앞자리로 이동하여 사용할 수 있다. 따라서 문두에 사용된 분사구문의 의미상 주체는 주절의 주어임을 확인해야 한다.

- The Statue of Liberty, which was designed by Frederic Auguste Bartholdi, was given to the United States by the people of France.
  → The Statue of Liberty, designed by Frederic Auguste Bartholdi, was given to the United States by the people of France. (○)
  → Designed by Frederic Auguste Bartholdi, the Statue of Liberty was given to the United States by the people of France. (○)
  → Designed by Frederic Auguste Bartholdi, the people of France gave the Statue of Liberty to the United States. (×)
  (→ 주절의 주어: the people of France / '프랑스의 국민들'이 설계될 수 없으므로 문장 오류)

- Believing that diseases were caused by evil spirits, Native American Indians used charms and magic to remove the evil influence.

- Considered one of the leading poets in America today, Sonia Sanchez has also written a number of books and plays.

- Similar in appearance to the cultivated carrot, Queen Anne's lace has feathery foliage but a woody root.

 주절의 축약

S + V, V-ing

1 주절을 분사구문으로 축약해서 작성하는 경우에는 두 문장의 주어가 일치하는 경우 주어와 등위 접속사를 반드시 생략해야 하며 동사를 분사 형태로 고쳐 쓰면 된다. 이때, 접속사만 생략해서 쓰는 일이 없도록 유의해야 한다.

- Architecture is one of the oldest art forms, and it combines beauty and functionality into one.
  → Architecture is one of the oldest art forms, combining beauty and functionality into one. (○)
  → Architecture is one of the oldest art forms, it combines beauty and functionality into one. (×) (→ 두 문장을 연결해 주는 접속사가 없기 때문에 문장 오류)
  → Architecture is one of the oldest art forms, combined beauty and functionality into one. (×) (→ 동사가 능동이므로 combined가 아닌 combining으로 써야 함)

2 주절을 분사구문으로 전환하는 경우, 주어가 서로 다르면 생략하지 않고 주격 형태로 남겨둔다.

- Land plants which have roots differ from seaweeds, and some of them attach themselves to stationary objects such as rocks or piers by the suction of organs called holdfasts.
  - → Land plants which have roots differ from seaweeds, some of them attaching themselves to stationary objects such as rocks or piers by the suction of organs called holdfasts.

- Archaeologists have divided the Stone Age into different stages, and each (stage) is characterized by different types of tools or tool-manufacturing techniques.
  - → Archaeologists have divided the Stone Age into different stages, each characterized by different types of tools or tool-manufacturing techniques.

Check-Up Test 2 ▶ **괄호 안의 분사구문을 이용하여 다음을 영작하시오.**

1. 인터넷이란 전 세계의 수많은 기업, 기관 그리고 개인을 연결하는 컴퓨터의 방대한 네트워크이다. (N + V-ing)

→ _____

2. 많은 박물관들은 월드 와이드 웹페이지를 이용하여 사람들이 유물을 컴퓨터상에서 볼 수 있도록 해준다.
(N + V-ing)

→ _____

3. 대부분의 박물관은 직접 참여하는 전시를 제공하며 재미있는 활동을 통해 호기심을 자극한다. (S + V, V-ing)

→ _____

4. 레크리에이션은 다양한 형태를 취할 수 있고 각각의 형태는 개인의 선택에 달려 있는 것이다. (S + V, V-ing)

→ _____

Grammar Practice 문법 사항 복습하기

A 다음 문장에서 틀린 부분이 있으면 바르게 고치시오.

1. Founding in 1607, Jamestown in Virginia was the first settlement in the New World.

2. While it flying, a bat emits a rapid series of ultrasonic signals, which bounce off any object in its path.

3. Even relatively costly, the diesel engine is highly efficient and needs servicing infrequently.

4. Most of the streets of Manhattan were laid out systematically, make it easy for people to find their way.

5. A black hole is a region of space creating by the total gravitational collapse of matter.

6. Originally producing in the Western Hemisphere by Native Americans, corn was carried to Europe by the early explorers.

B 괄호 안의 표현 중 알맞은 것을 고르시오.

1. (Similar, Similarity) in appearance to the cultivated carrot, Queen Anne's lace has feathery foliage but a woody root.

2. Acid rain harms thousands of lakes, rivers, and streams worldwide, (kills, killing) fish and other wildlife.

3. Most museums offer hands-on exhibits, (stimulate, stimulating) curiosity and creativity through fun activities.

4. (Creating, Created) after World War II, the United Nations has contributed greatly to the world's peace and stability.

5. When (try, trying) to explain children's food preferences, researchers encountered many problems.

6. In the United States, both the federal and state governments have laws (designed, designing) to guard consumers against deceptive advertisement.

7. Ruth Bader Ginsburg argued six women's rights cases before the United States Supreme Court in the 1970s, (won, winning) five of them.

Sentence Writing Practice 영어 문장 만들기

A 다음 문장을 완성하시오.

1. 그녀는 많은 어려움에도 불구하고, 위대한 의사가 되었다.

→ _____ many difficulties, she _____ a great doctor.

2. 그들은 일상 생활에서 일본어에 노출되어 있었기 때문에, 쉽게 일본어를 배울 수 있었다.

→ Having _____ to Japanese in their daily lives, they could easily learn Japanese.

3. 그는 음악을 들으면서, 새로운 조각 작품을 구상하였다.

→ _____ to music, he developed his ideas for new sculptures.

4. Johnson 교수가 가르치는 언어학 개론 수업은 벌써 수강신청이 마감되었다.

→ The Introduction to Language class _____ by professor Johnson was already _____.

5. 그녀는 그 정당의 장이 되기 위하여 필요한 강한 지도력을 갖추고 있다.

→ She has the strong leadership skills _____ to be the leader of the political party.

6. 그 잡지에 글을 게재하는 작가들은 전문작가로서 잘 알려진 사람들이다.

→ The people _____ articles for that magazine are well _____ professionals.

7. 그 도시는 대기오염을 줄이기 위하여 천연가스를 동력으로 하는 새 버스들을 구입했다.

→ The city has bought new buses _____ by natural gas to _____ air pollution.

8. 그 결정에 만족해서, 그들은 다른 의제를 논의하기 시작했다.

→ _____ with the decision, they started _____ matters on the other agenda.

9. 몇 주 동안 덥고 습했었기 때문에, 날씨가 사람들의 기분에 영향을 미치고 있다.

→ _____ really hot and humid for weeks, the weather is affecting people's moods.

B   다음을 영작하시오.

1. 그는 철학을 전공했음에도 불구하고 지금은 컴퓨터 프로그래머로 일하고 있다.
(~을 전공하다: major in / 철학: Philosophy)

→ _____

2. 석유 자원이 풍부하기 때문에, 그 나라는 많은 고무 제품을 생산한다.
(석유 자원: oil resources / 풍부한: plentiful / 고무 제품: rubber products)

→ _____

3. 그것이 사용하기 더 쉽다는 것을 발견했기 때문에, 그들은 보고서 작성을 위하여 새로운 소프트웨어를 사용하기 시작했다. (더 사용하기 쉬운: easier to use / 보고서 작성: writing reports)

→ _____

4. 그 프로젝트에 관여하였던 모든 연구원들이 보상을 받았다.
(~에 관여하다: be involve with / 보상받다: be rewarded)

→ _____

5. 골동품 상점을 운영하는 그 남자는 경매에서 회화 몇 점을 샀다.
(골동품 상점: antique shop / 경매: auction)

→ _____

6. 밖에서 들려오는 소음에 방해를 받아, 나는 더 이상 그 책을 읽을 수가 없었다.
(~에 의해 방해받다: be disturbed by / 계속하다: continue)

→ _____

7. 사장에 의해 제안된 그 계획은 거의 완벽한 것으로 판명되었다. (제안하다: suggest / 판명되다: be proven)

→ _____

8. Jason은 그 대학의 행정 사무실에서 시간제로 일하면서 많은 사무 기술을 배웠다.
(행정 사무실: administration office / 사무 기술: clerical skills)

→ _____

9. 전체 주제와 연결되어 있기 때문에 그 자료는 글에서 제외되어서는 안 된다.
(~에 연결된: connected to / 제외되다: be excluded)

→ _____

실전 Essay Practice

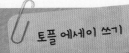
토플 에세이 쓰기

● 아래 독립형 과제의 토픽을 읽고 에세이를 작성하기 위한 영작을 완성하시오.

> Some students like classes where teachers lecture (do all of the talking) in class. Other students prefer classes the students do some of the talking. Which type of class do you prefer? Give specific reasons and details to support your choice.

A 서론 문장을 영작하시오.

While some students like classes where teachers lecture, others prefer to be in classes where they are engaged in discussions. Although both of these types of classes have their own advantages, **1** _____ because it is

2 _____.

1 나는 교사 중심의 수업보다 학생 중심의 수업을 더 선호한다.
2 훨씬 더 흥미롭고 도움이 되기 때문이다.

B 본론 문장을 영작하시오.

The main reason I prefer classes where students can talk is that they are more interesting than lectures. In general, if students have to listen to their teachers just talk for an hour or so, **1** _____. When students can ask or answer questions in a class and give their opinions, **2** _____.
On the other hand, during lectures, students hear what the teacher is saying, but they do not get involved, so they only have a shallow understanding of the class material. In discussions, students are aware of what is going on, and **3** _____ _____. For this reason, this kind of discussion is much more interesting. Thus, sometimes students who are in the student-oriented class feel that they are learning more.

1 그들은 지루해지고 졸기 쉬울 것이다.
2 이런 능동적인 참여는 수업에 풍요로움(variety)을 더한다.
3 그들은 기꺼이 수업에 참여할 것이다.

Another reason is that a student-oriented environment is more helpful. When students participate actively in class, they usually learn more. In other words, if they take part in discussions, they can concentrate more on what they learn, and **4** _____ _____. In addition, by preparing for a class themselves, they might learn more efficiently. If students want to talk, they should know what they want to say and prepare before class. This leads to improved academic work. In this atmosphere, students can learn from the diverse ideas that other students bring to the discussion. As a result, **5** _____. Hence, **6** _____.

4 그들은 수업 후에도 배운 내용을 거의 잊어버리지 않는다.
5 그들은 주제에 대해 토의하고 더 깊이 있는 이해를 얻는다.
6 학생들은 그들의 학업이 더욱 효과적이 될 수 있도록 서로를 도울 수 있다.

C 결론 문장을 영작하시오.

In conclusion, I prefer to have discussions instead of lectures. This is because **1** _____ _____ _____. It is important for me to be able to get involved and understand the material more deeply than it was just told to me. Therefore, **2** _____ in each and every class.

1 대부분의 학생들은 전체 강의의 자세한 내용을 소화(absorb)할 만큼 주의 지속 시간(attention span)을 갖기가 어렵다.
2 학생들의 적극적인 참여가 교사의 강의보다 우선시되어야 할 것이다.

Tips for Academic WRITING

사용빈도 높은 동사(become)를 활용하라. Use essential verbs such as become.

문장에서 become 동사는 주로 2형식을 만드는 불완전자동사로 사용할 수 있다. 특히, '~이 되다'의 표현을 만들기 위해 linking verb로서 become 동사를 쓸 수 있다.

• It is becoming harder and harder to find decent jobs in the city.
• Gradually new arrivals become accustomed to the new custom.

Unit 10 수동태

 자동사와 수동태

문장의 주어가 동사의 주체로서 능동으로 사용되는 능동태와 동사의 목적어가 주어 자리에 쓰임으로써 수동의 의미로 사용되는 수동태의 문장이 있다. 따라서 목적어가 없는 자동사는 수동태의 문장을 만들 수 없다.

1형식 완전 자동사 〈S + V〉: go, come, vary, differ, occur, react, respond, evolve, originate
2형식 불완전 자동사 〈S + V + C〉: remain, stay, become, seem, appear, look, prove

---

- Earthquakes occur most frequently near the edges of plates. (O)
  Earthquakes are occurred most frequently near the edges of plates. (×)

- Older employees feel the need to look younger. (O)
  Older employees feel the need to be looked younger. (×)
  (완전 자동사 뒤에 -ed가 붙으면 과거분사가 아니라 동사의 과거임에 주의하자.)

- The operation consisted of two basic stages.

- The telephones in general use evolved from the device invented by Alexander Graham Bell.

 3형식 완전 타동사의 수동태 (S + V + O)

3형식 동사의 목적어가 수동태 문장의 주어 자리로, 동사는 〈be + p.p.〉 그리고 주어는 〈by + 목적어〉로 사용된다(일반 주어인 경우 생략 가능). 3형식 동사는 〈be + p.p.〉의 수동태 문장으로 쓰면 뒤에 목적어로 쓰이는 명사(구)가 올 수 없다. 따라서 타동사는 목적어의 유무로 동사의 과거와 과거분사를 구분할 수 있다.

People have used petroleum for thousands of years.
사람들은 수천 년 동안 석유를 사용해왔다.
→ Petroleum has been used for thousands of years (by people).

- Alice Walker has written short stories, a biography, and several novels. (O)
  Alice Walker has been written short stories, a biography, and several novels.
  (×) (3형식 동사의 수동태 문장에서는 p.p. 뒤에 목적어가 올 수 없음)

- In June 2001, China established diplomatic ties with Macedonia.
  (목적어가 있으므로 동사의 과거)

- The Deseret News, established in Salt Lake City in 1850, was Utah's first newspaper. (목적어가 오지 않았으므로 과거분사)

- Some scientists found the pancreas a challenging organ. (동사의 과거)
- The pancreas is a body organ found in human beings. (과거분사)

3 4형식 수여동사의 수동태 (S + V + IO + DO)

4형식 동사는 능동태인 경우 두 개의 목적어를 취하므로 수동태로 쓰이면 각각 두 가지 경우로 나타낼 수 있다. 4형식 수동태 문장에서 간접목적어 앞에 전치사가 올 수 있다.

The college awards graduate students a scholarship in any area of study.
대학은 전공에 상관없이 대학원 학생들에게 장학금을 수여한다.
→ Graduate students are awarded a scholarship by the college in any area of study.
→ A scholarship is awarded (to) graduate students by the college in any area of study.

- In 1950, Gwendolyn Brooks became the first African American to be awarded a Pulitzer Prize for poetry. (○)

    → In 1950, Gwendolyn Brooks became the first African American to award a Pulitzer Prize for poetry. (✕) (→ award는 4형식 타동사이므로 목적어가 두 개 필요함)

Check-Up Test 1 ▷ 다음 문장을 수동태 문장으로 영작하시오.

1. 소비는 경제학자들에 의해 생산 과정의 마지막으로 간주된다.

    → _____

2. 개는 건강한 상태를 유지하기 위해 수의사에게 규칙적으로 검사를 받아야 한다.

    → _____

3. 수가 증가하고 있는 우수한 학생들에게 학업을 계속할 수 있도록 장학금을 제공해야 한다.

    → _____

4 5형식 동사의 수동태 (S + V + O + OC)

5형식 동사인 경우 목적어가 주어 자리에 올 수 있다. 그러나 목적 보어는 수동태 문장에서 주어 자리에 쓸 수 없으며 사역동사인 경우 원형부정사 앞에 to를 붙여야 한다. 목적어의 유무로 동사의 과거와 과거분사를 구분할 수 있다.

People called Hippocrates the father of modern medicine.
사람들은 히포크라테스를 현대 의학의 아버지로 불렀다.
→ Hippocrates was called the father of modern medicine (by people).

People consider William Shakespeare (as) the greatest playwright that ever lived.
사람들은 윌리엄 셰익스피어를 역사상 가장 위대한 극작가로 생각한다.
→ William Shakespeare is considered (as) the greatest playwright that ever lived.

Mary made her son clean his room.
메리는 아들에게 방을 청소하도록 시켰다.
→ Mary's son was made to clean his room (by her).

- Richard Wright is considered the most important African American writer of his time.(○)

  → Richard Wright considers the most important African American writer of his time. (✕) (consider는 5형식 타동사로 목적어와 목적보어가 필요함)

- Mark Twain called the years after the Civil War the Gilded Age.
  (목적어가 있으므로 동사의 과거)

- Male humpbacks produce a repeated pattern of sounds called a song during the mating season. (목적보어는 있으나 목적어는 없으므로 과거분사)

Check-Up Test 2 ▶ 괄호 안의 동사를 이용해서 빈칸을 완성하시오.

Captain Cook, a British navigator, was the first European to (reach) _____ Australia's east coast. While his ship was lying off Australia, his sailors (bring) _____ a strange animal on board. Cook wanted to know the name of this unusual creature, so he (send) _____ his men ashore to ask the native inhabitants. When the natives (ask) _____ in impromptu sign language to name the animal, they (say) _____, "Kangaroo." The sailors, of course, believed "kangaroo" was the animal's name. Years later, the truth (discover) _____. "Kangaroo" means "What did you say?" However, today the animal (call, still) _____ a kangaroo in English.

A 괄호 안의 표현 중 알맞은 것을 고르시오.

1. A large part of our daily communication (transmitted, is transmitted) by symbols that we usually call "words."

2. The city of Los Angeles has been noted (by, for) both the extent of its air pollution and the actions undertaken for control.

3. Saturn's rings (discovered, were discovered) in the early 1600s by the Italian astronomer Galileo.

4. Mercury compounds were once (used, using) to prevent fungi from growing in lumber.

5. The temperature and density of water (affect, are affected) the speed at which sound waves travel through it.

6. Dinosaurs (classified, are classified) into two distinct orders, which are distinguished by their pelvic differences.

7. The structure of all stars, including the Sun and Cepheid variable stars, (determined, is determined) by the opacity of matter in the star.

B 다음 문장에서 잘못된 부분이 있으면 바르게 고치시오.

1. All the matter that makes up all solids, liquids, and gases composed of chemical elements.

2. Many special aptitudes besides scholastic aptitude are relation to success in various jobs.

3. One of the three bridges connected Staten Island and New Jersey is near Mariners Harbor.

4. The tradition of an all-male Supreme Court was broke in the 1980s when Sandra Day O'Connor was appointed to the Supreme Court.

5. Narcissus bulbs should plant at least three inches apart and covered with about four inches of well-drained soil.

6. Noam Chomsky is generally considering one of the greatest modern linguists.

Sentence Writing Practice 영어 문장 만들기

A 다음 문장을 완성하시오.

1. 생산 비용은 제조자에 의해 절감되어야 한다.

   → Production costs _____ by manufacturers.

2. 계약 중재는 노조와 사주에 의해 행해질 것이다.

   → Contract arbitration _____ by the union and the manufacturer.

3. Johnson은 그의 총수입에서 의료비와 기부금을 공제했다.

   → From his gross income, Johnson _____ medical expenses and contributions.

4. GM의 새 공장 건설 후, 환경오염이 급감했다.

   → Pollution _____ by General Motors when the company built its new plant.

5. 매니저는 Johnson에게 보고서를 화요일까지 끝내게 했다.

   → The manager _____ Johnson finish the report by this Tuesday.

6. David은 인사부로 오라고 전달받았다.

   → David _____ to visit the Human Resources Department.

7. 그는 1988년에 국회의원으로 선출되었다.

   → He _____ to Congress in 1988.

8. 신규 구독자들은 보너스를 제공받을 것이다.

   → New subscribers _____ a bonus.

9. 모든 컴퓨터 파일들은 일과가 끝날 때 백업된다.

   → All computer files _____ at the end of the day.

10. 청소년 캠페인의 기금은 개인 기부자들로부터 모아졌다.

    → Funds for the youth campaign _____ from private donors.

B   다음을 영작하시오.

1. 우리의 공급자들이 가격을 올렸다. (공급자: suppliers)

    → _____

2. 환경적 영향이 고려되어야만 한다. (환경적: environmental / 영향: impact)

    → _____

3. 대부분의 스포츠는 일정량의 운동을 요구한다. (요구하다: demand)

    → _____

4. 이메일 메시지가 모든 위원회 회원들에게 보내졌다. (위원회 회원: committee members)

    → _____

5. 스트레스는 여가활동을 즐기면서 해소될 수 있다. (여가활동: leisure activity)

    → _____

6. 시간을 절약하기 위하여 더 많은 기계가 사용되어야 한다.

    → _____

7. 나무를 심음으로써 공기가 맑아졌다.

    → _____

8. 애완동물의 털은 이웃에게 알레르기를 일으킬 수 있다. (이웃: neighborhood / 알레르기: allergy)

    → _____

9. 일주일 동안, 매일 서로 다른 국가의 음식이 선택될 수 있다.

    → _____

    _____

10. 학생들은 몇 번의 짧은 방학을 통하여 공부가 아닌 다른 활동을 할 수 있는 더 많은 시간을 제공받게 된다.

    (공부가 아닌 다른 활동: non-academic activities)

    → _____

    _____

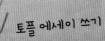

■ 아래 독립형 과제의 토픽을 읽고 에세이를 작성하기 위한 영작을 완성하시오.

> It has recently been announced that a new movie theater may be built in your neighborhood. Do you support or oppose this plan? Why? Use specific reasons and details to support your answer.

A 서론 문장을 영작하시오.

There has been an argument regarding the issue that a new theater should be constructed in my local community. **1** _____
_____ .

However, from my perspective, **2** _____
_____ ,

because _____
_____ .

1 어떤 사람들은 새로 지어진 극장이 지역 주민들에게 다양한 문화적 기회를 제공해 줄 것이라고 주장한다.
2 극장은 교통 혼잡뿐만 아니라 많은 소음 문제를 야기할 것이기 때문에 우리 마을에 부정적인 영향을 줄 것이다.

B 본론 문장을 영작하시오.

Above all, building a new theater will give rise to serious traffic problems in my town. In general, it is certain that a new, renovated and well-equipped cinema will attract more people to the community. Since there will be an increase in the number of people coming in and getting out of the town to see newly released movies, this will eventually lead to a heavy traffic jam around the theater. For example, **1** _____
_____ . Now, the residents who live in the area suffer from extreme traffic congestions especially during the weekends. As a result, **2** _____ .

Thus, **3** _____
_____ .

1 수년 전에 메가박스 극장이 서울 삼성동에 세워졌다.

2 교통 혼잡 때문에 주민들은 제시간에 목적지에 도착하기가 어렵다.

3 새 극장은 인구 이동을 가속화시키고 지역 주민들에게 더 많은 불편을 끼칠 것이다.

Moreover, the construction of a new theater will bring about noise problems. Generally speaking, **4** _____

_____ .

They will hold numerous events that introduce their newly released movies. These events will accompany loud noises and finally irritate the dwellers of the community. For instance, **5** _____

_____ .

To make matters worse, whenever a new movie comes out, a large screen is set up in front of the theater, which continually plays the movie and blasts the audio through large speakers. **6** _____ .

Hence, a new theater will make the neighbors feel annoyed due to its noise.

4 영화 배급사들은 최신 영화를 선전하기 위해 최선을 다할 것이다.

5 새 극장이 우리 동네에 설립된 이후 마케팅 전략으로 다양한 공연 및 주연 배우와의 인터뷰가 있어 왔다.

6 이러한 모든 이벤트들은 참을 수 없는 소음을 발생시키고 인근 주민들을 괴롭혔다.

C **결론 문장을 영작하시오.**

In conclusion, **1** _____ .

2 _____

_____ .

The establishment of a new theater is not welcome news but a major headache that my townspeople may suffer from.

1 우리 동네에 새로운 극장을 설립하는 것은 우리 지역에 심각한 문제를 가져올 것이다.

2 지역 사회는 심각한 교통 문제 이외에도 참을 수 없는 거리의 소음으로부터 벗어나지 못할 것이다.

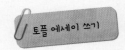

접속부사를 사용하라. Use linking words[transitions.

접속부사는 글의 흐름과 전개를 원활하게 해 준다. 예를 들어, 앞 문장의 내용을 재진술하는 경우에 **in other words**를 쓸 수 있고, 구체적인 사례를 제시할 때는 **for example [for instance, to illustrate]**를 사용한다.

- Physical education can teach students lessons that are difficult to cover in other subjects. In other words, those lessons are deeply involved in forming a desirable attitude. For example, through physical activities, students can learn such lessons as competing in a fair manner and cooperating with other members.

앞 문장과 뒤 문장이 인과관계일 경우 **as a result [therefore, as a consequence]**를 사용한다.

- If a factory producing chemical compounds were established, air and water quality could be worsened. As a result, the local community may be breathing in noxious air and drinking low-quality tap water.

CHAPTER

03

명사 구조

Unit 11 명사와 한정사

A 명사와 한정사

 명사구의 구조

명사구 Noun Phrase				
전치수식어 Modifier			명사 Noun	후치수식어 Modifier
한정사 Determiner		형용사 Adjective		형용사절 분사구문 to부정사 전치사구
관사 Articles 소유격 Possessives 지시형용사 Demonstratives	숫자 Numbers 수량 한정사 Quantifiers			

 명사의 기능

영어 문장에서 명사는 주어, 동사와 전치사의 목적어, 보어, 동격어 역할을 한다. 명사의 위치에 따라 여러 문장 성분으로 사용할 수 있다.

- Within the solar system, planets and comets orbit the Sun. (주어)
- Biological anthropologists study the complex patterns of human genetics. (타동사의 목적어)
- Images reflected by a mirror vary according to the mirror's shape. (전치사의 목적어)
- Rafts and canoes are the simplest means of travel on water. (보어)
- Santa Fe, the capital of New Mexico, was founded in 1609 by the Spanish. (동격)

명사는 단독으로 사용되는 경우가 거의 없다(일부 불가산명사 제외). 명사 앞에서 명사의 속성을 보여주는 단어들과 함께 명사구를 이룬다. 명사의 속성을 표현하는 단어들을 한정사(Determiners)라고 하며, 이 한정사는 주로 명사의 수와 양, 단수와 복수, 특정과 불특정의 구분을 보여준다. 명사에 따라 함께 사용되는 수량 한정사를 잘 정리해 정리해 두어야 하며, 그 때 뒤에 오는 동사의 수를 확인하는 것도 매우 중요하다.

셀 수 있는 복수명사에 쓰는 수량 한정사

few + 복수명사 + 복수동사
a few + 복수명사 + 복수동사
several + 복수명사 + 복수동사
two 이상 / both + 복수명사 + 복수동사
many + 복수명사 + 복수동사
a number of (= numerous) + 복수명사 + 복수동사
the number of + 복수명사 + 단수동사
a variety of (= various) + 복수명사 + 복수동사

셀 수 없는 불가산명사에 쓰는 수량 한정사

little + 불가산명사 + 단수동사
a little + 불가산명사 + 단수동사
much + 불가산명사 + 단수동사
an amount of + 불가산명사 + 단수동사
a great deal of + 불가산명사 + 단수동사

- While traveling, I was able to read a few books. (a few + 복수명사)

- Several low-fat varieties of fish are ideal protein source for people who wish to reduce their calorie intake. (several + 복수명사)

- A relatively small number of persons choose politics as a lifetime career. (a number of + 복수명사)

- In marine habitats, a variety of small creatures are involved in a "cleaning symbiosis." (a variety of + 복수명사)

- Laser light can travel a large distance in outer space with little reduction in signal strength. (little + 불가산명사)

- The development of computers makes it possible to store an amount of information. (an amount + 불가산명사)

한정사에 따라 수식을 받는 명사의 속성과 형태가 달라진다. 가산명사와 불가산명사, 단수명사와 복수명사의 구별에 유의한다.

셀 수 있는 단수명사에 쓰는 수량 한정사	가산 / 불가산명사에 쓰는 수량 한정사
a[an] / a single / one + 단수명사 + 단수동사 another + 단수명사 + 단수동사 every / each + 단수명사 + 단수동사 either / neither + 단수명사 + 단수동사	some / all / most / a lot of (=lots of) / plenty of + 복수명사 + 복수동사 / 불가산명사 + 단수동사
수량 한정사 of the 명사	
one of the + 복수명사 + 단수동사 each of the + 복수명사 + 단수동사 every one of the + 복수명사 + 단수동사 many of the + 복수명사 + 복수동사 much of the + 불가산명사 + 단수동사	some of / most of / all of / half of / part of / the rest of / percent of / 분수 (e.g. two-thirds) of + 단수명사 + 단수동사 / + 복수명사 + 복수동사

- Every insect starts life as an egg.
- Like water, arable land is another disappearing agricultural resource.
- Some animals move in large numbers from one place to another.
- All diseases involve a breakdown of the body's natural defense systems.
- One of the key elements of jazz is improvisation – the ability to create new music spontaneously. (one of the + 복수명사 + 단수동사)
- Many of the recording instruments used in various branches of science are kymographs. (many of the + 복수명사 + 복수동사)
- Most of the people in the room are paying attention. (most of+ 복수명사 + 복수동사)

Check-Up Test 1 ▶ 한정사의 쓰임에 유의하여 다음을 영작하시오.

1. 우리 마을에 있는 많은 가게들이 매우 다양한 제품을 적절한 가격에 판매한다.
→ _____

2. 시험에 나온 질문 중의 일부는 답을 하기가 불가능했다.
→ _____

3. 대학은 고등학생들이 택할 수 있는 진로 중 단지 하나일 뿐이다.
→ _____

C 주의해야 할 명사

불가산명사 중에는 집합적으로 전체를 가리키는 집합명사, 자연계의 물질 상태를 표시하는 물질명사가 있다. 그 밖의 다른 불가산명사의 종류를 이해하고, 단·복수 형태의 철자가 동일하거나 혹은 복수에서 철자가 바뀌는 경우를 확인해야 한다.

집합명사 (괄호 안은 가산명사)	furniture (a desk, a chair) / traffic (a car, a bus) equipment (a tool, a hammer) / music (a song) / money (dollars, cents) poetry (a poem) / machinery (a machine) / scenery (a scene) / pottery (a pot) travel (a trip) / mail (a letter) / information (data) / evidence (a proof)
물질명사	기체: oxygen, nitrogen, hydrogen, stream 액체: water, milk, petroleum, gasoline 고체: gold, silver, coal, paper, wood
학과 / 질병 / 지명 (단수 취급)	linguistics, statistics, ethics / measles, rabies, diabetes / the United States
단·복수 철자 동일	species, series, salmon, fish, starfish, jellyfish, flatfish, means, sheep, deer, bison, offspring, cattle, livestock
주의할 복수형	cactus → cacti fungus → fungi mouse → mice child → children tooth → teeth analysis → analyses larva → larvae alga → algae

- Confessions obtained from defendants in a hypnotic state have not been admitted into evidence by courts in the United States. (evidence는 불가산명사)

- Hydrogen can form a unique bond known as a hydrogen bond.
  (hydrogen은 불가산명사)

D 사람명사와 사물명사

동사에 따라 몇 가지 형태의 명사형이 존재하는데 행위 속성을 표시하는 명사, 혹은 사물명사, 사람명사로 문맥에 맞게 사용할 수 있어야 한다.

동사	행위 / 속성	사물명사	사람명사
produce	production	product	producer
garden	gardening	garden	gardener
educate	education	-	educator
sculpt	sculpting	sculpture	sculptor
market	marketing	market	marketer
invent	invention	invention	inventor
advertise	advertising	advertisement	advertiser

E 복합명사

일반적으로 명사 앞에는 형용사가 와야 한다. 명사가 연속해서 올 수 없으나 복합명사로 사용되는 다음의 경우에는 가능하다. 형용사는 수식을 받는 명사의 속성(a spacious station)을 표현해 주는 데 비해 복합명사는 종류와 용도(a space station)를 나타낸다. 복합명사의 앞에 오는 명사는 복수로 쓰일 수 없으나 a savings account, an admissions office, a sports car와 같은 예외도 있다.

N(종류) + N	N(목적어) + N(타동사)
orange juice, mineral water, safety glass, intelligence test, fatality rate	price reduction, potato production, traffic law enforcement

- The United States and China are the leading countries in salt production.
- A beauty contest is a competition between people, based largely on the beauty of their physical appearance.

Check-Up Test 2 ▶ 다음을 영작하시오.

1. 지구의 3분의 2는 물로 구성되어 있다.

   → _____

2. 연어는 성체일 때의 삶의 대부분을 염수에서 보낸다.

   → _____

3. 기업이 오염에 대처하기 위한 적절한 조치를 취하는 한, 나는 공장 건설 계획에 찬성한다.

   → _____

A 괄호 안의 표현 중 알맞은 것을 고르시오.

1. (A little, Little) public libraries receive donations from private sources.

2. Since the beginning of 1995, there has been explosive growth in the number of (home page, home pages) dealing with comets.

3. It was the spilt of (eleven southern, southern eleven) states from the Union in 1861 that led to the Civil War in the United States.

4. Nearly all qualities in the physical world can be expressed in terms of four fundamental (measurement, measurements): length, mass, time, and electrical change.

5. (Much, Many) of Robert Frost's poetry is built on what he called sentence sounds derived directly from colloquial speech.

6. Lunar eclipses happen only if the Moon is full, but they do not occur at (an every, every) full Moon.

7. Natural gas was probably formed from plants and animals that decayed (million, millions) of years ago.

B 다음 문장에서 잘못된 부분이 있으면 바르게 고치시오.

1. Located in the Wiltshire district of England, Stonehenge is one of the most famous prehistoric monument in the world.

2. Several ancient cultures presented math in sentences form with little or no abbreviation or symbolism.

3. The vehicle fatal rate in the United States has decreased more than half.

4. A major railroad junction in Illinois, Decatur has become an important commercial hub for the region's farm products and livestocks.

5. The principles and practices of progressive education gained wide acceptance in American schools systems during the first half of the twentieth century.

6. Most of the ground in cities are covered with either concrete or asphalt.

7. Much of society's wealth is controlled by large corporation and government agencies.

Sentence Writing Practice 영어 문장 만들기

A 다음 문장을 완성하시오.

1. 이 시험은 이제 영어를 막 배우기 시작한 학생들에게는 어렵다.

   → _____ is difficult for students who have recently started to learn English.

2. 이 작가는 우리가 읽어야 할 또 다른 책의 집필을 막 마쳤다.

   → This author has just written _____ book that we should read.

3. 우리집에 있는 룸메이트들은 각자 다른 성격을 가지고 있다.

   → _____ roommate in my house has a different personality.

4. 이러한 차이들이 같이 사는 것을 어렵게 만들 수 있다.

   → _____ differences can make living together hard.

5. 우리가 모두 배워야 할 가장 중요한 교훈은 인내심이다.

   → _____ lesson we all have to learn is patience.

6. 그가 세상에서 가장 훌륭한 테니스 선수라는 것은 의심할 여지가 없다.

   → There can hardly be _____ doubt that he is the best tennis player in the world.

7. 엄청난 시간이 그 프로젝트의 기획 단계에서 낭비되었다.

   → _____ time was wasted in the planning stage of the project.

8. 미식 축구 경기에서, 각 팀의 선수는 11명이다.

   → In a football match, _____ team has eleven players.

9. 직업을 바꾸는 것은 그녀의 문제에 아무런 해결책이 되지 못했다.

   → Changing jobs was _____ solution to her problem.

10. 폭풍우 때문에 그 도시의 모든 학교들이 문을 닫아야 했다.

    → Because of storms, _____ schools in the city were forced to close.

B 다음을 영작하시오.

1. 내가 익숙해져야만 하는 또 다른 것은 그 나라의 교통이다. (익숙해지다: get used to / 교통: traffic)

   → _____

2. 그 나라의 거의 모든 가정이 컴퓨터를 소유하고 있다. (거의: almost)

   → _____

3. 상당수의 학생들이 방학 동안 학비를 벌기 위해 풀타임 일자리를 갖는다. (학비: tuition)

   → _____

4. 대부분의 내 친구들은 나의 기숙사에서 열린 파티에 왔다. (기숙사: dorm / 열리다: be held)

   → _____

5. 그는 큰 집을 가지고 있기 때문에 많은 가구들을 사야 할 것이다. (가구: furniture)

   → _____

6. 그 시의 모든 사람들이 그를 시장으로 선출했다. (~를 선출하다: vote for / 시장: mayor)

   → _____

7. 많은 현대 소설들은 뚜렷한 줄거리가 없다. (뚜렷한: recognizable)

   → _____

8. 어떤 작가도 두 번 이상 노벨상을 받을 수 없다. (노벨상: the Nobel Prize / (상을) 수여하다: award)

   → _____

9. 새 고등학교를 짓는 것은 선생님 일인당 학생수를 줄여 준다. (줄이다: decrease)

   → _____

   _____

10. 내 룸메이트 중 한 명이 너무 많은 은어를 사용하기 때문에 나는 종종 그의 말을 이해할 수 없다.
    (은어: slang)

    → _____

    _____

실전 Essay Practice

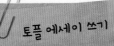
토플 에세이 쓰기

■ 아래 독립형 과제의 토픽을 읽고 에세이를 작성하기 위한 영작을 완성하시오.

> Some people like doing work by hand. Others prefer using machines. Which do you prefer? Use specific reasons and examples to support your answer.

A 서론 문장을 영작하시오.

1 _____.

Initially, hands were the only tools available to humans, but many machines have been invented to make human life more convenient for centuries. Some still like to work by hand instead of using machines. However, **2** _____

_____.

1 인간은 물건을 만들기 위해 도구를 사용할 수 있는 동물이다.

2 나는 개인적으로 기계를 가지고 일하는 것을 선호한다. 왜냐하면 그것이 더욱 생산적이고 정확하기 때문이다.

B 본론 문장을 영작하시오.

Above all, using machines are more productive than using manpower. Using hands means using manpower, but we have limited physical energy. To put it another way, we need rest from time to time while working. On the other hand, machines never get tired and are able to work as long as the power switch is on; as a result, they can produce more goods than humans. **1** _____

_____

_____

_____. Thus, no one can deny that using machines is an efficient option.

1 타이핑과 필기(hand-writing)를 비교하는 것은 기계를 사용하는 것의 명백한 장점을 입증해 준다. 손글씨를 쓰는 것은 지루하고 힘이 들면서도 타이핑보다 속도가 느리다. 이와 대조적으로 사람들은 분당 200자 이상을 타이핑할 수 있다. 그러나 필기로는 그 속도에 이를(to that speed) 수 없을 뿐만 아니라 오랜 시간 작업을 지속할 수 없다.

Moreover, products made by machines are more precise. It is true that handwork can be considered as an art. In other words, it often reflects the personality and attitude of the person who made it, and handmade goods are more personal and special. However, such specialty of each product makes us fail to have identical products, and those products are often thought to be inferior. For instance, **2** _____

_____

_____

_____. Hence, the precision of machines helps to lessen the mistakes made by human power.

2 나의 할머니는 바느질할 때는 실과 바늘을 사용했다. 비록 그녀는 솜씨 있는 재단사였음에도 불구하고 종종 실수를 했고 잘 못을 바로잡기 위해 모든 작업을 처음부터 다시 해야 했다. 그것이 바로 그녀가 재봉틀을 구입한 이유이며 그녀는 기계로 얻은 결과에 매우 만족하고 있다.

C 결론 문장을 영작하시오.

In conclusion, I prefer using machines because **1** _____

_____. Although there are some people who value the uniqueness and rarity of handmade products, rapid increase in population requires more products than in the past, and as a result, **2** ___

_____.

Therefore, if we have an option between hand and machines, using machines is a wiser choice.

1 기계류가 생산성과 정확성 면에서 인력보다 훨씬 앞서기 때문이다.
2 대량생산과 작업의 효율성은 모든 산업에서 필수적인 요소가 되고 있다.

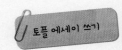

동일한 단어 또는 문장구조의 반복을 피하라. Consider syntactic variety & word choice.

문장 내에서 똑같은 단어 혹은 표현의 반복을 피하고 같은 의미를 전달하더라도 의식적으로 다른 표현을 쓰도록 한다. 이를 위해 동의어를 적절히 사용할 수 있다.

- Students can learn valuable lessons that cannot be learned at school.
  → Students can take valuable lessons that cannot be learned at school.

명사와 동사의 반복을 피하기 위해 대명사 혹은 대동사를 사용할 수도 있다.

- Once a company invents new soaps that make our skin softer, it will try to put an advertisement about their features as soon as possible.
- Personally, I like baseball more than an ordinary one likes.
  → Personally, I like baseball more than an ordinary one does.

Unit 12 관사

A 보통명사 앞에 오는 한정사

Indefinite (불특정)		Definite (특정)	
일반적 의미로 사용된 경우	개별적인(specific) 경우	앞에서 이미 언급된 경우	이미 언급된 명사와 연관된 경우
	처음 언급한 경우		
가산명사 (복수) 불가산명사	부정관사 수량 한정사	정관사 지시형용사	소유격

- A promise should be kept in any case. (→ promise는 불가산명사로서 일반적 의미)
- I made a promise with Tom at two, but I could not keep the promise due to a sudden accident. (→ a promise는 개별적으로 Tom과 한 약속, the promise는 앞에서 언급한 명사임)
- Dogs can express several feelings with their voices. (→ Dogs는 가산명사로서 일반적 의미)
- I happened to see a dog on the street, and the dog reminded me of my old pet dog. (→ a dog은 길에서 만난 개별적인 한 마리 강아지, the dog은 앞에서 언급한 명사, my old pet dog은 이미 언급한 명사와 연관된 소유격으로 표시)

B 부정관사를 사용하는 경우

 one: 셀 수 있는 가산명사로서 불특정(indefinite) 단수

- Pressing a key on a pipe organ opens a pipe through which a column of air vibrates.
- Beavers are furry animals with a wide, flat tail that looks like a paddle.
- William Shakespeare's father was a respected tradesman who helped several important municipal offices.

 any: 어떤 ~라도

- A dog is a faithful animal. (any dog의 의미로 쓰임; 어떤 강아지라도)

 **per**: ~마다

- European's long ships with their brightly colored square sails could race across the waves at close to 11 miles an hour.

 a와 an의 구별: 철자가 아니라 '발음'이 구별의 기준

- In an H_2 molecule, each hydrogen nucleus shares two electrons.
  (→ 대문자 앞에서 주의)

- In a university library many users may seek to use the same books at the same time. (→ 철자는 모음이지만 반자음으로 발음하기 때문에 a가 옴)

C 관사를 사용하지 않는 경우(무관사)

 고유명사 / 물질명사 / 추상명사: Thomas Edison, Desert Sahara / oxygen, nitrogen / luck, diligence…

- Ammonia, a compound of nitrogen and hydrogen, has many industrial uses.

- In the United States, education for young children is both free and compulsory.
  (지명의 공식적 이름(of 포함) 앞에는 관사가 온다.)

2 준동사 앞: beginning his lecture

- Selling products related to a movie can sometimes help make up for its poor box office sales. (○)

  The selling products related to a movie can sometimes help make up for its poor box office sales. (✕) (→ 동명사의 동사적 성질 때문에 관사 붙이지 않음)

Check-Up Test 1 ▶ 빈칸에 a 혹은 an을 넣으시오.

1. At present there is no definitive experimental evidence that animals sometimes sense the coming of _____ earthquake.

2. _____ HMO controls costs by requiring patients to choose approved doctors and hospitals.

3. The Legislative Assembly of Alberta is _____ one-house legislature that makes the provincial laws.

4. Many elements made up Romanticism, _____ European literary movement of the late 1700's and early 1800's.

3 명사 + 기수: lesson one, volume four, World War II
- During World War II, people had a hard time finding jobs.
  (숫자 앞에는 관사를 붙이지 않음)
- The professor began with lesson one.

4 학문, 운동: psychology, literature, history, tennis, football
- Plant habitats are studied by botanists who specialize in ecology and geography.
- Mathematics provides a means to formulate exact statements of library problems.

 D 정관사를 반드시 붙이는 경우

1 유일한 개념 / 관용적인 경우: the Sun, the world, the beginning, the North, the morning
- Hadrosaurs lived at the end of the Cretaceous, mostly in what is now Asia.

2 최상급 / 서수 앞: the tallest student, the first chapter
- Borneo is the third largest island in the world.
- The output of published material is so vast that no single library, not even the largest, can hope to acquire everything.

3 십년대 / 백년대: the 1980's, the sixties
- After the mid-1700s, Russian fur traders settled in what is now Alaska.
- The rapid growth of Boston during the mid-nineteenth century coincided with a large influx of European immigrants.

4 수량 한정사 + of the + 명사
- Most of the streets of Manhattan were laid out systematically, making it easy for people to find their way.
- Some of the most promising advances in Africa have been made in education.
- Titan is one of the few satellites in the solar system known to have an atmosphere.

5 앞에서 언급한 경우: 앞에 나온 명사를 가리키는 경우 the를 사용
- I made a promise with Tom at two, but I could not keep the promise due to a sudden accident.

6 특정 문맥에서 정관사를 붙이는 경우

1 Definite markers (정관사 / 소유격 / 지시형용사)

명사(구)를 수식하는 수식어구가 관사와 소유격 혹은 지시형용사를 포함하는 경우 관사가 필요하다.

- the face of <u>my brother</u> (수식어구에 소유격 my가 포함되어 있으므로 face 앞에 정관사)
- the reputation of <u>the university</u> (수식어구에 정관사가 포함되어 있으므로 reputation 앞에 정관사)

2 Definite expressions (고유명사 / 인칭대명사)

명사(구)를 수식하는 수식어구가 고유명사와 인칭대명사를 포함하는 경우 관사가 필요하다.

- the sunset of <u>River Han</u> (수식어구에 고유명사가 포함되어 있으므로 sunset 앞에 정관사)

7 the same, the next, the only + N / the rest

- All the crystals of any one kind of gem mineral have the same type of symmetry.
- Jefferson made it clear that he expected James Madison to be the next president.
- Wilmington is the only large city in the state of Delaware.
- Quebec differs greatly from the rest of Canada because of its French language and culture.

Check-Up Test 2 ▶ 다음 빈칸에 알맞은 관사를 넣으시오.

1. There was _____ accident around the suburbs of Seoul last night. _____ car crushed into _____ tree. _____ driver of _____ car was not severely injured, but _____ car was badly damaged.

2. John Roebling is _____ name of _____ engineer who designed the Brooklyn Bridge. He died in 1869 from _____ infection before _____ bridge was completed.

3. Many of the mountaineers like to stand on _____ summit of Everest and pose for _____ photograph of their lifetime.

A 괄호 안의 표현 중 알맞은 것을 고르시오.

1. Psychiatrists have (a, an) M.D. degree and devote themselves to treating psychological disorders.

2. Nitrogen makes up 78 percent of the atmosphere, while (oxygen, the oxygen) makes up 21 percent.

3. Many of the defense mechanisms described by Sigmund Freud and (the, his) daughter Anna Freud are types of defensive coping.

4. A good exercise program helps teach people to avoid the habits that might shorten (the, their) lives.

5. Popcorn has (same, the same) food value as any other kind of corn.

6. (Light, The light) travels in a straight line.

7. Jazz is considered as (the, a) most popular music of the twentieth century.

B 다음 문장에서 잘못된 부분이 있으면 바르게 고치시오.

1. The architectural design of modern public libraries in the United States has placed a highest priority on functionalism.

2. The human brain has from the 10 billion to 100 billion neurons.

3. The Mesolithic period in several areas shows a gradual transition from a food-collecting to a food-producing cultures.

4. Bogs appear relatively dry, with only small amount of shallow water visible.

5. When prehistoric humans began to make stone tools, they became dramatically distinct from a rest of the animal world.

6. Most of rivers in the United States flow southward.

A 다음 문장을 완성하시오.

1. 나는 어제 시험을 치렀다. 그 시험은 어려웠다.

→ I took _____ yesterday. _____ was hard.

2. 나는 마지막 질문에 대답을 잘못한 것 같다.

→ I think I answered _____ incorrectly.

3. 나는 우리가 읽은 그 기사에 대해 몇 가지 질문이 있다.

→ I have some questions about _____ that we read.

4. 새로운 나라에서 사는 것은 언제나 모험이다.

→ Living in _____ is always an adventure.

5. 미국으로 돌아와서 나는 이곳의 관습이 얼마나 이상한가를 알아차렸다.

→ After returning to _____ United States, I noticed how strange customs are here.

6. 존은 오랫동안 수의사로서 교육을 받았다.

→ John has been trained as _____ for a long time.

7. 이것이 너에게 빌려주기로 약속한 책이다.

→ This is _____ that I promised to lend you.

B 다음을 영작하시오.

1. 그것은 가장 중요한 쟁점이고, 우리는 그것을 구체적으로 논의할 필요가 있다.

   (구체적으로: in detail / 논의하다: discuss)

   → _____

2. 나는 부모가 최고의 선생님이라고 생각한다.

   → _____

3. 뛰어난 첼리스트 장한나는 하버드 대학에서 철학을 공부한다. (철학: philosophy)

   → _____

4. 미국은 이민자가 많은 국가이다. (이민: immigration / ~가 많은: high level of)

   → _____

5. 그림은 학생들이 새로운 단어의 뜻을 배울 수 있게 도와준다. (~을 …하게 도와주다: help + 목적어 + 목적보어(원형))

   → _____

6. 나는 우리나라의 역사와 지리학을 공부한다. (지리학: geography)

   → _____

7. 나는 주말에 영화를 보러 가거나 집에서 TV를 본다.

   → _____

8. 나는 첼로와 피아노를 연주하는 것을 좋아하고, 내 남동생은 테니스와 수영하는 것을 좋아한다.

   → _____

   _____

9. 여름에는 많은 관광객들이 강릉에 있는 해수욕장들을 방문한다.

   (강릉: Gangneung / 해수욕장: swimming beaches)

   → _____

   _____

실전 Essay Practice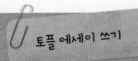

토플 에세이 쓰기

■ 아래 독립형 과제의 토픽을 읽고 에세이를 작성하기 위한 영작을 완성하시오.

> Do you agree or disagree with the following statement? Playing a game is fun only when you win. Use specific reasons and examples to support your answer.

A 서론 문장을 영작하시오.

1 _____.

2 _____.

However, from my perspective, there are numerous aspects of the game, such as mutual interaction and self-reliance, which offer excitement other than simply winning the game.

> **1** 사람들이 경기에서 이길 때만 경기가 즐거운가에 대한 논쟁이 있다.
> **2** 일부 사람들은 경기를 하는 데 승리가 가장 근본적인 동기라고 주장한다.

B 본론 문장을 영작하시오.

Above all, the human interaction between both parties is one of the most cardinal aspects of a game. It is generally expected that mutual parties, engaged in a game, get closer to each other in the course of doing a fair play. For instance, last summer the 2002 FIFA World Cup was held in Korea and Japan. During the tournament, **1** _____; as a result, the Korean team, named the red devil, could go on to the semifinal. Although all Korean players made their utmost effort to beat the opponent, the German team, they had to accept the defeat of the match. Players on both teams exchanged their sweaty shirts as soon as the fierce battle ended. **2** _____ _____. The Korean fans who watched the whole game expressed their constant support to both teams and shared their joy until the end of the Cup. Thus, **3** _____ _____.

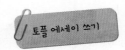

1 한국 선수들은 눈부신 성과를 보여주었다.

2 운동장 안에는 승자도 패자도 없었으며 모두 친구가 되었다.

3 경기에서 정말 중요한 것은 승리 그 자체가 아니라 스포츠맨십인 것이다.

Moreover, in the process of playing games, people can recognize the true objective of a game, which is trying to overcome one's limit. To exemplify, there is the Olympic Games for the disabled every four years. Their efforts to participate in each game are more meaningful than any other attempt. Those who go and watch the disabled athletes in the stadium are usually moved at the sight of their indomitable will. Whenever they take part in a game, 4 _____

_____. Trying every time to overcome his or her own disabilities,

5 _____.

That is why each player cherishes his or her gold medal as a sign of self-realization.

Consequently, 6 _____

_____.

4 그들은 주로 상대를 이기려고(beat) 하기보다는 스스로의 한계를 극복하려는 데 초점을 둔다.

5 모든 선수들은 최후의 순간까지 노력을 포기하지 않는다.

6 경기를 하는 진정한 즐거움은 자신의 나약함을 극복하고 그것을 이겨내는 데 있는 것이다.

C 결론 문장을 영작하시오.

In conclusion, 1 _____

_____. This is because both fair play and self-realization are momentous factors that determine the pleasure of carrying out games. Therefore, 2 _____

_____.

1 경기에서 이기고 지는 것이 그 경기를 통해 사람들이 얻을 수 있는 기쁨을 결정하지 않는다.

2 이러한 요소들이 모든 선수들을 진정한 의미에서 승자가 되게 만드는 것이다.

A 인칭대명사

인칭 / 수 / 격		주격	목적격	재귀대명사	소유격	소유대명사
1인칭	단수	I	me	myself	my	mine
	복수	we	us	ourselves	our	ours
2인칭	단수	you	you	yourself	your	yours
	복수	you	you	yourselves	your	yours
3인칭	단수	he she it	him her it	himself herself itself	his her its	his hers -
	복수	they	them	themselves	their	theirs

 주격은 주절 혹은 종속절의 동사 앞 주어 자리에 사용한다. 이때, 가리키는 명사의 수(number)와 성 (gender)을 일치시키는 것이 매우 중요하다.

- As <u>the Sun</u> ages, it gradually expands and heats up. (the Sun: 단수, 중성)
- <u>Alexander Graham Bell</u> worked with deaf students before he designed the first telephone in 1876. (Alexander Graham Bell: 단수, 남성)
- <u>Pearl S. Buck</u> began her first novel in 1925, while she was traveling between the United States and China. (Pearl S. Buck: 단수, 여성)
- <u>All cells</u> have some things in common, whether they are specialized cells or one-celled organisms. (All cells: 복수, 중성)

 목적격은 타동사 혹은 전치사 뒤 목적어 자리에 쓴다.

- Cartoons not only reflect <u>American life</u> but also help mold it.
- Sometimes, humans kill <u>sharks</u> just because they fear them.
- A photojournalist must take <u>pictures</u> rapidly and process them quickly.
- Physics is traditionally defined as the study of <u>matter and energy</u>, and the relation between them.

3 타동사와 전치사 뒤에 목적격을 써야 하나, 뒤에 명사가 나오는 경우 다시 소유격으로 바꿔 써야 한다.

- Migratory birds breed in their summer homes, where the food supply is most abundant. (→ them으로 쓸 수 없음. 명사 summer homes 앞에 위치하므로 소유격)

- Bears spend much of their time looking for food, gorging on insects, berries, and nuts.

- Inventor Granville Woods received his first patent on January 3, 1984, for a steam boiling furnace.

- Marble has long been highly valued for its beauty, strength, and resistance to fire and erosion.

 4 소유격은 한정사(determiner)이므로 명사 앞에 쓴다.

- The earth is the only planet in the solar system with abundant liquid water on its surface.

- Georgia O'Keefe is known for her use of organic, abstract forms.

- In their research, psychologists use much the same approach as other scientists do.

- As neuroscientists learn more about the human brain, their new discoveries about its complexities alter some of their most basic beliefs about its functions.

B 소유대명사

 1 소유대명사는 〈소유격+명사〉를 포함한다. 따라서 명사 앞에는 사용할 수 없다.

- Before the report is finalized, the information in their notes and ours must be proofed. (= our notes)

- The little boy dropped his chocolate, so his sister gave him hers. (= her chocolate)

 2 명사의 소유대명사는 반복되는 명사를 생략해서 표시한다.

- My apartment is not as spacious as John's, but it suits me.

  (John's = John's apartment)

C 지시대명사

 대명사가 후치수식(수식어구가 수식을 받는 명사 뒤에 위치하는 경우)을 받는 경우에는 지시대명사 that으로 바꿔 쓴다. 인칭대명사는 후치수식을 받을 수 없기 때문에 사용할 수 없다.

- The moon's magnetic field is a million times weaker than the magnetic field of the earth.
  - → The moon's magnetic field is a million times weaker than that of the earth.
    (O)
  - → The moon's magnetic field is a million times weaker than it of the earth.
    (X) (인칭대명사는 후치수식 불가)
  - → The moon's magnetic field is a million times weaker than this of the earth.
    (X) (지시대명사 this는 후치수식 불가)
- Washington's system of local government is different from that of all other American cities. (that = the system of local government)
- The geographical distribution of animals, like that of plants, depends largely on climate factors. (that = the geographical distribution)
- There is no treatment for the common cold other than that aimed at relieving symptoms.
- Even in a complex society like that of the United States, there are practices common to all Americans.

2 비교하는 대상이 복수인 경우 those를 사용한다.

- The oldest known fossils are those of bacteria that lived about 3 and 1/2 billion years ago. (those = fossils)
- The principles used in air conditioning are basically the same as those used by the human body to cool itself. (those = the principles)

D 재귀대명사

1 동사의 주어와 목적어가 같을 경우에 목적격 대신에 쓴다.

- Peter must support himself on his own. (주어 Peter와 목적어가 동일한 사람)
- Sponges use internal moving parts to circulate water and food towards themselves. (themselves = sponges)
- Kangaroos use their long and powerful tails to balance themselves when sitting upright or jumping. (themselves = kangaroos)

재귀대명사는 자신이 소속된 절의 주어 혹은 준동사의 의미상 주어와 목적어가 동일한 경우에 사용된다. 동일하지 않을 경우 목적격을 써야 한다.

- I expected that John would respect himself. (주어 John과 목적어가 동일)
- I expected that John would respect me. (주어 John과 목적어 me가 서로 다름)
- Birds have many unique characteristics that make them different from other vertebrates. (선행사 주어 characteristics와 목적어 them이 동일하지 않음)

 주어 혹은 목적어를 강조할 때 강조하는 명사 뒤에 쓰이는 경우도 있으며 생략할 수 있다.

- Cities themselves generate heat from a number of sources, including motor vehicles. (주어인 Cities를 강조함)
- The Polaroid camera itself does all the laborious work to develop films.
- In addition to its proximity, the moon is also exceptional in that it is quite massive compared to the Earth itself.

Check-Up Test 1 ▷ 괄호 안의 대명사를 이용하여 다음을 영작하시오.

1. 네 컴퓨터가 고장 나면 언제든 내 것을 사용해도 좋다. (소유대명사)
   → _____

2. 자동차를 구입하는 혜택이 휴가를 가는 혜택보다 더 중요하다. (지시대명사)
   → _____

3. 포유동물은 스스로의 체온을 따뜻하게 유지하기 위해 음식을 사용한다. (재귀대명사)
   → _____

4. 일부 부모들은 자녀를 사립학교로 보내는 것을 선호한다. 왜냐하면 자녀들이 더 잘 교육받을 수 있다고 믿기 때문이다. (인칭대명사)
   → _____

Grammar Practice 문법 사항 복습하기

A 괄호 안의 표현 중 알맞은 것을 고르시오.

1. Silver's most distinguishing property is (its, their) electrical conductivity.

2. In (its, their) typical feeding position, a sea otter swims along on its back using rocks.

3. Inventor Granville Woods received (him, his) first patent on January 3, 1984, for a steam boiling furnace.

4. Roosevelt's efforts to end the depression made (them, him) one of the most popular U.S. presidents.

5. Icebergs often carry away large boulders and quantities of gravel from (their, theirs) glaciers.

6. Many psychologists do not associate (them, themselves) with a particular school or theory.

7. Birds, bats, and insects propel (them, themselves) through the air by flapping their wings.

B 다음 문장에서 잘못된 부분이 있으면 바르게 고치시오.

1. The oldest known fossils are that of bacteria that lived about 3 and 1/2 billion years ago.

2. The poems of Sara Teasdale are noted for her simplicity and purity of form.

3. The diameter of the Sun is 865,400 miles, and its surface area is approximately 12,000 times those of the Earth.

4. The quality of his composition is better than it of a professional writer.

5. Communism is one of the worst economic systems. I know it because my family and I lived under that for many years during my childhood.

6. Even though fireworks are illegal in many places, people still play with themselves.

Sentence Writing Practice 영어 문장 만들기

A 다음 문장을 완성하시오.

1. 미국인들은 7월 4일에 그들의 독립을 축하한다.

   → Americans celebrate _____ independence on the Fourth of July.

2. 바비큐는 간편한 음식이기 때문에 인기가 많다.

   → Barbecue is popular because _____ is casual food.

3. 할로윈 행진에서 모든 사람들은 튀기 위해서 독특한 의상을 입는다.

   → Everyone in Halloween parades wears unique costumes so that _____ looks out of place.

4. 기념할 많은 공휴일이 있지만, 많은 사람들은 다른 것들보다 크리스마스를 더 좋아한다.

   → There are so many holidays to celebrate, but many people like Christmas more than _____.

5. 모든 이민자들은 문화 정체성을 지키기 위해 자신들의 언어를 사용해야 한다.

   → All immigrants should use _____ native languages to keep _____ cultural identity.

6. 그의 감정은 어린 소년의 감정과 같았다.

   → His feelings were like _____ of a little boy.

7. 나는 집에서 직접 요리하고 먹는 것을 좋아한다.

   → I prefer to cook _____ and eat at home.

B 다음을 영작하시오.

1. 나는 다른 사람과 함께 시간을 보내는 것보다 혼자서 시간 보내는 것을 좋아한다. (시간을 보내다: spend time)

   → _____

2. 모든 가족은 그들만의 특색이 있다. (특색: characteristics)

   → _____

3. 우리집에는 침실이 세 개 있다. 하나는 내 것이고 다른 것은 여동생, 나머지는 부모님 것이다.

→ _____

_____

4. 한 사람의 성공은 자신의 노력뿐만 아니라 자신이 속한 그룹에도 달려 있다.

(노력: efforts / ~에 달려 있다: depend on / ~에 속하다: belong to)

→ _____

_____

5. 동물원을 유지하는 것은 필요하다. 왜냐하면 동물원은 아이들 교육을 위해 좋은 기회를 제공하기 때문이다.

→ _____

_____

6. 아무런 문제가 없음에도 불구하고 10대들은 자신들의 소지품이 구식이라고 생각하는 경향이 있다.

(구식인: old-fashioned / 여기다: consider)

→ _____

_____

7. 사람들은 종종 자신을 이해하는 사람이 아무도 없다고 느낀다.

→ _____

_____

8. 기술의 발달은 자연 재해를 조절하는 것을 가능하게 할 것이다.

(자연 재해: natural calamities / 가능하게 하다: make it possible to V / 조절하다: control)

→ _____

_____

9. 십대에 직업을 갖는 것의 이점들이 공부에만 몰두하는 것의 이점들보다 중요하다. (이점: benefits)

→ _____

_____

10. 아이들의 책임감을 길러주는 좋은 방법 중 하나는 그들에게 애완동물을 주는 것이다.

(책임감: sense of responsibility / 길러주다: increase)

→ _____

_____

실전 Essay Practice

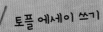 토플 에세이 쓰기

■ 아래 독립형 과제의 토픽을 읽고 에세이를 작성하기 위한 영작을 완성하시오.

> Would you prefer to live in a traditional house or in a modern apartment building?
> Use specific reasons and details to support your choice.

A 서론 문장을 영작하시오.

1 _____ since the supply of land is so
scarce. The vast majority of the population is forced to live in apartments because
there is simply not enough room for people to build houses. However, if money were
no object, **2** _____

_____ .

1 한국에서는 땅값이 굉장히 높다.
2 나는 반드시 전통적인 주택에 사는 편을 택할 것이다. 왜냐하면 주택이 아파트보다 더 조용하고 사적인 공간이기 때문이다.

B 본론 문장을 영작하시오.

Above all, living in a traditional house is much quieter than living in an apartment.
Even though many apartment buildings are constructed with thick concrete walls,
noise still tends to travel easily from one apartment to another. When people leave
their windows open, it is almost impossible to avoid the racket of another person's
stereo, television, or radio. **| Example 1 |** Unfortunately, one of my neighbors has a
daughter who **1** _____ .
She **2** _____ for hours every afternoon, and we have to listen to
3 _____ in my apartment. She is not
4 _____ , but it is quite distracting to hear her
practice while I am trying to study, talk **5** _____ ,
or **6** _____ . If I lived in a traditional private house,
I would be so far from neighboring homes, and noise would never be a problem.

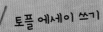

Another reason is that traditional houses offer more privacy than apartments. An apartment building is similar to a small town. It is full of gossip and really hard to keep any secret. In my apartment building, I sometimes hear my mother talking with other housewives. Whenever a new family moves into the building, they are buzzing with curiosity about the new people. | **Example 2** | Since **7** ＿＿＿＿＿＿＿＿＿＿＿＿＿＿＿

＿＿＿＿＿＿＿＿＿＿＿＿＿＿＿＿＿＿＿, I assume that a lot of people are always watching me. They probably talk about my grades in school and other private information that is really not **8** ＿＿＿＿＿＿＿＿＿＿＿. That is why I sometimes **9** ＿＿＿＿＿＿＿＿＿＿＿＿＿＿＿＿＿＿＿, and my neighbors are **10** ＿＿＿＿＿＿＿＿＿＿＿＿＿＿＿. If I lived in a private house, I would preserve more privacy in my life.

C 결론 문장을 영작하시오.

In conclusion, although **1** ＿＿＿＿＿＿＿＿＿＿＿＿＿＿＿＿＿

＿＿＿＿＿＿＿＿＿＿＿＿＿＿＿＿＿＿＿＿＿＿＿＿＿＿＿,

I prefer to live in a traditional house because traditional houses are much quieter and more private than modern apartment complexes; those two overwhelming factors make living more comfortable. Like most of my countrymen, I currently live in an apartment building, but **2** ＿＿＿＿＿＿＿＿＿＿＿＿＿＿＿＿＿.

1 편리함과 보안 면에서 아파트가 단독주택에 비해 장점을 가지고 있다.
2 만일 충분한 돈이 있다면, 나는 단독주택 구입을 주저하지 않을 것이다.

필수구문(so that 구문)을 사용하라. Use essential expressions (so/that).

논리적으로 원인과 결과를 표현하고자 하는 경우에 가장 즐겨 사용하는 구문이 so~that 구문이라고 할 수 있다. 「so + 형용사/부사 that 주어 + 동사」의 어순을 따른다.

- The statement is so ambiguous that it is totally meaningless to readers.
- This attitude has worked so well that they have made a perfect relationship for several years.

「such + a/n 명사 that 주어 + 동사」의 어순으로 쓰이기도 한다.

- Television is such a temporary diversion that people do not use it as a substitute for interpersonal communication any longer.

A that절

1 평서문을 간접 화법으로 바꾸면 that이 이끄는 완전한 평서문이 되며 문장에서 명사 역할을 한다.
따라서 문장에서 주어, 목적어, 보어 자리에 각각 올 수 있다.

- That drug abuse can damage a person's health is a widely known fact. (주어)
- That the atom is not a solid bit of matter became evident with the discovery of radioactivity. (주어)
- Some scientists believe that dolphins may be among the smartest animals on the planet. (목적어)
- One of the fundamental assumptions of science has been that the natural world can be explained by rules. (보어)

2 that절은 전치사의 목적어로는 쓰지 않으며, 타동사의 목적어일 경우에는 that을 생략할 수 있다.

- The scientist claimed (that) his discoveries were revolutionary.
- Demographers believe (that) most metropolitan areas will continue to grow in both population and area in the future.

3 추상명사와 동격으로 사용되는 경우도 있다.

- Documentary evidence supports <u>the claim</u> that the Vikings reached the New World about A.D. 1000. (that절이 the claim과 동격: ~라는 주장)
- We should notice <u>the notion</u> that statistics can easily be manipulated.
  (that절은 the notion과 동격: ~라는 사실)

4 명사절을 이끄는 that은 완전한 평서문으로 쓰지만 불완전한 절을 이끄는 관계대명사 that과 구별해야 한다.

- Fish have nostrils that are used for smelling, not for breathing.
  (주격 관계대명사: that 뒤에 주어가 없음)
- The stimulation that infant animals receive affects their behavior in the future.
  (목적격 관계대명사: that 뒤에 목적어가 없음)

B whether절

 1 Yes-No 의문문을 간접 화법으로 바꾸면 whether가 이끄는 완전한 평서문이 되며, 문장에서 명사의 역할을 한다. 따라서 주어, 목적어, 보어 자리에 각각 올 수 있고 전치사 뒤에서도 사용 가능하며, 보통 A or B 혹은 A or not과 함께 사용된다.

- Whether language is the exclusive property of the human species **is an interesting question.** (주격)

- **Scientists wonder** whether the universe will expand forever or contract again. (목적격)

- **The question is** whether smoking can cause cancer or not. (보격)

- **From ancient times, people argued about** whether the speed of light is limited or infinite. (전치사의 목적격)

 2 whether가 이끄는 명사절은 의미상 불확정적이기 때문에 that절과 구분하도록 한다.

- **Many doctors who reviewed the reports of Napoleon's illness wondered** whether **he died from cancer or not.** (○)

  Many doctors who reviewed the reports of Napoleon's illness wondered that he died from cancer or not. (✕) (나폴레옹이 암으로 사망했는지 여부를 확실히 알 수 없음)

C 의문사절

 1 직접의문문을 간접 화법으로 바꾸면 의문사가 이끄는 완전한 평서문이 된다. 따라서 문장에서 주어, 목적어, 보어 자리에 각각 올 수 있고 전치사 뒤에서도 사용 가능하다.

- Where an animal lives **influences** how it communicates with others. (문장의 주격)

- When the season starts **is determined by the weather.** (문장의 주격)

- **The question is** why dinosaurs became extinct. (문장의 보격)

- **Residents of urban areas do not understand** how people can tolerate a four-hour commute every day, **simply for the so-called privilege of living in the country.** (문장의 목적격)

 2 의문사절의 어순은 주어와 동사 구조의 평서문 어순을 따르지만 의문사 how는 두 가지로 사용될 수 있음에 유의한다. how 뒤에 〈주어＋동사〉 구조가 오면 '어떻게', 형용사나 부사가 오면 '얼마나'의 뜻으로 사용된다.

- How the continents originated **has been a topic of continual geological research.** (how + S + V: 어떻게)

- **Optics is the study of** how light rays are affected **by bouncing off or passing material.**

- How brightly a star shines in the sky depends on its luminosity. (how + 부사: 얼마나)
- Success can never be measured in terms of how much money one makes.

D what절

 what은 일반적으로 선행사를 포함한 관계대명사 혹은 의문대명사로 볼 수 있으며 '~하는 것'의 의미로 주로 사용된다. 따라서 what 뒤에는 항상 주어나 목적어 자리가 비어 있어야 한다.

- What puzzled me was Julia's rude attitude. (what절에 주어 생략)
- The techniques that biologists use depend on what they are investigating.
  (what절에 동사의 목적어 생략)
- Fossils, traces of dead organisms found in the rocks of Earth's crust, reveal what life was like at the time the rocks were formed.
  (what절에 전치사의 목적어 생략)

 특히 what이 이끄는 절은 명사 뒤에서는 사용할 수 없다는 점에 유의해야 한다.

- During the eighteenth century, Little Turtle was chief of the Miami tribe whose territory became what is now Indiana. (O)

  During the eighteenth century, Little Turtle was chief of the Miami tribe whose territory became the area what is now Indiana. (×)
  (명사 뒤에 what절이 나올 수 없으므로 what을 which로 수정해야 함)

Check-Up Test 1 ▶ 명사절을 이용하여 다음을 영작하시오.

1. 문제는 그녀가 현재의 직업에 싫증을 낸다는 것이다.
   → _____

2. 학생들이 대학에 입학할지 여부는 그들의 의지로 결정되어야 한다.
   → _____

3. 수천 년 동안 인류는 지구의 나이가 몇 살인지 궁금해해 왔다.
   → _____

4. 결론이 독자가 가장 잘 기억하게 되는 부분임을 작가는 명심할 필요가 있다.
   → _____

A 괄호 안의 표현 중 알맞은 것을 고르시오.

1. (That, What) individuals have rights that belong to them, independent of any interference from governments, is a modern doctrine.

2. There has been an argument regarding (whether, that) parents are the best teachers for their children.

3. In 1800, Herschel, a German scientist, performed experiments on (what, whether) he called the "calorific rays."

4. (That, What) is different today is the pace at which globalization is occurring, as well as the degree of global interdependence.

5. Initial experimental work with gases led to (that, what) is essentially the modern distinction.

6. The parallax measurement is used in survey studies to tell how far away (an object is distant, a distant object is).

7. Scientists are forming a better understanding of (how, what) the Earth was like four billion years ago and how life might have originated under those conditions.

B 다음 문장에서 잘못된 부분이 있으면 옳게 고치시오.

1. Settlers from various European countries brought to the New World it could be called the building techniques and prevailing forms of their respective homelands.

2. The first permanent European settlement in where is now Mississippi was a trading center in Biloxi.

3. Nobody can predict when will he be in trouble or have a serious disease.

4. Frank Lloyd Wright, generally acknowledged as one of the greatest architects of the twentieth century, developed that became known as the "Prairie Style."

5. Most of whether scientists know about nuclear structure has come from experiments with particle accelerators.

6. What people have been concerned with their hair since ancient times is widely believed.

Sentence Writing Practice 영어 문장 만들기

A 다음 문장을 완성하시오.

1. 나는 들은 것을 이해하지 못하겠다.

   → I can't understand _____.

2. 중요한 것은 한국인들이 어른들을 공경한다는 것이다.

   → _____ is that Koreans respect elders.

3. 사람들이 먹는 것은 그들의 건강을 좌우한다.

   → _____ determines their health.

4. 나는 고등학생들이 수업에 참여해야 한다고 생각한다.

   → I believe _____.

5. 고등학생들이 교복을 입는 것은 바람직하다.

   → It is desirable _____.

6. 우리가 그 일을 그만둘지 계속해야 할지에 관한 큰 논쟁이 있었다.

   → There was a big argument about _____.

7. 우리는 누가 먼저 갈지 결정을 해야 한다.

   → We should decide _____.

8. 나는 그녀가 어젯밤 왜 문을 잠그지 않았는지 궁금하다.

   → I wonder _____.

9. 나는 점심으로 무엇을 먹을지 결정하지 않았다.

   → I didn't decide _____.

10. 여가시간을 어떻게 보내는지에 따라서 크게 두 부류의 사람들이 있다.

    → There are largely two types of people depending on _____.

B 다음을 영작하시오.

1. 나는 대학에 가야 할지 직업을 가져야 할지 결정하지 못했다. (결정하다: decide)

→ _____

2. 그가 거짓말을 한 것은 명백하다. (명백한: obvious / 거짓말을 하다: tell a lie)

→ _____

3. 어제 나를 놀라게 한 것은 그가 미국에서 돌아왔다는 것이다. (놀라게 하다: surprise / 돌아오다: come back)

→ _____

4. 그는 곧 다시 돌아올 것이라고 약속했다. (약속하다: promise)

→ _____

5. 그것은 그녀가 우리와 함께 일하느냐 마느냐에 달려 있다.

→ _____

6. 누구나 그가 유죄라는 사실을 알고 있다. (유죄인: guilty)

→ _____

7. 한국 사람들이 중요하게 여기는 것은 가족 간의 친밀한 관계이다.
(여기다: consider / 친밀한: intimate / 관계: relationship)

→ _____

→ _____

8. 학생들이 학창시절 동안 아르바이트를 해야 하는지에 관한 다양한 주장이 있다.
(아르바이트: part time jobs)

→ _____

→ _____

9. 사람들의 개별적인 관심은 그들이 대학에서 무엇을 공부할지를 결정한다.

→ _____

10. 좋은 부모가 되기 위해 가장 중요한 것은 아이들과 많은 시간을 보내는 것이다.
(~와 시간을 보내다: spend time with)

→ _____

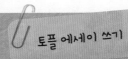
■ 아래 독립형 과제의 토픽을 읽고 에세이를 작성하기 위한 영작을 완성하시오.

> Is the ability to read and write more important today than in the past?
> Why or why not? Use specific reasons and examples to support your answer.

A 서론 문장을 영작하시오.

1 _____

_____. In the past, it was not as important to read and write as it is today. However, nowadays, people live in the Information Era which makes it essential to read and write in every aspect of daily life; in addition, **2** _____

_____.

1 읽고 쓰는 능력이 과거보다 오늘날에 더 중요한 이유에 관한 논의가 있다.
2 읽고 쓰는 능력 없이 직업을 구하는 것은 거의 불가능하다.

B 본론 문장을 영작하시오.

Above all, **1** _____

_____. In the past, people would have face-to-face meetings or call one another on the phone; however, millions of people have recently communicated through e-mail using the Internet. The Internet not only connects all the users in the world but also enables them to gain information tailored to their specific interest. As a result, it is no exaggeration to say that **2** _____

_____. This means that if a person did not learn to read and write, he or she would neither use communication technologies nor keep in touch with the outside world. Thus, **3** _____

_____.

1 오늘날 인터넷을 통하지 않고는 의사소통을 하는 것이 점점 더 어려워지고 있다.
2 문맹은 정보화 시대에 적응하는 것을 더 힘들게 만든다.
3 현대 사회는 과거 어느 때보다 개개인이 더 많은 지식을 갖추도록 요구한다.

Moreover, **4** _____
_____. Before the Industrial Revolution, the vast majority of the world's population depended on agriculture, and education was not always a guaranteed right. Most manual jobs such as blacksmiths and carpenters also required limited literacy skills at best. However, due to the rapid progress in every field of industry, it is now common to acquire basic literacy skills when it comes to working in modern workplaces. For example, even the simplest retail sales require the ability to read and write. One must be able to read a manual, write down orders, and communicate with other employees. Obviously, **5** _____
_____.

Hence, **6** _____
_____.

4 거의 모든 구인 시장이 기본적인 읽고 쓰는 능력을 요구한다.
5 대부분의 고임금 직업은 최소한 4년제 대학 학위를 요구한다.
6 읽고 쓰는 능력은 오늘날 노동 시장에서 생계 유지를 위해 필수적이다.

C 결론 문장을 영작하시오.

In conclusion, **1** _____
_____.

This is because **2** _____
_____.

Therefore, **3** _____
_____.

1 오늘날 읽기와 쓰기 기술은 다른 어느 때보다 더 중요하다.
2 갈수록 많은 사람이 읽고 쓰기를 배우지 않고서는 의사소통도 할 수 없고 직업을 구할 수도 없기 때문이다.
3 오늘날의 세계에서 읽고 쓰는 능력은 선택의 문제가 아니라 생존하기 위한 필수요건(requirement)이다.

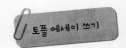

Tips for Academic WRITING

필수구문(비교구문)을 사용하라. Use essential expressions as~as, -er/than, the + superlative.

비교 구문은 에세이 문장에서 거의 빠지지 않고 사용하는 구문이다. 비교하는 대상을 중심으로 원급, 비교급, 최상급으로 각각 사용할 수 있다.

- A careful preparation will lead people to see as many attractions as they can.
- Children are more likely to learn lessons on the playground than in a classroom.
- Parents cannot always be the most desirable teacher, because they are usually eager to pass on their values to their children.

CHAPTER 04

수식구조

A 여러 가지 관계대명사

격	선행사	관계대명사	예문
주격	사람 사물 사람/사물	who which that	Galaxies are immense systems which contain billions of stars. 성운은 수백만 개의 별이 있는 거대한 체계이다.
목적격	사람 사물 사람/사물	whom which that	Igneous rocks may be classified according to the minerals which they contain. 화성암은 포함하고 있는 광물질에 따라 분류된다.
소유격	사람/사물	whose	Most plants whose leaves change color lose their leaves in the autumn. 나뭇잎의 색이 변하는 대부분의 식물들은 가을에 잎이 진다.

B 주격 관계대명사 – who, which, that

 앞에 나온 명사(선행사)를 수식하는 종속절을 이끌며, 선행사가 사람인 경우 who, 사물인 경우 which를 사용한다. 주격 관계대명사가 이끄는 종속절의 주어 자리는 항상 비어 있어야 한다.

- John gave a text to Gina. + Gina prepared for a test.
  → John gave a text to Gina who prepared for a test. (who 뒤에 불완전한 문장: 주어 없음)

- John gave Gina a text which was written in English.

- Food additives are chemicals which are added to food in small amounts.

- The life-span of an elephant that dies from natural causes is about sixty-five years. (who, which를 that으로 바꿔 쓸 수 있음)

 관계대명사 that은 콤마 뒤에 계속적 용법으로는 사용하지 않는다는 점에 주의한다.

- Tom has two brothers who go to college.
  (선행사 한정 수식: Tom의 남자형제는 대학 다니는 형제를 포함하여 최소 2명 이상임)

- Tom has two brothers, who go to college.
  (선행사 보충 설명: Tom은 남자형제가 2명뿐이며 둘 다 대학생임)

목적격 관계대명사 – whom, which, that

 앞에 나온 명사(선행사)를 수식하는 종속절을 이끌며 선행사가 사람인 경우 whom, 사물인 경우 which를 사용한다. 목적격 관계대명사가 이끄는 종속절의 목적어 자리는 항상 비어 있어야 한다.

- My chemistry teacher assigned <u>the homework</u>. + <u>The homework</u> was hard to complete within a day.

  → <u>The homework</u> which my chemistry teacher assigned was hard to complete within a day. (which 뒤에 불완전한 문장: 목적어 없음)

- One of the most important tools which scientists use to study cells is the microscope.

- Shakespeare wrote plays that people have enjoyed for four centuries.
  (whom, which를 that으로 바꿔 쓸 수 있음)

 목적격 관계대명사는 생략 가능하다.

- Life on Earth is totally dependent on the energy (which) it receives from the sun.

- A majority of people can get all the calcium (which) their bodies require from the food (which) they eat.

소유격 관계대명사 – whose

사람 및 사물 명사 뒤에 모두 쓸 수 있으며, 선행사의 소유격으로 종속절을 이끈다. 따라서 소유격 관계대명사 바로 뒤에는 관사나 소유격 등의 한정사가 없는 명사가 오며 〈소유격 + 명사〉 뒤에는 주어 혹은 목적어 자리가 비어 있어야 한다.

- Witt is a German-born medical doctor. + His passion is to understand the ways of spiders.

  → Witt is a German-born medical doctor whose passion is to understand the ways of spiders. (〈whose + 명사〉 뒤에 불완전한 문장: 주어 없음)

- Anarchism is a term describing a cluster of doctrines whose principal feature is the belief that government is both harmful and unnecessary.

- Stewart White was a writer whose novels describe the struggle for survival on the American frontier.

관계대명사는 전치사와 결합하여 사용할 수 있으며 종속절에는 완전한 문장구조가 따라온다. 전치사는 선행사가 결정할 수도 있고 종속절의 동사가 결정할 수도 있다.

- The sidereal day is the period. + During the period the Earth completes one rotation on its axis.
  - → The sidereal day is the period during which the Earth completes one rotation on its axis. (during which 뒤에 완전한 문장구조)

- More than ten percent of the black population of the United States left the South, in which the majority of the black population had been located.
  (전치사 in → 종속절의 동사가 결정)

- Venomous snakes have hollow teeth, through which poison is injected into a victim. (전치사 through → 선행사가 결정)

- Noise causes effects that the hearer cannot control and to which the body never becomes accustomed. (전치사 to → 종속절의 동사가 결정)

부사의 역할과 함께 선행사를 수식하는 형용사절을 이끈다. where는 장소, when은 시간, why는 이유를 나타내는 선행사와 각각 함께 쓰인다. how는 방법을 나타내며 선행사 way 뒤에서 생략한다.

- There are some places in Egypt. + Only cacti can survive there.
  There are some places in Egypt where only cacti can survive.
  (관계부사 뒤에는 완전한 문장구조가 온다.)

- The 1400s is the period when the revival of classical culture occurred.

- Every year about two million people visit Mount Rushmore, where the faces of four U.S. presidents were carved in granite by sculptor Gutzon Borglum.

Check-Up Test 1 ▷ 형용사절을 이용하여 다음을 영작하시오.

1. 일부 사람들은 거리 청소를 일상생활을 방해하는 허드렛일로 본다. (which)
   → _____

2. 실패를 무릅쓰지 않으려는 사람들은 커다란 성공을 이룰 수 없다. (who)
   → _____

3. 맹수들이 먹이를 잡기 위해 사용하는 도구는 본래 방어용으로 사용됐다. (that)
   → _____ v

- That is the reason why I could not get there in time.
- Science and technology influence the way music is composed.

 G 부분사 포함 관계대명사

1 관계대명사는 all, most, half, some 등의 한정사와 결합하여 표현하는 경우도 있다. 선행사의 일부를 가리키면서 종속절의 주어 혹은 목적어 역할을 할 수 있다.

- Dr. Kim is proud of his students. + Many of them can speak French as well as English.
  → Dr. Kim is proud of his students, many of whom can speak French as well as English. (부분사 포함 관계사 뒤에 불완전한 문장구조: 주어 없음)

- There are about 1,650 species of cacti, most of which are adapted to arid climates.

- In the United States the cabinet consists of the president's advisers, each of whom is a department head.

2 부분사가 포함된 관계대명사를 잘못 쓴 오류 샘플을 정확한 문장과 비교해보자.

올바른 문장	There are eight schools in my community, and two of them are junior colleges. (○) There are eight schools in my community, two of which are junior colleges. (○) 우리 동네에는 학교가 8개 있는데, 그들 중 2개는 2년제 대학이다.
오류 문장	There are eight schools in my community, two of whom are junior colleges. (✕) (→ 선행사 eight schools가 사물이므로 whom이 올 수 없음) There are eight schools in my community, two of which they are junior colleges. (✕) (→ two of which 다음에 완전한 문장 올 수 없음, they를 삭제) There are eight schools in my community, two of them are junior colleges. (✕) (→ 두 문장을 연결시키는 접속사가 빠져 있음) There are eight schools in my community, two of which is junior colleges. (✕) (→ two of which 다음에 복수가 와야 함)

Check-Up Test 2 ▶ 형용사절을 이용하여 다음을 영작하시오.

1. John이 속해 있는 클럽은 가입하기가 쉽지 않다. (to which)

   → _____

2. 나는 우리가 서로를 처음 만났던 장소를 결코 잊을 수 없다. (where)

   → _____

3. 그 책 중의 일부는 너무 낡아서 팔기가 어려울 것이다. (some of which)

   → _____

Grammar Practice 문법 사항 복습하기

A 괄호 안의 표현 중 알맞은 것을 고르시오.

1. Washington has a development (who, which) is unique among the world's major cities.

2. A sports team can draw the attention of students (who, who they) prepare for college education.

3. The exchange of gases in plants is the opposite of the process that (occur, occurs) in respiration.

4. When people leave their houses, they often leave tell-tale signs for burglars (who, which) indicate that they are not at home.

5. An atom consists of a central nucleus, (it, which) contains protons and neutrons.

6. A tree can be seen as a complex engine, (which, which it) converts fuel into energy and manufactures new products from available resources.

7. A vacuum is a space from (what, which) all matter, including air, has been removed.

B 다음 문장에서 잘못된 부분이 있으면 옳게 고치시오.

1. Radiation is one of the most complicated subjects that science deals with it.

2. The atom which refers to the smallest part of a chemical element that can exist and still have the properties of the element.

3. Dr. Fleming teaches history for students, who native language is not English.

4. Many of the tools predators use them to capture prey are used for defense.

5. The aria, which is a long solo, it is compared to a song in which the characters express their thoughts and feelings.

6. All caged birds need a home which it is large and roomy.

7. Most folk songs are ballads when have simple words and tell simple stories.

8. The space shuttle and space station together result in vast efficiencies in the way of humans explore outer space.

Sentence Writing Practice 영어 문장 만들기

A 다음 문장을 완성하시오.

1. 수저를 사용하는 사람들은 대개 동아시아 사람들이다.

   → People _____ are mostly East Asians.

2. 나는 일본어로 쓰여진 책을 읽을 수 없다.

   → I can't read books _____.

3. 부모와 시간을 많이 보내는 아이들은 친구들과도 잘 지내는 경향이 있다.

   → Children _____ tend to get along with their friends.

4. 쓰레기로 가득한 거리에서 Teresa 수녀는 가난한 아이들을 위해 할 수 있는 모든 일을 다 했다.

   → In the street, _____, Mother Teresa did everything that she could do to help poor children.

5. 우리 마을 사람들이 그 공장 설립으로부터 얻을 수 있는 두 가지 중요한 이점들이 있다.

   → There are two noticeable benefits _____ from the establishment of the factory.

6. 사람들의 행동에 영향을 미치는 중요한 요소 중 하나는 그들이 입는 옷이다.

   → One of the important factors _____ is what they wear.

7. 유년기는 한 사람이 가장 많은 양의 새로운 정보를 습득하는 시기이다.

   → Childhood is the period _____.

8. 쌀은 한국 사람들의 생활에 가장 큰 기여를 해 온 식물이다.

   → Rice is the plant _____.

9. 나는 청소년들의 신체적 발달을 향상시키는 체육이 중등 교과과정에 포함되어야 한다고 생각한다.

   → I think that physical education _____ should be included in a secondary school curriculum.

10. 단지 한두 과목에만 관심이 있는 학생들은 낮은 성적을 받는 경향이 있다.

    → Students _____ are likely to get low grades.

B 다음을 영작하시오.

1. 당신의 몸이 필요로 하는 영양가 있는 음식을 먹는 것이 필수적이다.

    (~을 필요로 하다: require / 영양가 있는: nutritious)

    → _____

2. 어린 나이에 정규 교육을 시작하는 아이들은 학교에서 배운 것을 이해하는 데 어려움을 겪는다.

    (정규 교육: formal education / 어린 나이에: at early ages)

    → _____

3. 손으로 만들어진 물건은 그것만의 독특함을 갖는다. (독특함: uniqueness)

    → _____

4. 어릴 때 외국어를 배우기 시작한 사람들은 외국어를 유창하게 말하는 경향이 있다.

    (~하는 경향이 있다: tend to / 유창하게: fluently)

    → _____

5. 나는 공통점을 많이 가진 친구와 시간을 보내는 것을 좋아한다. (공통점을 갖다: have A in common)

    → _____

6. 그 호수는 몇 년 전에 그 공장으로부터 흘려 보낸 폐기물에 의해 오염되었다.

    (흘려 보내다: release / 폐기물: waste materials)

    → _____

7. 아침 일찍부터 하루를 시작하는 사람들은 시간을 더욱 효율적으로 사용할 수 있다. (효율적으로: efficiently)

    → _____

8. 나는 바쁜 일상으로부터 오는 스트레스를 해소하기 위해 일주일에 한 번씩 영화를 보러 간다.

    (바쁜 일상: busy routines / 스트레스를 해소하다: relieve stress)

    → _____

9. 한국사람들이 중요하게 생각하는 동물은 소이다. (생각하다: consider)

    → _____

10. 나는 우리 학교 학생들의 건강을 유지할 수 있게 해 주는 체육시설을 개선하는 것이 필요하다고 생각한다.

    (건강을 유지하다: keep healthy / 체육시설: sports facilities)

    → _____

실전 Essay Practice

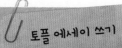

토플 에세이 쓰기

■ 아래 독립형 과제의 토픽을 읽고 에세이를 작성하기 위한 영작을 완성하시오.

> When people need to complain about a product or poor service, some prefer to complain in writing and others prefer to complain in person. Which way do you prefer? Use specific reasons and examples to support your answer.

A 서론 문장을 영작하시오.

Most people have probably had the experience of buying a defective product or receiving poor service. When something like that occurs, some people choose to complain in person to the business establishment that provided the product or service. However, in my view, **1** _____ , because **2** _____ ; in addition, **3** _____ .

1 직접 찾아가는 것보다는 글로써 불만을 표현하는 것이 낫다.
2 감정이 거의 개입되지 않은 상태에서 그것이 보다 논리적으로 이루어질 수 있기 때문이다.
3 그것은 모든 관련 정보를 포함시킬 수 있는 최선의 방법이다.

B 본론 문장을 영작하시오.

First, putting a complaint in writing ensures it will not seem too emotional. In most cases, by the time customers complain about a product or service, they are so angry about their wasted time and money that **1** _____ . **2** _____ if the business does not view the situation exactly as they do. **3** _____ . An emotional response prevents both parties from working out a rational solution. For this reason, it would be better to take "time out" every time people become too angry to express their complaints clearly. Thus, writing a complaint helps organize the points of argument in a logical manner with little emotion concerned.

1 곧잘 비논리적이 될 수 있다.

2 직접 불평하는 것이 그들을 더욱 흥분하게 만들 것이다.

3 화를 내는 것은 종종 논쟁에서 지게 한다.

In addition, the business finds a carefully documented complaint more persuasive when people add all the relevant information to it. In general, **4** _____

_____. Therefore, a consumer complaining about a defective product must usually provide receipts and other proofs of purchase as well as a specific record that indicates the detailed information about defects. What is more, in the case of service complaints, **5** _____

_____. By providing the business with a written complaint,

6 _____

_____. Hence, a copy of the written complaint is more powerful than a number of spoken words.

4 업체는 거짓 불만으로 권리를 주장하는 사람들로부터 스스로를 변호하려 하기 마련이다.

5 작성된 문서가 형편없는 서비스의 경위를 보여주는 최선의 방법이다.

6 소비자는 업체가 고객의 불만에 관한 공식적인 문서의 모든 내용을 확실히 이해하게 할 수 있다.

C 결론 문장을 영작하시오.

In conclusion, when it comes to complaining about a defective product or poor service, it is much better to complain in writing. This is because **1** _____

_____.

Therefore, complaining in writing will encourage the supplier to propose a solution, which meets my requirements.

1 그것은 내가 내 생각을 더 이성적으로 정리할 수 있게 해 주며 업체에게 모든 정보를 분명하고 간결하게 전달할 수 있도록 한다.

필수구문(분사구문)을 사용하라. Use essential expressions (V~ing).

분사구문은 부사절을 짧게 줄여 주는 역할을 한다. 따라서 문장을 간결하고 명료하게 만들어 주는 효과가 있다. 흔히 접속사와 주어(주절의 주어와 일치하는 경우)를 생략하고 동사를 분사(현재분사 혹은 과거분사)로 바꿔 쓴다.

- The factory can provide some products for my community and it can activate the local market.
  → The factory can provide some products for my community, activating the local market.
- Most museums offer hands-on exhibits, stimulating curiosity and creativity through fun activities.

Unit 16 부사절

A 부사절 접속사의 종류

1 원인 / 이유(Cause)

문장에서 논리적으로 인과관계(cause-effect)를 설명하고자 할 때 사용된다. Because로 시작하는 종속절을 주로 사용하나, 원인과 결과를 보여주는 so ~ that 구문도 매우 유용하다.

- Trees stop growing at a higher altitude, because they cannot survive the freezing temperatures and the battering winds.

- Since life is a series of problems, people learn confidence and maturity as they solve the never-ending chain of problems.
  (문두에서는 because보다 since 혹은 as를 사용)

- Pottery was so important to early cultures that scientists now study it to learn more about ancient civilizations. (so + 형용사/부사 + that + S + V: 매우 ~해서 …하다)

- Accounting differs from bookkeeping in that it includes summarizing and interpreting information. (in that + S + V: ~라는 점에서)

2 양보 / 대조(Contrast)

문장의 논리관계가 서로 상반되는 경우에 주로 사용한다. 주절의 내용은 종속절의 내용을 기초로 예측한 것의 반대 결과(unexpected result)를 나타낸다.

- Although deserts do not receive a high amount of rainfall, there are many plants that thrive on only small amounts of water.

- While draft laws are federal laws, marriage laws are state laws rather than federal. (while + S + V: ~라는 반면)

- The brief scenes in the movie focus on the boy's point of view, whereas the longer scenes depict the father's side. (whereas + S + V: ~하는 반면)

조건(Condition)

주절의 결과가 발생할 수 있는 조건과 가능성을 보여줄 수 있다. in case는 결과와 상관 없이 뭔가를 대비하고자 하는 경우에 사용한다.

- **If** the moon passes through some portion of the Earth's shadow, an eclipse of the Moon can take place.

- Some forms of radiation can be dangerous **unless** they are handled properly.
  (unless = if + not: 만일 ~하지 않는다면)

- It would be much better to reserve a seat **in case** all tickets are sold out.
  (in case (that) + S + V: ~한 경우를 대비해서)

- Cartoons are not detrimental to a child's development **as long as** parents monitor what their children watch. (as long as + S + V: ~하는 한)

 시간(Time)

주절의 동사가 발생한 시점을 표시하고자 할 때 시간의 전후 중간에 따라 before, when, while, after 등을 사용할 수 있다. 특히, as는 '~함에 따라'의 의미로 쓰이며 동시에 진행되는 상황을 설명해 주기도 한다.

- **When** people go to a history museum, they can travel to the past.

- Communication skills are quite essential **while** people are working in groups, or dealing with others in positions of authority.

- The greenhouse effect is an increase in the temperature of a planet **as** energy from sunlight is trapped by the gaseous atmosphere.

 장소(Place)

시간 부사절 접속사와 비교해서 이해하도록 한다. '~곳에서(where)' 혹은 '~ 곳마다(wherever)'의 장소적 의미로 주절을 부사 수식하고자 할 때 사용한다.

- **Where** there is a will, there is a way.

- Great civilizations have risen **where** water supplies were plentiful.

- Fossils can be found **wherever** sedimentary rocks are exposed.

- **Wherever** metal technologies have been developed, metals have been used for sculpture.

B 문장전환

의미상 공통점이 있는 접속사나 전치사, 부사를 이용한다. 각각 문장에서의 역할과 위치가 다르므로 차이점을 분명히 정리해 두는 것이 매우 중요하다.

 인과관계 – Because / So / For / Because of / Therefore
문장에서 모두 인과관계(cause-effect)를 표현하는 공통점이 있다. 문장을 전환하는 경우 because는 부사절 접속사, so/for는 등위접속사, because of는 전치사, therefore는 접속부사이다.

- Because [Since / In that] Peterson was economically poor, he could not attend university. (부사절 접속사)

- Peterson was economically poor, so he could not attend university. (등위접속사)
  Peterson could not attend university, for he was economically poor. (등위접속사)

- Because of [Due to / Owing to] his economic poverty, Peterson could not attend university. (전치사구)

- Peterson was economically poor; as a result [therefore / as a consequence], he could not attend university. (접속부사구)

- Peterson was so economically poor that he could not attend university.
  (so-that 구문)

Check-Up Test 1 ▶ **부사절을 이용하여 다음을 영작하시오.**

1. 경제적으로 가난한 학생들은 유명 상표의 옷을 구입할 여유가 없기 때문에 상처받기 쉽다. (because)
   → _____

2. 모두가 음악 전문가가 될 필요는 없을지라도 음악에 관한 기본적 지식을 가질 필요는 있다. (although)
   → _____

3. 아이들은 개인적인 문제에 직면하게 되면 대화할 상대가 필요하다. (if)
   → _____

4. 학생들은 집에서 멀리 떨어진 대학에 진학할 때 어디서 살지를 결정해야 한다. (when)
   → _____

5. 그녀의 새 자동차는 그녀가 사업차 가도록 되어 있는 곳마다 데려다 줄 것이다. (wherever)
   → _____

상반관계 – Although / but / yet / despite / nevertheless

문장에서 대조적인 상반관계(contrast)를 표현하는 경우 사용한다. 문장을 전환하는 경우 although는 부사절 접속사, but / yet은 등위접속사, despite는 전치사, nevertheless는 접속부사이다.

- Although [Though / Even though] Lincoln failed many times during his life, he finally became the sixteenth president of the United States. (부사절 접속사)

- Lincoln failed many times during his life, but [yet] he finally became the sixteenth president of the United States. (등위접속사)

- Despite [In spite of] his many failures during his life, Lincoln finally became the sixteenth president of the United States. (전치사구)

- Lincoln failed many times during his life; however [nevertheless], he finally became the sixteenth president of the United States. (접속부사구)

 조건과 결과 – If / Unless / Or / Without / Otherwise

문장에서 특정 동작이 발생하는 조건(condition) 혹은 비롯될 수 있는 결과(result)를 표현한다. 문장을 전환하는 경우 if/unless는 부사절 접속사, or는 등위접속사, without은 전치사, otherwise는 접속부사이다.

- If Anne does not hurry up tomorrow morning, she will be late for the seminar. (부사절 접속사)

- Unless Anne hurries up tomorrow morning, she will be late for the seminar. (부사절 접속사)

- Anne must hurry up tomorrow morning, or she will be late for the seminar. (등위접속사)

- Without hurrying up tomorrow morning, Anne will be late for the seminar. (전치사)

- Anne must hurry up tomorrow morning; otherwise, she will be late for the seminar. (접속부사)

Grammar Practice 문법 사항 복습하기

A 괄호 안의 표현 중 알맞은 것을 고르시오.

1. (As, When) divorce rates have risen, the number of single-parent and blended families has increased.

2. (Since, For) my supervisor often acknowledged my hard work with praise, I really enjoyed my work experiences.

3. The periods of REM sleep become longer and longer (as, than) the night progresses.

4. Universities differ from colleges (in, in that) they are larger and have wider curricula.

5. Elephants have been reduced to critically low numbers (because, because of) uncontrolled killing for their tusks.

6. (Wherever, Everywhere) there is plenty of rain during the growing season, life is abundant in various forms.

7. (When a comet's tail, A comet's tail) appears to be pointing toward the Sun, it is called an anti-tail or anomalous tail.

B 다음 문장에서 잘못된 부분이 있으면 옳게 고치시오.

1. Although a nearly 75 percent increase in the number of cars on the road during the past 20 years, the vehicle fatality rate in the U.S. has decreased more than half.

2. Deep in the Earth, pressures are such great that minerals can be compressed into dense forms.

3. Children should be required to help with household tasks as soon they are able to do so.

4. The greenhouse effect occurs when does the Earth's atmosphere trap heat radiated from the sun.

5. Stars differ fundamentally from planets in that they are self-luminous otherwise planets shine by reflected light.

6. Charlotte Perkins Gilman was a leading intellectual in the women's movement while its early decades in the United States.

Sentence Writing Practice 영어 문장 만들기

A 다음 문장을 완성하시오.

1. 전쟁이 처음 시작된 이래로 2만명의 피난민들이 그 나라를 떠났다.

   → _____ the war first began, 20,000 refugees have left the country.

2. 아이들이 성장함에 따라 그는 돈이 더 많이 필요했다.

   → _____ his children grew older, he needed more money.

3. 당신이 이기든 지든 상관없이, 친구들과 즐거운 시간을 갖는다면 재미있을 수 있다.

   → _____ you win or lose, if you have a good time with your friends, it can be fun.

4. 일찍 일어나면, 산책이나 자전거 타기와 같은 신체 활동을 할 시간을 더 많이 가질 수 있다.

   → _____ I get up early, I can have more time to do physical activity like taking a walk or riding my bicycle.

5. 체크리스트를 사용하면, 일이 끝났을 때 하나씩 지우면서 만족감을 얻을 수 있다.

   → By using a checklist, I can receive satisfaction _____ I check off each job when it is done.

6. 사람들이 이전보다 쌀을 덜 먹긴 하지만, 쌀은 여전히 우리나라의 주식이다.

   → _____ people eat less rice than before, rice is still the main food in our country.

7. 그는 자를 사용하였기 때문에 그의 선은 내가 그린 것보다 거의 직선에 가까웠다.

   → _____ he used a ruler, his line is more nearly straight than mine.

8. 완성 후, 새 웹사이트는 고객들이 배송 상황을 추적할 수 있게 할 것이다.

   → _____ completion, the newly created Web site will enable customers to track shipments.

9. 결정을 내리기 전에 우리의 긴축적인 재정상황을 신중히 고려하는 것이 나을 것이다.

   → _____ you make a decision, it will be better to consider carefully our strained financial condition.

10. 그 편지는 간결했지만, 메시지가 명확하지 않았다.

    → _____ the letter was concise, its message was not clear.

B 다음을 영작하시오.

1. 아이가 혼자서 공부하면, 사회적으로 미성숙할 수도 있다. (미성숙한: immature)

   → _____

2. 학생들은 방학을 즐기면서 에너지를 다시 얻을 수 있다.

   → _____

3. 그 서류가 도착하기 전에 회의가 끝나버렸다. (서류: document)

   → _____

4. 배달이 더 빨라지지 못한다면, 우리는 운송업체를 바꿀 것이다. (배달: deliveries / 운송업체: carriers)

   → _____

5. 서비스에 만족하지 못할 때, 일부 사람들은 회사에 편지를 쓴다.

   → _____

6. 사람들은 혼자 있을 때 다른 사람의 간섭을 받지 않고 원하는 것을 할 수 있다. (간섭: interference)

   → _____

7. 사람들은 새로운 것에 도전하기 전에 그것을 이룰 수 있을지 없을지 알 수 없다.

   → _____

8. 지금 당신의 아이에게 장난감을 정리하도록 교육시키지 않는다면, 조금 더 컸을 때 이부자리를 펴도록 할
   수도 없을 것이다. (장난감을 정리하다: to put toys away / 이부자리를 펴다: make the bed)

   → _____

   _____

9. 어떤 사람들은 내 생각에 동의하지 않을 수도 있지만, 나는 열심히 일한 데에는 대가가 있다고 믿고 있다.

   → _____

   _____

10. 사람들은 누군가를 처음 만날 때, 사고와 분석보다 직관과 본능을 더 많이 사용한다.

    (분석: analysis / 직관: intuition / 본능: instinct)

    → _____

    _____

■ 아래 독립형 과제의 토픽을 읽고 에세이를 작성하기 위한 영작을 완성하시오.

> Do you agree or disagree with the following statement? Parents are the best teachers. Use specific reasons and examples to support your answer.

A 서론 문장을 영작하시오.

There has been an argument concerning whether parents are the best teachers for their children. Some people maintain that parents exert a great influence on their children. However, **1** _____ because **2** _____

_____ .

1 내 생각에는, 부모는 가장 좋은 선생님이 될 수 없다.
2 그들은 아이들과 매우 가깝게 연관되어서 객관적일 수 없고, 그들에게 자신들의 가치관을 무의식 중에 주입하기 때문이다.

B 본론 문장을 영작하시오.

Above all, **1** _____

_____ .

2 _____

_____ and parents today give children all their time and love. Therefore, parents usually see their children through the eyes of a protector always trying to look after them. Being affectionate to their children is a natural phenomenon, but this can often impede the proper education of their children. To illustrate, in a quiet restaurant a five-year-old boy starts to run around the place screaming loudly. A gentleman who cannot stand this noise comes up to the boy and stops him. The gentleman's behavior is correct and rational; however, the parents get angry with the gentleman instead of scolding their little boy. Thus, **3** _____

_____ .

1 부모는 자녀와 감정적으로 밀착되어 있기 때문에 객관적인 판단을 내릴 수 없다.

2 생활 수준이 향상됨에 따라 가정마다 자녀들의 수가 감소했다.

3 일부 부모는 자녀를 과잉 보호함으로써 아이를 망치는 경향이 있다.

Moreover, **4** _____.

This is because parents are usually eager to pass on their values to their children. They expect their children to grow as they wish; as a result, **5** _____.

For example, when I weighed my major for college, I came to a conclusion that I was interested in psychology, thereby planning to work as a consultant. However, my parents did not approve of my decision and strongly persuaded me to go to the medical school and become a surgeon. The problem is that **6** _____ _____. Consequently,

7 _____.

4 부모는 아이들의 꿈을 방해하는 장애물이 될 수 있다.

5 그들은 자신의 삶을 통해 이루지 못했던 어떤 목표들을 자기 자녀들에게 성취하도록 강요하기 쉽다.

6 부모는 의사 결정 과정에 있어 조언자가 되기보다는 결정권자가 되길 원한다.

7 부모의 지나친 욕심은 결국 자녀의 꿈을 망칠(stifle) 수 있다.

C 결론 문장을 영작하시오.

In conclusion, parents cannot be the most desirable teachers for their children. This is because they are not only emotionally tied to their offspring, but they also try to realize their dreams through their children. Therefore, **1** _____ _____.

1 부모는 가장 훌륭한 선생님이 아닌 가장 훌륭한 후원자 중 하나가 될 수 있을 것이다.

필수구문(가정법구문)을 사용하라. Use essential expressions (If).

현재사실을 반대로 가정하는 경우는 가정법 과거를 사용하고 과거사실을 반대로 가정하는 경우 가정법 과거완료를 사용한다. 가정법구문을 활용하면 직설법을 쓰는 것보다 훨씬 고급스러운 표현이 가능해진다.

- If a lottery brought a person a great amount of money, his fortune would be attributed to his dream about a pig.
- As I saw it directly on the stadium, I could be impressed as much.
  → If I had seen it indirectly at home, I would have never been impressed so much.

Unit 17 등위접속사와 병렬구조

A 중문구조

1 영어 문장에서 〈주어 + 동사〉의 단문구조를 등위접속사로 연결해서 중문구조로 만들 수 있다. 에세이 작성 시 문장의 다양성(syntactic variety)을 위해 가급적 단문 위주보다는 중문 이상의 문장 구조를 사용할 줄 알아야 한다.

V (n) - 1 = Connector (n)

문장 속 동사의 개수에서 하나를 빼면 접속사의 개수가 된다. 다시 말해, 주절과 주절을 연결하는 중문 (compound sentence)을 작성하는 경우 등위접속사(conjunction)를 사용한다. 이때, 두 개의 주절은 반드시 콤마(,)로 연 결해야 하고 앞뒤 문맥에 맞게 적절한 등위접속사를 써야 한다.

- Water is essential for life, and in some parts of the world, it is the most precious commodity. (순접관계)
- Whales have no sense of smell, but [yet] they have a well-developed sense of taste. (역접관계)
- Jennifer must hurry up this morning, or she will be late for the meeting. (인과관계)
- Calcium, phosphorous, and other nutrients are contained in milk, so milk is readily digested by anyone. (인과관계)
- Tom cannot continue his study at college, for he cannot afford to pay the tuition. (인과관계)
- Gina does not have her ears pierced, nor does she want to do so.
  (nor = and + not, nor 뒤에서 도치발생)

B 병렬구조

등위접속사의 병렬구조(parallel structure)는 간결한 영어 문장을 만들기 위해 두 절 사이에 중복되는 내용을 생략하고 문법적인 기능이 같은 단어 혹은 어구만을 연결하는 것을 말한다. 셋 이상의 항목을 나열할 때는 a, b, and c로 나열할 수 있다.

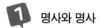 명사와 명사

1 내용상 관련성 있는 명사를 대등하게 나열해 줄 수 있다.

- Stars are luminous balls of gas that send out enormous amounts of heat and light.

- Thomas Malthus claimed that disease, war, famine, and moral restraint act as checks on population growth. (마지막 명사 앞에만 and를 사용)

2 명사를 나열하는 경우에는 단수명사와 복수명사를 구분하지 않는다.

- Natural resources of Idaho include fertile soils, plentiful water, and dense forests. (단·복수명사 혼용 가능)

 동사와 동사

동사를 나열하는 경우는 공통 주어를 사용하며 앞에 나온 동사의 수와 시제를 일관성 있게 맞추어 써야 한다.

- When an enemy scares a porcupine fish, it enters a hole in a rock and fills its stomach with water to make its spines stick out. (동사의 수: 단수 / 시제: 현재시제)

- They gained wide knowledge of chemical substances, discovered chemical properties, and invented many of the tools and techniques that are used by chemists today. (동사의 시제: 과거시제)

3 부정사와 부정사

일반적으로 부정사를 나열하는 경우에는 뒤에 열거되는 부정사의 to를 생략할 수 있다.

- Data tables or graphs are used to organize and display information for analysis.

- The chief objectives of the Federation of Teachers are to promote professionalism and secure appropriate wages.

- Critical thinkers are able to identify main issues, (to) recognize underlying assumptions, and (to) evaluate evidence.

4 동명사와 동명사

동명사를 나열하는 경우 명사와 혼용해서 쓰지 않도록 주의한다.

- Accounting is the process of identifying, measuring, and communicating economic information to permit users of the information to make informed judgments. (○)

Accounting is the process of identifying, measurement, and communicating economic information to permit users of the information to make informed judgments. (✕) (동명사를 나열하면서 중간에 명사 measurement가 올 수 없음)

5 형용사와 형용사

1 형용사는 비교급과 최상급으로 사용하는 경우에 주의해서 써야 한다.

- Golden retrievers are an intelligent and friendly dog.
- Proverbs are often homely, witty, and brief statements of general truth and wisdom.
- The city of Toronto has one of the world's safest, clean, and most efficient subway systems. (✕) (형용사의 최상급을 나열하면서 중간에 원급 clean이 올 수 없음. clean → cleanest)

2 형용사가 명사를 수식하는 경우 and를 사용하지 않고 콤마만으로 나열할 수도 있다.

- Knowledge gained from books is important for a happy, effective, successful life.

6 부사(구)와 부사(구)

부사뿐만 아니라 전치사구, 부사절을 각각 대등하게 나열해 줄 수 있다.

- Bell flowers bloom in the spring in shady fields and on hills.
- It is possible to control model airplanes by pulling control wires or with radio transmitters.

Check-Up Test 1 ▶ **병렬구조를 이용하여 다음을 영작하시오.**

1. 자동차, 가정 난방, 그리고 다른 산업활동은 공기에 오염물질을 배출한다.
   → _____

2. 규칙적인 운동은 스트레스를 풀어주고 전반적으로 건강을 향상시킨다.
   → _____

3. 상담가들은 사람들이 그들의 문제를 파악하고 해결책을 찾도록 도와준다.
   → _____

4. 사람들은 그 사회의 다양한 행동을 보고 모방함으로써 하나의 문화를 익힌다.
   → _____

5. 청년 실업은 개인적, 지역적, 국가적 차원에서 경제적 충격을 초래한다.
   → _____

6. 기숙사는 학교 부지 위나 캠퍼스 근처에 세워진다.
   → _____

C 등위 상관접속사

등위접속사는 특정한 어구와 상관적으로 쓰일 수 있다. 이 경우 호응관계, 병렬관계, 수의 일치, 그리고 도치에 유의하도록 한다.

호응관계 Paired Expression	both A and B (and를 also로 대치 불가) not A but B (but을 however로 대치 불가)
병렬관계 Parallelism	A = B (동일한 품사로 연결)
수의 일치 Agreement	both A and B (주어 복수동사) either A or B (주어 동사의 수를 B에 맞춤) every A, B, and C (주어 단수동사)
도치 Inversion	Not only + 조동사 + S + V ~, but (also) Neither + 조동사 + S + V ~, nor + 조동사 + S + V ~

 both A and B

A와 B 모두를 언급하는 경우에 쓰이며 both는 생략 가능하다. 주어로 쓰인 경우 반드시 복수동사가 와야 한다.

- Comedy can be both critical and playful. (형용사와 형용사를 연결)
- Amphibians live both on land and in water. (부사구와 부사구를 연결)

 either A or B

A와 B 중에서 어느 하나를 언급하며 either는 생략 가능하다. 주어로 쓰인 경우 단수가 아니라 B에 따라 동사의 수가 결정된다는 사실에 유의해야 한다.

- Most of the ground in cities is covered with either concrete or asphalt.
- Mechanics is the study of the effects of forces on bodies either at rest or in motion.
- Throughout their history Europeans could only get rich at the expense of their human beings, either by conquering them or by exploiting their labor in factories.

 neither A nor B

내용상 A도 아니고 B도 아닌 경우에 사용하며 특히 뒤에 or가 아닌 nor가 사용된다는 점에 주의해야 한다. 주어로 쓰이는 경우 B에 따라 동사의 수가 결정된다.

- Many artificial gems are neither rare nor valuable.
- Despite its reputation, stress itself is neither bad nor good.

not only A but also B

'A뿐만 아니라 B도'의 뜻. also는 생략 가능하며 주어로 쓰이는 경우 B에 따라 동사의 수가 결정된다.

- A continent is distinguished from an island or peninsula not only by greater size but also by geological structure.

- Not only can walking fish live out of water, but they can also travel short distances over land. (not only가 문두에 쓰이는 경우 도치구문으로 쓰임)

 not A but B

'A가 아니라 B'를 강조하고자 하는 경우에 사용된다. 이때, but 자리에 부사 however가 올 수 없다는 점에 주의해야 한다. B, not A로 문장 전환할 수 있다.

- The Rocky Mountain goat is not a true goat but a goat antelope.
  = The Rocky Mountain goat is a goat antelope, not a true goat.

- The Expressionistic artist was concerned not with the reality of the subject matter but with its inner nature and the emotions that it aroused.

 A as well as B

'B뿐만 아니라 A'를 강조하는 경우에 사용되며, 주어로 쓰이는 경우는 앞에 나온 명사 A에 따라 동사의 수가 결정된다. as well로 잘못 사용하지 않도록 주의해야 한다.

- Saul Bellow, a Jewish American writer, was interested in psychology as well as in fiction.

- Smoking is usually intended to flavor food as well as to preserve it.

Check-Up Test 2 ▶ **다음을 영작하시오.**

1. 전기와 역사는 둘 다 과거와 관련되어 있다.

　→ _____

2. 과학기술은 사람들이 그것을 어떻게 사용하느냐에 따라 좋을 수도 나쁠 수도 있다.

　→ _____

3. 캠퍼스에 사는 학생들은 등하교에 더 적은 시간을 보낼 뿐 아니라 가까운 거리 덕택에 비용을 절감할 수 있다.

　→ _____

4. 가르치는 일은 윤리적이어야 하며 돈에 좌우되어서는 안 된다.

　→ _____

5. 기숙사에 사는 것은 경제적일 뿐만 아니라 교육적이기도 하다.

　→ _____

Grammar Practice 문법 사항 복습하기

A 괄호 안의 표현 중 알맞은 것을 고르시오.

1. Some bacteria cause disease, (and, but) many others are helpful.

2. Forests are where trees grow all year long or (alternate, alternates) between periods of growth and rest.

3. Many solar engines are based on the fact that metals and most liquids expand when heated, and (contract, contracts) when cooling off.

4. Without medication, biofeedback cures headaches, steadies heart rates, (low, lowers) blood pressure, and relaxes muscles.

5. Many kinds of fish live in ocean waters that are neither very warm (or, nor) very cold.

6. Symbols are more difficult to describe than either signals (and, or) signs because of their intricate relationship with the receiver's cultural perceptions.

B 다음 문장에서 잘못된 부분이 있으면 옳게 고치시오.

1. Many health care professionals work weekends, evenings, or it is late-night shifts.

2. The term technology includes primitive tools as well highly advanced ones.

3. The stars we see at night actually vary in size, temperature, color, bright, and mass.

4. The size, shape, or hardness of a substance's particles determine its characteristics as an abrasive.

5. Neither can doctors with white gowns ignore patients, nor policemen can in uniform ignore crimes.

6. The question is not about why to do it however about how to do it.

Sentence Writing Practice

A 다음 문장을 완성하시오.

1. 그녀는 우리를 도와주러 온 것이 아니라 방해하러 여기에 왔다.

   → She came here, _____ to help us, _____ to hinder us.

2. 강과 바다 모두 중요한 수자원이다.

   → _____ rivers _____ seas are important water resources.

3. 나는 공연장에 가는 것뿐만 아니라 TV를 보는 것도 좋아한다.

   → I like watching TV _____ attending live performances.

4. 그 사고 때문에 모든 사람들이 죽거나 다치거나 둘 중 하나였다.

   → Everyone was _____ dead _____ wounded because of the accident.

5. 그녀는 술도 마시지 않고 담배도 피우지 않는다.

   → She _____ drinks _____ smokes.

6. 나는 아직 차를 살지 여행을 갈지 결정하지 못했다.

   → I didn't decide whether to buy a car _____ go on a vacation.

7. 그녀는 그가 부자라서가 아니라 그를 사랑했기 때문에 결혼했다.

   → She married him, _____ because he was rich, _____ because she loved him.

8. 서둘러야 한다. 그렇지 않으면 너는 시간에 맞게 도착하지 못할 것이다.

   → You must hurry up; _____, you will not arrive on time.

B   다음을 영작하시오.

1. 그는 수학뿐만 아니라 물리학에도 관심이 있다. (물리학: physics)

→ _____

2. 그는 가사를 쓸 뿐만 아니라 작곡도 한다. (가사: lyrics)

→ _____

3. 그녀는 영화보기, 쇼핑하기, 그리고 춤추기를 즐긴다.

→ _____

4. 내 디지털 카메라는 소중한 기억을 간직하게 할 뿐 아니라 친구들과 사진을 공유할 수 있게 해 준다.
(〜로 하여금 …할 수 있게 해주다: allow O to V / 간직하다: keep / 공유하다: share)

→ _____

5. 규칙적인 운동은 신체뿐 아니라 정서적으로도 건강에 필수적이다. (〜에 필수적이다: be essential to)

→ _____

6. 상사나 부하직원 둘 다 무엇이 잘못 되어가고 있는지 파악하지 못하고 있다.

→ _____

7. 그 회사 직원들은 자료를 모으고 결과를 분석하고 사업을 계획하는 일들을 취급한다.
(직원들: staff / 분석하다: analyze)

→ _____

8. 대학교육은 직업뿐만 아니라 인생을 위한 준비이다.

→ _____

9. 청소년들은 상품이 필요해서가 아니라 광고에 나오는 스타들과 동화되고 싶기 때문에 제품을 구입하는 경향이 있다.

→ _____

_____

10. 학창시절 동안에 직업을 갖는 것은 학생들의 책임감을 증가시키는 데 도움을 줄 뿐만 아니라 그들에게 돈의 중요성을 배울 수 있는 좋은 기회를 제공한다.

→ _____

_____

실전 Essay Practice

■ 아래 독립형 과제의 토픽을 읽고 에세이를 작성하기 위한 영작을 완성하시오.

> Some people believe that students should be given one long vacation each year. Others believe that students should have several short vacations throughout the year. Which viewpoint do you agree with? Use specific reasons and examples to support your choice.

A 서론 문장을 영작하시오.

Learning school subjects could be stressful for students. Thus, vacations are a necessity from a pedagogical point of view. **1** _____

_____ because

2 _____

_____ .

1 한 번의 장기 방학과 여러 번의 단기 방학을 비교하면 전자가 학생들에게 더욱 바람직하다고 생각한다.
2 그것은 학생들로 하여금 시야를 넓게 해주고 다음 학기를 준비하도록 도와준다.

B 본론 문장을 영작하시오.

Above all, **1** _____

_____ .

While traveling abroad, they have a great chance to contact various cultures, meet people with a different way of thinking, and learn foreign languages. What is more,

2 _____

_____ . As far as I am concerned, when I was an undergraduate student, I visited several foreign countries including China and Japan with my friends or alone during every summer vacation. **3** _____

and develop a new awareness of our history. In this regard, taking a trip during a long break still has affected my study and way of thinking in a quite positive way.

1 장기 방학 동안 학생들은 세상에 대한 시야를 넓히기 위해 해외여행을 떠날 수 있다.
2 학생들은 학업과 관련된 다양한 경험을 할 수 있으며 더 넓은 세상을 보는 열린 마음을 갖게 된다.
3 그러한 경험은 동아시아 역사에 대한 이해를 깊이 있게 만들어 주었다.

Moreover, having one long vacation allows students to prepare for their upcoming semester. **4** _____
_____. During the school year,
5 _____
_____. For this reason, a long vacation offers a practical solution to students' economic burden. On the other hand, it would be almost impossible to earn enough money to financially support their school lives during short vacations. Besides, it is far better for students to mentally prepare for school.
6 _____
_____. Hence, preparation is essential in achieving any goal, and it requires time.

4 일부 학생들은 생활비뿐만 아니라 등록금이나 교재비를 지불하기 위한 돈을 벌어야 한다.
5 학생들은 학업에 매달리므로 풀타임 일자리(a full-time job)를 찾기 힘들다.
6 좋은 학점을 받기 위한 부담(pressure)이 너무 커서 학생들은 두뇌에 휴식을 줄 충분한 시간이 필요하다.

C 결론 문장을 영작하시오.

In conclusion, I would strongly argue that a long vacation is valuable and necessary for students. This is because they can experience other cultures and prepare for their next semester. Therefore, **1** _____
_____.

1 학생들이 장기 방학 동안 좀더 나은 미래를 준비하는 것이 실질적으로 중요한 일이다.

Tips for Academic WRITING

문장부호(콤마)를 익혀라. Learn how to punctuate (comma).

comma(,)는 단어, 구 또는 문장을 연결하는 경우에 사용하는 것이 원칙이다.

* The sea around Antarctica is home to dolphins, whales, and other sea creatures.
* We left home in plenty of time, but we still missed the first train.

종속접속사가 문장 앞에 쓰인 경우는 종속절이 끝나는 지점에서 쉼표를 사용한다. 그러나 문장 뒤에 쓰인 경우에는 쉼표가 필요하지 않다.

* After James broke his leg, he never played tennis again.
* James never played tennis again after he broke his leg.

Unit 18 형용사와 부사

A 형용사의 위치

형용사의 위치	핵심 체크
명사의 앞	upper, lower, inner, outer, wooden, woolen, golden, major, minor + N (명사 앞에만 쓰임)
연결동사의 뒤	V2 + C (Adj)
명사/동사 뒤	a−로 시작하는 형용사는 명사(동사) 뒤에서 수식
	형용사가 부정사, that절, 전치사와 결합하는 경우 명사 뒤에서 수식
	나이, 거리 등은 관용적으로 명사 뒤에서 수식 ten years old (= of age) / ten miles long (= in length)

1 명사의 앞

1 형용사는 명사 앞에서 수식해 주는 역할을 한다.

- Jupiter's rapid <u>rotation</u> makes it bulge at the equator and flatten at the poles.
- The outer part of the core of the Earth is liquid, while the inner part is solid.
- Farming as an industry ranks with manufacturing, construction, transportation, and the service industries as a major <u>component</u> of the economy in highly developed <u>countries</u>.

2 형용사가 명사를 수식해 주는 경우 콤마로 연결할 수 있다.

- A mild, moist <u>climate</u> makes Washington excellent for dairy farming.
- Amber is a hard, yellowish-brown <u>substance</u> formed from the resin of pine trees.

2 연결동사의 뒤

주어와 보어를 연결해 주는 연결동사(be, become, get, grow, remain, stay, appear, look, taste, smell) 뒤에 형용사가 올 수 있다.

- Spiders <u>are</u> helpful to people because they eat harmful insects.
- Deep in the Earth, pressures <u>are</u> so great that minerals can be compressed into dense forms.
- Eagles <u>look</u> fierce, and they sometimes soar gracefully high in the air.
- Like human beings, dogs need exercise to <u>remain</u> physically fit and mentally healthy. (remain 동사 뒤에서 부사 physically는 형용사 fit을 수식)
- Although a cloud may <u>appear</u> weightless, even a small cloud actually may contain millions of kilograms of matter.

3 명사 혹은 동사의 뒤

1 a-로 시작하는 형용사(afraid, alike, alive, alone, asleep, awake 등)는 명사 앞에 쓸 수 없고 반드시 명사나 동사 뒤에 써야 한다.

- If I drink coffee late in the day, I often <u>stay</u> awake all night.
- Architecture and furniture making <u>are</u> alike since they combine beauty and functionality into one. (alike는 형용사, like는 전치사와 동사로 쓰임)

2 형용사가 to부정사구, 전치사구, that절과 함께 오는 경우 반드시 명사나 동사 뒤에 써야 한다.

- Those people, (who are) afraid <u>that</u> they would risk what they have, can hardly succeed in life. (형용사가 that절과 결합)
- John has earned all the money (which is) necessary <u>to buy</u> the computer. (형용사가 to부정사와 결합)
- Army ants are ferocious fighters (which are) capable <u>of</u> killing and eating larger yet slower animals. (형용사가 전치사구와 결합)
- Most of Florida has a warm, humid climate (which is) similar <u>to</u> that of the other southern states. (형용사가 전치사구와 결합)

3 숫자, 단위를 표시하는 경우 형용사가 명사 뒤에 위치한다.

- Jennifer is ten <u>years</u> old.
- Peter is seven <u>feet</u> tall.
- The Atlantic coastline of the United States is about 400 <u>miles</u> longer than the Gulf coastline.

B 부사의 위치

부사의 위치	핵심 체크
자동사 (V1) + 부사	자동사(V2) + 형용사와 비교
부사 + 타동사 (V3) + 목적어 + 부사	타동사(V3) + 부사 + 목적어 (×)
be동사 + 부사 + 주격보어	John was probably a criminal.
빈도부사: be동사, 조동사 뒤 / 일반동사 앞	have + 부사 + p.p. / be + 부사 + p.p.
부사 + (형용사 / 현재분사 / 과거분사)	poorly known / naturally occurring
부사 + (부사 / 전치사구 / 부사절)	long before, far beyond, immediately after

 자동사의 뒤

자동사를 수식하는 양태 부사는 주로 동사의 뒤에 위치한다.

- Many acids <u>occur</u> naturally and some are essential for life.
- The number of rabbits <u>increased</u> significantly in the eighteenth century.

 〈타동사 + 목적어〉의 앞뒤

타동사와 목적어 사이에는 부사가 올 수 없다. 동사의 앞 혹은 목적어의 뒤에 위치한다.

- Many scientific facilities contain laboratories that have precisely <u>controlled temperatures</u>.
- Some people have <u>tried to raise spiders</u> commercially in order to harvest the silk the spiders produce. (raise와 spiders 사이에는 commercially가 올 수 없음)

Check-Up Test 1 ▶ **형용사를 이용하여 다음을 영작하시오.**

1. 최근 연구는 음악 수업을 정식으로 받은 어린이가 수학을 더 잘한다는 것을 보여준다.
   → _____

2. 졸업 후에 좋은 일자리를 얻는 것이 갈수록 어려워지고 있다.
   → _____

3. 사소한 물건일지라도 그것을 받는 사람에게는 전혀 다른 의미가 될 수 있다.
   → _____

4. 직업이 한 사람의 삶에 영향을 끼치는 방법은 아주 다양하다.
   → _____

5. <u>스포츠는</u> 전세계의 사람들에게 오락을 제공한다.
   → _____

be동사 + 부사 + 보어

be동사와 주격보어 사이에 부사가 온다.

- While Ralph Earl <u>was</u> still <u>a prisoner</u>, he painted portraits of New York's most elegant figures.
- The period <u>is</u> probably <u>the easiest punctuation mark</u> to use.
  (be동사와 주격보어 사이이므로 형용사 probable로 올 수 없음)

 빈도부사(always, often, sometimes, seldom, rarely, hardly, never 등)

빈도부사는 be동사와 조동사 뒤, 그리고 일반동사 앞에 위치한다.

- Alcoholism sometimes <u>results</u> from an emotional problem.
- The origins of psychology <u>are</u> often <u>traced</u> to the ancient Greek philosopher Aristotle.

5 **부사 + 형용사 상당어구(형용사 / 현재분사 / 과거분사)**

1 정도부사는 형용사 앞에서 수식 가능하다.

- Birds have relatively <u>large</u> eyes.
- Rain forests are the world's most biologically <u>diverse</u> ecosystems.

2 현재분사가 능동의 의미로 명사를 수식하는 경우 부사가 수식해 줄 수 있다.

- Only four of all the naturally <u>occurring</u> elements in the periodic table are ferromagnetic.
- The principles of perspective were not discovered by scientists, but by artists who were passionately <u>searching</u> for more realistic ways to represent their world.

3 과거분사가 수동의 의미로 명사를 수식하는 경우 부사가 수식해 줄 수 있다.

- Generally, the world's most heavily <u>populated</u> areas receive enough rain for their needs.
- Fossils in recently <u>formed</u> layers of rock include both complex and simple forms of life. 7 The Native Americans of northern California were highly <u>skilled</u> at basketry.

부사 + 부사 상당어구(부사 / 전치사구 / 부사절)

1 일반적으로 부사가 수식을 받는 부사의 정도를 표시해 주는 경우가 많다.

- Since the end of World War II, the cost of living has increased fairly steadily.
- When a planet is close to its star, it moves relatively rapidly in its orbit.

2 전치사구 바로 앞에서 부사가 수식해 줄 수 있다.

- Some games rely mainly on skill and practice while others primarily involve luck.
- Desert creatures derive water directly from plants such as cacti.
- The color of hair is determined largely by the amount and distribution of a brown-black pigment called melanin.

3 부사절 접속사 앞에 부사를 써서 내용상 수식이 가능하다. 이때 어순에 주의해야 한다.

- John canceled the trip just because he could not afford it.
- Cree people lived on the North Saskatchewan River long before the Hudson's Bay Company built a fur trading post there.

4 to부정사가 부사적 용법으로 쓰인 경우 부사 수식이 가능하다.

- People wear glasses primarily to correct faulty vision.

Check-Up Test 2 ▶ **부사를 이용하여 다음을 영작하시오.**

1. 일부 문화권에서는 아이를 키우는 것이 단순히 여성의 의무이다.
   → _____

2. 더 많은 졸업장이 항상 더 많은 소득을 의미하는 것은 아니다.
   → _____

3. 지하철 이용의 또 다른 이점은 상대적으로 저렴하다는 점이다.
   → _____

4. 선생님께서 나에게 수업이 끝난 직후 들렀다 가라고 하셨다.
   → _____

5. 오늘날 사람들은 주로 니코틴에 대한 갈증을 해소하기 위해 흡연한다.
   → _____

Grammar Practice

A 괄호 안의 표현 중 알맞은 단어를 고르시오.

1. Moving air can turn windmills and blow (large, largely) sailboats across the ocean.

2. Most fish swim by bending their (powerful, powerfully), muscular tail from side to side.

3. In 1875 the American philosopher William James founded what was (probable, probably) the world's first psychology laboratory.

4. Proper eating habits are extremely (essential, essentially) to a child's growth.

5. The United States Constitution requires that the President be a natural-born citizen, more than thirty-five (old years, years old).

6. Even though the ancestors of the sloth were as (large, largely) as elephants, the modern animal is seldom more than two feet long.

B 다음 문장에서 잘못된 부분이 있으면 옳게 고치시오.

1. Susan thought that she did good in her interview.

2. Charcoal is the most common used cooking fuel in the world.

3. Species is the most basic unit of classification for alive things.

4. Financial institutions had been located mainly in Boston, but the center was rapid shifting to New York around the time of the American Civil War.

5. The Moon's crust averages sixty-eight kilometers thickness and varies from zero to more than one hundred kilometers.

6. Most of the high school students in Korea desperate study to pass the university entrance exam.

Sentence Writing Practice 영어 문장 만들기

A 다음 문장을 완성하시오.

1. 이 오렌지는 맛이 달다.

   → This orange tastes _____.

2. 그 엔진은 전보다 더 부드럽게 움직인다.

   → The engine runs more _____ than before.

3. 그는 샤워할 때 언제나 노래를 한다.

   → He _____ sings while he is taking a shower.

4. 그녀는 친절해서 그 일을 떠맡았다.

   → She was _____ enough to take on the job.

5. 아침에 일찍 일어나는 것은 상쾌한 기분이 들게 한다.

   → Waking up _____ makes me feel fresh.

6. 불편한 사항이 있으면 저에게 즉시 알리십시오.

   → If there is any inconvenience, please let me know it _____.

7. 내 남편은 작년 크리스마스에 내가 정말로 갖고 싶었던 그 호화스러운 가방을 사 주었다.

   → My husband bought me the _____ bag last Christmas which I really wanted.

8. 고고학에 관한 새 영화는 사람들이 언제나 박물관에 오도록 더욱 부추겼다.

   → The new film about archaeology incited people to visit museums _____.

B 다음을 영작하시오.

1. 교복을 입는 것은 학생들이 그들에게 금지된 행동을 하는 것을 막아 준다. (교복: school unifroms)

   → _____

2. 한국 사람들은 개가 충직하다고 생각한다.

   → _____

3. 많은 교사들이 성적이 낮은 학생을 무능력하다고 여긴다. (무능력한: incompetent)

   → _____

4. 할아버지는 돌아가시기 전에 오래된 그림 하나를 나에게 주셨다. (죽다: pass away)

   → _____

5. 나는 재활용하는 것이 매우 유용한 일이라고 생각한다. (재활용: recycling)

   → _____

6. 내 사촌이 나에게 결혼선물로 실용적인 냄비를 사 주었다. (실용적인: practical)

   → _____

7. 미국 사람들은 개성을 중요하게 생각한다. (개성: individuality)

   → _____

8. 영화등급제도는 부모에 의해 감독되지 않는 어린이들이 성인 만화를 보는 것을 막을 수는 없다.
   (영화등급제도: the movie rating system)

   → _____

9. 직접 공연장에 가는 것은 사람들로 하여금 텔레비전에서는 느낄 수 없는 생생한 분위기를 경험하게 해 준다.
   (생생한: vivid / 분위기: atmosphere)

   → _____

   _____

10. 인터넷의 사용은 사람들이 전 세계의 사람들과 정보를 쉽게 공유할 수 있게 해 준다.

   → _____

   _____

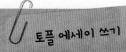

■ 아래 통합형 과제의 에세이를 작성하기 위한 영작을 완성하시오.

A 서론 문장을 영작하시오.

In the lecture, the speaker **1** _____,
which was advocated in the reading.

1 인터넷의 장점에 대해 회의를 표한다

B 본론 문장을 영작하시오.

Above all, the lecture indicates that **1** _____.
The reading passage promotes the idea that **2** _____
_____. However, the lecturer argues that
voice functions and web-cams cannot replace face-to-face social interaction or the
pleasure of receiving handwritten letters. Thus, there still remains a lack of personal
touch in Internet technology. Moreover, the lecturer does not completely agree
with the idea that the Internet provides a great deal of useful information. While
the reading passage mentions that Internet users spend less time getting access to
updated information for study, the lecturer indicates that **3** _____
_____. Hence,
4 _____
_____ in order to protect an increasing number of Internet users from them.

1 인터넷 기술에 기초한 소통은 상당히 단조롭고(dry) 비인간적이다.
2 인터넷은 전세계적으로 인간관계를 향상시켜 왔다.
3 성적인 자료들과 범죄를 포함하는, 인터넷 남용으로 야기되는 심각한 문제들이 있다.
4 인터넷과 관련된 사회문제를 예방하는 것이 더 시급하다.

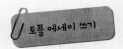

C 결론 문장을 영작하시오.

In short, the reading passage is quite optimistic about the Internet, but **1** _____

_____ .

1 강사는 이러한 자유와 관련된 심각한 결과가 있음을 경고한다.

문장부호(인용부호)를 익혀라. Learn how to punctuate (quotation mark).

인용부호(" ")는 직접화법에서 사용한다.

• Jorge said, "I have already finished my homework."

시, 소설, 노래, 기사 등의 일부를 인용하는 경우에도 인용부호를 사용한다.

• My favorite song is "Imagine" by John Lennon.

Unit 19 비교급과 비교구문

A 비교구문

원급과 비교급은 비교 대상이 둘 이상일 때 사용하며 원급은 as ~ as, 비교급은 형용사와 부사의 비교급과 than의 구조가 와야 한다. 최상급은 비교 대상이 셋 이상일 때 사용하며 범위를 제한해 주는 한정어구가 필요하다.

비교구문	핵심 체크
원급	as Adj / Adv as 부정문에서는 so Adj / Adv as를 사용할 수도 있다.
비교급	(more) Adj / Adv -er than 형용사가 2음절 이상인 경우 more를 사용한다. ly로 끝난 부사는 음절 수에 관계 없이 more 혹은 most를 사용한다.
최상급	한정어구 사용 of (all) + 복수명사 / among + 복수명사 / in + 장소명사

 원급

1 원급 문장은 형용사와 부사의 원급 앞에 as가 오며 주절이 끝나고 나서 부사절 접속사 as가 필요하다. 이때 주절과 종속절에서 중복된 어구는 생략할 수 있다.

- Swimming is as efficient to keep one's health as jogging (is efficient to keep one's health). (→ 괄호 안의 중복되는 부분은 생략 가능)
- A good supervisor only manages an employee as much as necessary.
- The Korean economy depends as heavily on oil imported from the Middle East as the Japanese economy does.

2 부정문에서는 so ~ as의 표현도 가능하다.

- Sherman's victory was not so complete as it seemed.
- orchestra, bass drums are not so prevalent as kettle drums (are).

2 비교급

비교급 문장은 형용사와 부사의 비교급을 쓰며 주절이 끝나고 나서 부사절 접속사 than이 필요하다. 이때 주절과 종속절에서 중복된 어구는 생략할 수 있다.

- A sidereal day is shorter than a solar day.
- Steve made a greater contribution to my research than Jennifer did.
- Many farmers now drive much farther than they once did to sell their grain.

3 최상급

1 비교 대상이 셋 이상일 때 쓰는 최상급은 한정어구가 필요하며 of 혹은 in의 전치사구가 자주 사용된다. 관계대명사는 주로 that절이 수식해 주며 to부정사가 뒤에서 수식해 주는 경우도 많다. 이때 중복되는 어구는 생략할 수 있다.

- The Siberian tiger is the fiercest (cat) of the world's big cats.
- The tiniest bird in the world is the male bee hummingbird.
- The blue whale, the largest animal that has ever lived, is a mammal.
- The most prominent American artistic style to follow abstract expressionism was the pop art movement.

2 최상급 형태 이외에 의미상 최상의 의미를 전달하기 위해 원급과 비교급 문장을 부정 주어로 시작하거나 비교급 문장 뒤에 any other를 써서 작성할 수 있다. 따라서 부정 주어 뒤에 원급이나 비교급을 쓰는 경우 내용상 최상급으로 이해하면 된다.

- Few substances are as unstable as fluorine.
- No other form of exercise uses so many muscles in the body more fully than swimming.
- More racial debates occur in the United States than in any other country in the world. (any other 뒤에는 항상 단수명사가 와야 함)
- Hawaii produces more canned pineapples than any other area in the world.

1 비교급 강조: much, still, even, far, a lot (훨씬) / slightly, a little, more or less (다소)

비교 형태 앞에 정도를 강조하는 부사를 사용할 수 있다. very는 비교급을 강조할 수 없다.

- The speed of sound is much slower than the speed of light.
- During a depression, economic conditions are far worse than they are during a recession.
- The roots of the rutabaga are slightly larger than those of white turnips.
- The coyote is somewhat smaller in size than a timber wolf.

2 배수 표현: 숫자 (twice, two-thirds, ten percent) as ~ as / 비교급 ~ than

원급과 비교급 바로 앞에 숫자(분수 포함)를 사용하여 배수를 표현할 수 있다.

- A commodity costs twice as much in 1970 as it did in 1960.
- Venus is thirty percent closer to the Sun than the Earth.
- The largest known galaxy has about 13 times as many stars as the Milky Way.

Check-Up Test 1 ▷ 비교급 구문을 이용하여 다음을 영작하시오.

1. 도자기의 발명은 중국 역사만큼 한국 역사에도 속한다. (원급)

   → _____

2. 일본 학생들은 한국 학생들보다 토플 시험이 더 어렵다고 생각한다. (비교급)

   → _____

3. 한국 국가 대표 축구팀 응원단은 세계에서 가장 열정적인 팬인 것 같다. (최상급)

   → _____

4. 블랙홀은 우주에서 다른 어떤 물체보다도 관찰하기가 더 어렵다. (비교급)

   → _____

숫자 수식

1 비교급의 형태로 숫자를 수식하는 관용적인 표현도 있다. : more than(~이상) / less than(~이하) / at least(적어도) / at most(기껏해야)

- Farmers grow rice in more than 100 countries.
- In 1889 Mary Elizabeth Brown donated her collection of as many as two hundred musical instruments to the Metropolitan Museum of Art.
- It will take at least six months to rebuild the museum.

2 숫자를 수식하는 부사(구).

- It takes nearly thirty years for the planet Saturn to complete one orbit. (거의)
- A sea otter can weigh up to eighty pounds. (~까지)

 비교급의 부정: 일반적으로 〈no + 비교급〉

- This bed sheet is no cleaner than that one.
- We need no further information about the region.
- Carrying mobile phones is no longer considered luxurious.

5 **The 비교급 + S + V, the + 비교급 + S + V (~하면 할수록, 점점 더 …하다)**

- The lower the stock market falls, the higher the price of gold rises.
- The more hardship people face, the more sympathetic they tend to be to others.
- The more expensive house a person buys, the more tax he should pay.
- The higher an animal's position in the evolutionary chain, the more complex its sense organ.

Check-Up Test 2 ▶ 비교급 구문을 이용하여 다음을 영작하시오.

1. 담배를 피우며 술을 마시는 것은 개별적으로 담배만 피우거나 술만 마시는 것보다 10배 더 해롭다.

   → _____

2. 물체가 무거우면 무거울수록 더욱 빨리 떨어진다.

   → _____

3. TV를 보는 데 더 많은 시간을 보낼수록 가족과 함께 보내는 시간이 줄어든다.

   → _____

A 괄호 안의 표현 중 알맞은 것을 고르시오.

1. No modern reptiles grow (as large, larger) than the biggest dinosaurs.

2. When water freezes into ice, it becomes (much, more) slippery than almost any other solid substance.

3. Prior to the introduction of giant tilling and sowing machinery, wheat did not grow as (prolific, prolifically) as it does today.

4. Saturn gives off (near, nearly) 2 and 1/2 times as much heat as it receives from the sun.

5. This desert (covers, is covered) about ten thousand acres of land.

6. In their research, psychologists use much the same approach (than, as) other scientists do.

B 다음 문장에서 잘못된 부분이 있으면 옳게 고치시오.

1. It is more difficult to write a sonnet than other any kind of poem.

2. Red pandas are more likely than giant pandas eating foods other than bamboo, such as fruits and berries.

3. At less twenty percent of the population lived at the poverty level or below in the 1800s.

4. The stronger the coffee is, the bitterest it tastes.

5. The size of England is twice as large as it of South Korea.

6. The cake was much delicious than I expected.

Sentence Writing Practice

A 다음 문장을 완성하시오.

1. John은 그 계약서를 Jane보다 더 주의깊게 훑어보았다.

   → John looked over the contract _____.

2. Tom은 모르는 사람들을 그의 여동생보다 더 친절하게 대한다.

   → Tom treats people he does not know _____.

3. 규칙적으로 먹는 것은 규칙적으로 운동하는 것만큼 건강에 효과적이다.

   → Eating regularly is as efficient to stay healthy as _____.

4. 일본 학생들은 한국 학생들보다 TOEFL Writing을 더 어렵게 여긴다.

   → Japanese students find TOEFL writing _____ than Korean students.

5. 사람들은 걸을 때보다 뛸 때 더 많은 에너지를 소모한다.

   → People use more energy when they run _____.

6. 그 의사는 올해 작년에 번 것보다 3배 더 많은 돈을 벌었다.

   → The doctor has earned _____ as he did last year.

7. 사람들은 더 많이 가질수록 더 많은 것을 원한다.

   → _____ people have, _____ they want.

8. 건강을 지키기 위한 가장 효과적인 방법은 끼니를 거르지 않는 것이다.

   → _____ is not to skip meals.

B 다음을 영작하시오.

1. 한국 학생들은 일본 학생들만큼이나 열심히 공부한다. (열심히: hard)

   → _____

2. 혼자서 시간을 보내는 것은 다른 사람들과 함께 시간을 보내는 것보다 훨씬 유익하다.
   (시간을 보내다: spend time / 유익한: beneficial)

   → _____

3. 한 사람의 유년기는 그 사람의 인생에 있어서 가장 중요하다. (유년기: childhood)

   → _____

4. 쌀은 우리나라에서 가장 중요한 식물 중 하나다. (식물: plant)

   → _____

5. 혼자 여행을 하는 것이 여러 친구와 여행하는 것보다 비용이 더 든다. (비용이 들다: cost)

   → _____

6. 이 영화는 내가 지금까지 본 것 중에서 가장 감동적이다. (감동적인: impressive)

   → _____

7. 사람들이 자신에 대해서 알면 알수록 더 만족스러운 직업을 가질 수 있다. (만족스러운: satisfying)

   → _____

8. 인터넷에 접근하기가 더욱 쉬워짐에 따라서 사생활 침해 문제가 더욱 심각해지고 있다.
   (접근하다: access / 사생활 침해: privacy invasion / 심각한: serious)

   → _____

9. 학생들은 혼자서 공부할 때보다 같은 목표를 갖고 있는 다른 학생들과 함께 공부할 때 더 효율적으로
   목표를 이룰 수 있다. (목표: goals / 효율적으로: efficiently / 목표를 이루다: achieve goals)

   → _____

   _____

10. 아침을 거르는 사람들과 비교해 볼 때, 매일 아침식사를 하는 사람들은 일을 더 효과적으로 한다.
    (아침을 거르다: skip breakfast / ～과 비교해 볼 때: compared to/with + N)

    → _____

    _____

실전 Essay Practice 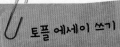토플 에세이 쓰기

■ 아래 통합형 과제의 에세이를 작성하기 위한 영작을 완성하시오.

A 서론 문장을 영작하시오.

In the lecture, the lecturer suggested alternatives to the problem that the reading passage brought up, which mentions that **1** _____
_____.

1 다양한 인간 활동이 심각한 사막화를 초래한다.

B 본론 문장을 영작하시오.

First of all, the lecturer suggested that **1** _____
_____.

Specifically, the reading passage mentioned that the most important cause of desertification is the loss of the power to stabilize soil, deriving from the extinction of native plants in arid area, and this is because people do not appreciate the food value of the plants. For this reason, the lecturer claimed that **2** _____
_____.

1 사막화 방지를 위해 가뭄을 견딜 수 있는 식용 식물을 재배하는 것이 효과적이다.
2 건조함을 견딜 수 있는 식용 식물이 사막의 확산을 막을 수 있는 자연방벽(a natural wall) 기능을 할 수 있다.

According to the reading passage, another reason for desertification lies in the fact that **3** _____.
However, the lecturer recommended that this could be solved by using existing water resources more effectively. Particularly, he said that water resource can be used more effectively by harvesting during seasonal rainwater or runoff and by developing more effective ways of irrigation. **4** _____
_____.

3 유목민의 지나친 방목으로 토양을 단단하게 하는 식물의 유실이 초래된다.
4 그는 목초지와 수자원(water resources)을 사용하는 방법에 관한 추가적인 연구가 매우 중요하다고 덧붙였다.

With respect to the suggestion of the reading that **desertification is accelerated by the local people's collection of fire wood,** the lecturer recommended that **5**_____

_____

_____.

5 관련 지역 정부는 건조한 지역에 사는 사람들에게 태양열 오븐과 같은 기본적인 생활에 필요한 연료 보급품을 제공해야 한다.

C 결론 문장을 영작하시오.

In short, **1**_____

_____.

1 강의는 사막화 문제에 대한 몇 가지 해결책을 제시하고 있다.

Unit 20 전치사

 in + century[decade / year / season / month / part of the day]

| in the 21C | in the 1970s | in 2002 | in the spring |
| in the morning | in the afternoon | in the evening | in May |

- In the autumn, the leaves fall from the trees.
- Napoleon was sent to the island of St. Helena in 1815 after he lost the battle of Waterloo.

2 **on + days of the week[dates]**

- I am supposed to start my new job on June 3.
- Gina often goes away on the weekend.

3 **at + time of day[night / noon]**

- I got up at 7 o'clock this morning.
- Peter likes to look at the stars in the sky at night.

 for: the period / since: the start point

- Food additives have been used for thousands of years.
- Since 1927, the Academy Awards have been given for outstanding contributions to the film industry.

 from (beginning time) to (ending time)

- The New Year is celebrated from midnight to January 1.
- Fifty-five delegates attended the Constitutional Convention in Philadelphia from May until September 1787.

장소적 의미로 주로 사용되는 전치사에는 in, on, at이 있다.

1 in + building[city / state / country / continent]

in Seoul	in California	in Canada	in Asia	in the Empire State Building

- Milan is in the north of Italy.
- I now live in Ilsan, a middle-sized city in Korea.

2 on + street[road / avenue / floor]

- My office is on the second floor.

3 at + address[beginning / end / top / bottom]

- My house is at the end of the street.

4 from (beginning) point to (ending point)

- For 15 miles, from Georgetown to the Great Falls of the Potomac River, stretch the historic Chesapeake and Ohio Canal.

Check-Up Test 1 ▶ 전치사구를 이용하여 다음을 영작하시오.

1. 우리는 21세기를 살고 있다.

   → _____

2. 나는 어제까지 어떠한 변화도 발견하지 못했다.

   → _____

3. 미국의 걸프전 참전에 반대하는 정서가 미국에서 꾸준히 증가하였다.

   → _____

동사와 전치사가 결합하는 경우 특히 전치사 to에 유의해야 한다. 왜냐하면 to부정사의 to가 아니기 때문에 to 뒤에 동사원형이 아닌 명사구 혹은 동명사가 오기 때문이다.

contribute to ~에 기여하다	account for ~을 설명하다	apologize for ~을 사과하다
object to ~에 반대하다	result from ~에서 비롯하다	consist of ~으로 구성되다
pay for ~에 대해 지불하다	rely on ~에 의존하다	depend on ~에 의존하다
deal with ~을 다루다	lead to ~을 초래하다	invest in ~에 투자하다
benefit from ~로부터 이득을 보다	differ from ~과 다르다	vary in ~ 면에서 다양하다
concentrate on ~에 집중하다	engage in ~에 종사하다	adjust to ~에 순응하다
insist on ~을 주장하다	compete with ~와 경쟁하다	belong to ~에 속하다
refer to ~을 언급하다	interfere with ~에 간섭하다	search for ~을 검색하다

- Weeds compete with crop plants for water, light, and nutrients.
- Poor air quality can contribute to the development of chronic respiratory diseases such as asthma. (to는 전치사임에 유의; to부정사가 아님)
- The construction of a new theater will lead to noise problems. (to는 전치사)
- Just like many other animals, the elephant relies a lot more on its sense of smell than on any other sense.

형용사와 전치사가 결합하여 명사를 뒤에서 수식하는 경우가 대부분이다. 명사를 수식하는 문장에서 적극 활용하도록 한다.

vulnerable to ~에 취약한	dependent on ~에 의존하는	independent of ~로부터 독립적인
familiar with ~와 친숙한	aware of ~을 알고 있는	close to ~에 가까운
responsible for ~에 책임있는	afraid of ~을 두려워하는	famous for ~로 유명한
equal to ~와 동등한	different from ~와 다른	contrary to ~에 상반되는
necessary for ~에 필요한	suitable for ~에 적절한	capable of ~할 수 있는
preferable to ~가 선호되는	bare of ~가 벗겨진	devoid of ~가 결핍된
replete with ~가 가득한	high[low] in ~가 높은[낮은]	

- Industrialization has been responsible for the most radical of the environmental changes caused by humans.
- Written to be performed on a stage bare of scenery, Thornton Wilder's play Our Town depicts life in a small New England community.
- Children easily view movies on television replete with sickening violence.

E 분사 + 전치사

주로 과거분사와 전치사가 결합되어 수동태 문장 구조로 쓰이는 경우이다.

divided into ~으로 나누어진	based on ~에 기초한	known for ~으로 알려진
accustomed to ~에 익숙한	composed of ~으로 구성된	made up of ~으로 구성된
related to ~에 연관된	suited for ~에 적합한	involved in ~에 연루된
prepared for ~에 준비된	surprised at ~에 놀란	satisfied with ~에 만족한
qualified for ~에 자질이 있는	used to ~에 익숙한	exposed to ~에 노출된
opposed to ~에 반대하는	credited with ~에 공로가 있는	converted into ~으로 개조된
connected with ~와 연결된	devoted to ~에 헌신적인	

- Water is composed of hydrogen and oxygen.
- Richard Tawney, a famous English politician, is known especially for his scholarly contributions to the field of English economic history.
- The philosophy of space and time is more intimately connected with physical theory than any other branch of philosophy.
- Martin Luther King was devoted to securing justice for the poor, disadvantaged, and racially oppressed.

F 명사 + 전치사

아래의 〈명사 + 전치사〉는 한국인들이 흔히 틀리기 쉬운 것들이다.

approach to (~에) 접근	association with (~와) 연관	demand for (~에 대한) 수요
rotation on (~를 기준으로) 회전	contribution to (~에) 기여	attention to (~에 대한) 관심
effect on (~에 대한) 영향	need for (~에 대한) 필요	expert on (~분야의) 전문가
possibility of (~의) 가능성	supply of (~의) 공급	interest in (~에 대한) 관심
cause of (~의) 원인	increase / rise in (~의) 증가	decline / drop in (~의) 감소
comment on (~에 대한) 평가	reliance on (~에) 의존	influence on (~에 대한) 영향
reason for (~에 대한) 원인	origin of (~의) 기원	cure for (~에 대한) 치료
experience with (~에 대한) 경험	familiarity with (~와) 친숙함	result of (~의) 결과
improvement in (~의) 향상	solution to (~에 대한) 해결	example of (~의) 사례
substitute for (~에 대한) 대체		

- My nephew Rob's gift will be a good example of why heartfelt gifts are remembered by the recipient.
- Because of its low cholesterol content, margarine is a widely used substitute for butter.
- Many doctors are devoted to the advancement of the cure for spinal cord paralysis.
- Aerobic exercise creates a demand for oxygen in the body without seriously disrupting normal body functions.

according to ~에 따르면	in addition to ~ 이외에	in response to ~에 대응하여
owing to ~ 때문에	in spite of ~에도 불구하고	prior to ~에 선행하여
on the basis of ~에 기초하여	as a result of ~의 결과로서	instead of ~ 대신에
regardless of ~에 상관없이	by means of ~에 의하여	in terms of ~라는 점에서
on behalf of ~을 대표하여	due to ~ 때문에	along with ~와 더불어
except for ~을 제외하고		

- According to some critics, the novels of William Burroughs demonstrate the major hazard of absurd literature.

- In addition to courses in their major field of study, most students have time to take elective courses.

- A fuel-injection engine employs injectors instead of a carburetor to spray fuel into the cylinder.

- Children, along with their parents, must create a balance between academics and athletics.

Check-Up Test 2 ▶ 전치사구를 이용하여 다음을 영작하시오.

1. 새해 첫날 한국 사람들은 서로에게 복을 빌어 준다.
   → _____

2. 내 이웃은 일산에 사는 것이 훨씬 건강에 좋다는 사실을 알게 될 것이다.
   → _____

3. 완전히 다른 배경 때문에 서로에게 맞추어 주는 일이 쉽지 않다.
   → _____

4. 체중 조절을 위해 나는 자연적으로 지방이 낮은 음식을 먹는 것을 규칙으로 삼는다.
   → _____

5. 대부분의 아이들은 운동을 하는 동안 부상의 위협에 노출되어 있다.
   → _____

6. 주택에 대한 갑작스러운 수요의 증가는 전세 비용의 상승을 초래한다.
   → _____

7. 인삼은 의학적 유용성 면에서 모든 한국 사람들에게 사랑받는 가장 중요한 식물 중 하나이다.
   → _____

Grammar Practice 문법 사항 복습하기

A 괄호 안의 표현 중 알맞은 것을 고르시오.

1. The guilds of the Middle Ages began as associations (in, with) merchants established for the purpose of regulating the rules of commerce.

2. Political independence of newspapers became a common feature of journalism in the United States (in, of) the 1840s and 1850s.

3. Recently, archaeologists have strived to develop theories, based on archaeological evidence, that explain societal changes (such, such as) the development of farming.

4. The field of human relations is extremely significant (because of, because) the many problems and conflicts that regularly occur among people in organizations.

5. The color of a star depends (on, to) a great extent on its surface temperature.

6. The diamond is the only gemstone composed (with, of) just one chemical element.

B 다음 문장에서 잘못된 부분이 있으면 옳게 고치시오.

1. Speed refers only toward the rate of motion without specifying any direction of motion.

2. Psychology did not develop into a science based of careful observation and experimentation until the late 1800s.

3. In 1866 to 1883, the bison population in North America was reduced from an estimated 13 million to a few hundred.

4. Though a respected educator, Alexander Graham Bell is best known for the inventor of the telephone.

5. Isolated from neighbors, the hermit was independent on local news.

6. It is essential for all documents to comply for the new guidelines.

Sentence Writing Practice

A 다음 문장을 완성하시오.

1. 우리는 네 주소를 Johnson이 떠나기 전에 그에게서 받았다.

    → We got your address _____ Johnson before he left.

2. 유산은 모든 상속자들에게 나누어질 것이다.

    → The inheritance will be divided _____ all the heirs.

3. 모든 과정은 회사 규칙에 부합해야 한다.

    → All procedures must adhere _____ the company manual.

4. 모든 시급 인상은 1월 1일부터 소급해서 적용된다.

    → All hourly raises are retroactive _____ January 1.

5. 그 영화는 내가 기대했던 것과 너무도 달랐다.

    → That film is much different _____ what I expected.

6. 네 차와 매우 비슷한 차가 판매 중이다.

    → A car very similar _____ yours is for sale.

7. 직원들은 새로운 데이터베이스 소프트웨어에 익숙해져야 한다.

    → Employees must become acquainted _____ new database software.

8. 간판의 흰 글자는 노란 배경과 충분히 대조적이지 못하다.

    → The white letters on the sign do not sufficiently contrast _____ the yellow background.

B 다음을 영작하시오.

1. 그녀는 교통사고 이후로 많이 달라졌다.

   → _____

2. 나의 경고에도 불구하고, 그녀는 그들의 제안을 받아들이기로 결심했다.

   → _____

3. 그 강의는 세 가지 부분으로 구성되어 있다. (~로 구성되다: consist of)

   → _____

4. 연구 결과는 투자 비용에 달려 있다. (~에 달려 있다: depend on)

   → _____

5. 그들의 활동은 그 조직의 규칙에 위반되는 것이다. (~에 위반되는: contrary to)

   → _____

6. 그는 급진적인 정치 운동에 연관되어 있었다. (~에 연관된: involved in)

   → _____

7. 그 새로운 정책은 생산성 향상에 큰 영향을 미쳤다. (~에 영향을 미치다: have an influence on)

   → _____

8. 더 많은 학생들의 흥미를 끌었다는 점에서, 그들은 많은 발전을 하였다. (~의 점에서: in terms of)

   → _____

9. 그는 그 통나무 집을 설계하는 것 외에도, 혼자 힘으로 그 집을 지었다. (~외에도: in addition to)

   → _____

10. 기사에 따르면, 많은 사람들이 새로운 환경법에 동의하고 있다. (~에 따르면: according to)

    → _____

실전 **Essay Practice**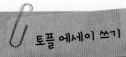

토플 에세이 쓰기

■ 아래 통합형 과제의 에세이를 작성하기 위한 영작을 완성하시오.

A 서론 문장을 영작하시오.

In the lecture, the speaker cast doubt on the suggestion of the reading passage that

1 _____

_____ .

1 우주 탐사는 성공하지 못할 것이고 따라서 탐사를 할 필요가 없다.

B 본론 문장을 영작하시오.

First, the lecture claims that **1** _____

_____ .

Specifically, while there is too much risk in space exploration as it has been shown by many disasters of the past, it was stated in the lecture that **2** _____

_____ .

What is more, many people working for the better life of mankind risk more.

1 모든 위험(risk)에도 불구하고 우주 탐사는 삶의 질 향상이라는 면에서 계속되어야 한다.
2 인간이 하는 모든 일에는 언제나 위험이 존재한다.

Second, the lecturer also expressed doubt about the suggestion of the reading that the success of space exploration is not clear, and there have been no significant scientific breakthroughs achieved by it. The main argument presented by the speaker was that **3** _____ ,

including developments in communication, weather forecasting, and electronics.

3 우주 탐사는 많은 간접 성과를 통해 과학 발전에 기여해 왔다.

Finally, although the reading passage indicates that the huge cost for space exploration should be spent for poor people in the world, **4** _____

_____ . In fact,

the lecture argues that since **5** _____

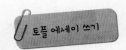

_____

_____, there would be no significant difference even if entire space exploration is surrendered.

4 강의는 그것이 근시안적 관점이라고 지적한다.

5 우주 탐사는 가난한 사람들을 위한 지원보다 정부 예산의 30분의 1을 소비하고 있다.

C 결론 문장을 영작하시오.

In short, 1 _____

_____.

1 강연자는 우주 탐사에 대한 다양한 비판에 의구심을 표했다.

Tips for Academic WRITING

문장부호(세미콜론)를 익혀라. Learn how to punctuate (semicolon).

앞 문장과 뒤 문장이 내용상 긴밀하게 관련되어 있는 경우에는 접속사 대신 **semicolon(;)**으로 두 문장을 연결할 수 있다.

- Every society attaches certain meanings to each sex; our society accords women and men different kinds of work and family responsibilities.

접속부사와 함께 사용하는 경우도 있다.

- It is more effective to do what we want; however, sometimes it is crucial to do things unfavorable.

Unit 21 특수구문

A 강조 구문 (It ~ that)

1 에세이에서 강조하고자 하는 것을 It ~ that 사이에 넣어 표현할 수 있다. 강조하고자 하는 것이 사람인 경우 who를 쓰기도 한다. 특히 에세이에서 주제어를 강조해서 쓸 때 매우 효과적이다.

- It <u>is from books</u> that people can obtain objective knowledge in an easy and fast way.
- It <u>is in a bedroom</u> that I can spend time doing my own things.
- It <u>is a few intimate associates</u> who focus their attention solely on my private problems.

2 가주어 구문과 혼동하지 않도록 주의한다.

1 가주어 구문: It be + 형용사/분사/명사 + that + 완전한 문장

- It is supposed that life now exists on Mars.
- It is true that walking is a key to good health.

2 강조 구문: It be + 주어/목적어 + that + 불완전한 문장
It be + 시간/장소 부사구 + that + 완전한 문장

- It is <u>the interaction between people</u> that is the main focus of social psychology.

3 주어의 존재 유무를 표현하는 there be 구문과도 구분해서 사용해야 한다.

- In theory, there is a gravitational attraction between the water and even the outermost star of the universe.
- There are several species of wild goats, and most of them live in Asia.
- There are at least 100 billion galaxies in the observable universe.

B so that 구문

so that 구문은 원인과 결과의 인과 관계를 표현하고자 할 때 주로 사용하며 목적 혹은 결과의 의미를 나타낼 수도 있다.

so + 형용사/부사 + that S V – 원인, 결과를 표현

- The statement is so ambiguous that it is totally meaningless to readers.

  cf. such + a/an + N that S V

- Television is such a temporary diversion that people do not use it as a substitute for interpersonal communication any longer.

 S V so that S V – 목적을 표현

- I usually choose to take stairs instead of elevators so that I may make walking a priority, not an inconvenience.

 S V, so that S V – 결과를 표현

- When I go shopping, I try to park far from the supermarket, so that I am forced to walk.

C 가정법 구문

가정법 구문은 현재나 혹은 과거 사실을 반대로 가정하는 문장으로 문맥(context)에 맞도록 적절히 활용하면 매우 효과적이며 영문 에세이에서 세련된 문장력으로 좋은 평가를 받을 수 있다.

1 **가정법 과거 〈If S + 과거동사, S would V〉: 현재 사실을 반대로 가정**

- If I had a chance to have a two-week holiday, I would visit New York.

- If a lottery brought a person a great amount of money, his fortune would be attributed to his dream about a pig.

- Without well-qualified teachers, schools would be little more than buildings and equipment.

Check-Up Test 1 ▶ **괄호 안의 구문을 이용하여 다음을 영작하시오.**

1. John이 생물학을 전공하도록 이끈 것은 정원일에 대한 그의 관심이었다. (강조구문)

   → _____

2. 인생에 관해 배우는 것에 관해 말하면, 개인의 경험을 대체할 만한 것은 없다. (there be 구문)

   → _____

3. 그 차는 너무 비싸서 우리가 구입할 여유가 없다. (so that 구문)

   → _____

가정법 과거완료 〈If S had p.p., S would[could, might] have p.p.〉: 과거 사실을 반대로 가정

- If I had seen it indirectly at home, I would not have been impressed so much.

- Without their participation in a discussion forum, students would not have experienced internal growth over educational issues.

- In spite of these advantages, however, the Wright brothers might not have succeeded had they not been born precisely at the opportune moment in history. (if S had p.p. 구문에서 if를 생략하면 도치발생; had S p.p.)

Check-Up Test 2 ▶ **가정법 구문을 이용하여 다음을 영작하시오.**

1. 내가 그 회사의 경영자라면 더 많은 직원을 고용하겠다.
   → _____

2. 동물원이 없다면 지구상의 멸종 위기의 많은 동물들이 이미 사라져 버렸을 것이다.
   → _____

3. 내가 부모의 조언을 들었더라면 그들이 범했던 동일한 실수를 반복하지 않았을 것이다.
   → _____

4. 헤밍웨이가 1차 세계대전에 참가하지 않았다면 그의 작품 〈무기여 잘 있거라〉는 쓰여지지 않았을 것이다.
   → _____

5. 자격을 갖춘 교사가 없으면, 학교는 단지 건물과 시설에 불과할 뿐이다.
   → _____

A 괄호 안의 표현 중 알맞은 것을 고르시오.

1. (It, This) is during REM sleep that dreams occur.

2. It is a long-term vacation (which, that) is more necessary for students who want a new experience.

3. Children have (such, so) an innocent view of the world that they may sometimes give thought-provoking insight.

4. One of my fellow workers substituted for me (so that, that) I was able to take the driving test successfully.

5. The World Wide Web expanded (such, so) dramatically during the 1990s that it could bring about widespread use of the Internet.

6. If Ernest Hemingway had not participated in the First World War, his novel A Farewell to Arms (would not be, would not have been) produced.

B 다음 문장에서 잘못된 부분이 있으면 옳게 고치시오.

1. It is often the dinner table that you can talk with family members about what happened during the day.

2. It is no evidence that life now exists on Mars.

3. Radar can locate objects very precisely that it is used to aim and fire many kinds of weapons.

4. If it were not for water, no life could have survived.

5. If Lincoln had not won the Civil War, the emancipation would be delayed further.

6. Pregnancy is so sensitive period that one needs to be cautious of every deed.

Sentence Writing Practice 영어 문장 만들기

A 다음 문장을 완성하시오.

1. 날씨야말로 최종 결정을 바꾸게 한 원인이었다.

    → _____ that overturned the final decision.

2. 그 광경은 너무나도 처참해서 모두들 고개를 돌려야 했다.

    → The scene was _____ that everyone had to turn their head away.

3. 바람이 더 강해지면 불이 더 크게 번져 산 전체를 태울지도 모른다.

    → If the _____, the fire would spread even
    farther and burn the entire mountain.

4. 만약 인간 장기 복제가 가능해진다면 불치병 환자들을 치료할 수 있을지도 모른다.

    → If the cloning of human organs _____, the
    patients with terminal diseases would be treated.

5. 발표를 책임진 사람은 다름 아닌 Tom이었다.

    → It was Tom _____ for the presentation.

6. 부정확한 데이터가 너무 많아 실험을 다시 할 수 밖에 없었다.

    → There were _____ that we had to go through
    another experiment.

7. 한눈에 모두 들어오도록 자료들을 차례대로 정리해 두어야 한다.

    → I have to organize data orderly _____ everything at a glance.

8. 용액을 서서히 식혀야 결정형성이 자리잡을 수 있다. (결정형성: **crystallization** / 자리잡다: **take place**)

    → The solution should be gradually cooled down, _____
    _____.

B 다음을 영작하시오.

1. 그 코트는 너무 비싸서 누구도 사려고 들지 않았다. (~하려고 들다: be willing to)

    → _____

2. 그것은 너무나 무례한 발언이라 토론 참가자는 연설을 계속할 수 없었다.
    (발언: comment / 토론 참가자: panelist / 연설: speech)

    → _____

3. 대학에서 교재비를 제공한다는 사실을 알았더라면 Smith 교수님은 그 사전을 샀을 것이다.
    (제공하다: offer / 협찬비용: stipends / 교재: class material)

    → _____

4. 그 뉴스가 전달된 것은 총회 도중이었다. (총회: general meeting / 전달하다: deliver)

    → _____

5. 만약 미국이 이라크와 전쟁에 돌입한다면, 몇몇 동맹들은 협조해야만 할지도 모른다.
    (전쟁에 돌입하다: enter the war / 동맹: ally / 협조하다: cooperate)

    → _____

6. Newton이 만유인력의 법칙에 대해 생각한 것은 바로 그때였다.
    (만유인력의 법칙: the law of Universal Gravitation)

    → _____

7. 파리에서 여권을 잃어버린다면, 나는 곤란에 빠질 것이다. (여권: passport)

    → _____

8. 우리로 하여금 윤택한 삶을 영위하도록 하는 것은 바로 발전된 기술이다. (윤택한 삶: polished life)

    → _____

9. 그 공연은 너무나 흥미진진해서 우리는 자리를 떠날 수 없었다. (공연: performance)

    → _____

10. 그런 일이 전에도 일어난 적이 있었다면 나는 아마도 그 일이 어떻게 끝났는지를 분명히 기억할 것이다.
    (분명히: definitely)

    → _____

실전 Essay Practice

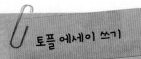
토플 에세이 쓰기

■ 아래 통합형 과제의 에세이를 작성하기 위한 영작을 완성하시오.

A 서론 문장을 영작하시오.

In the lecture, the speaker cast skepticism on the advantage of the online research method, which was advocated in the reading.

B 본론 문장을 영작하시오.

Above all, the lecturer indicates that **1** _____
_____. The reading passage promotes the idea that
2 _____
_____. However, the lecturer argues that the survey method makes it difficult to gain true information because researchers cannot meet their subjects face to face, and most information collected through the survey is self-reported.

1 온라인 조사를 통해 신뢰할 만한 정보를 얻기 어렵다.
2 인터넷은 조사자들이 관심 있어 하는 특정 목표 집단에 쉽게 접근할 수 있게 해준다.

Moreover, the lecturer does not completely agree with the idea that **3** _____
_____.
While the reading passage mentions that an invitation for a survey posted to the website enables researchers to easily collect data, the lecturer indicates that **4** _____
_____. Hence, it takes longer to gain enough information for research.

3 온라인 설문 조사는 조사자들에게 설문 조사에 소요되는 엄청난 시간을 절약해 준다.
4 온라인 설문 조사에 참여를 요청받은 너무 많은 사람들이 설문 요청(invitation)을 무시하는 경향이 있다.

Finally, regarding **reducing the cost for research,** the lecturer comments that ⑤ _____

_____. What is more, **it is required to offer straight incentives such as coupons.**

⑤ 온라인 조사는 응답률을 높이기 위해 복권(a lottery)과 같은 보수(payment)를 제공한다.

C 결론 문장을 영작하시오.

In short, ❶ _____

_____.

❶ 강의자는 온라인 설문 조사 방법의 장점에 대해 회의적인 태도를 취한다.

CHAPTER
05

토플 에세이 쓰기

Unit 22 Expression I _ 선호 / 동의 / 반대 / 의견

A 선호

1 I prefer A to B: 나는 B에 비해 A를 선호한다

- Among all the fruit on earth, I prefer apple to none other.

2 Given the choices between A and B, I would choose A: A와 B 중 선택을 해야 한다면, A를 선택하겠다

- If I am given the choices between regular schooling and homeschooling, I would choose attending a public school with my peers.

3 In my opinion, there is no better choice but (A / to do): 내 개인적인 견해로는, (A / ~하는 것) 이외에는 선택의 여지가 없다.

- In my opinion, there is no better choice but to accept the proposal.

4 By and large, it is better to ... for the following reasons: 대체로 아래의 이유로 인해 ~하는 것이 낫다

- By and large, it is better to have pets for the following reasons.

5 Without hesitation, I would like to ...: 망설임 없이, 나는 ~하겠다

- Without hesitation, I would like to go hiking instead of swimming.

6 Despite the keen controversy regarding the issue, I will have to side with the former[latter]: 첨예한 논란이 있는 주제임에도 불구하고, 나는 전자[후자]와 동의할 수 밖에 없다

- Despite the keen controversy regarding the issue, I will have to side with the latter that banning abortion is not an appropriate measure for the current situation.

B 동의

1 I agree (with A / that 주어 + 동사): 나는 (A / 주어 + 동사)에 동의한다

- I agree with the argument that our government should lower the tariff.
= I agree that our government should lower the tariff.

2 I strongly support the idea of A: 나는 A라는 생각을 강력히 지지한다

- I strongly support the idea of religious tolerance.

3 In support of A, 주어 + 동사: A를 지지하여, ~이다

- In support of this, a referee should exercise good judgment in keeping competition moving at an appropriate pace.
  (이 경우에는 바로 앞에 this에 해당하는 관련 내용이 반드시 있어야 한다.)

4 In accordance with the following evidence, 주어 + 동사: 다음의 증명에 따라, ~이다

- In accordance with the following evidence, what children need the most is love and affection.

5 I have no questions(doubts) in A: 나는 A에 대해 일말의 주저함도 없다

- I have no doubts in promoting vegetarian life style for a healthier tomorrow.

C 반대

1 I object to ...: 나는 ~하는 것에 반대한다 / I object that 주어 + 동사: 나는 ~라는 것에 반대한다

- I object to doing so.
- I object to abortion.
- I object that wearing uniforms is better for students.

2 Contrary to the popular opinion, 주어 + 동사: 보편적인 견해와 달리, ~이다

- Contrary to the popular opinion, high school students are much more mature than how the media portrays them.

3 I question whether 주어 + 동사: 나는 ~인지 의문이다

- I question whether the activities of the specific NGO was indeed for public benefit.

4 A may not be desirable for everyone: A는 누구에게나 바람직한 것은 아닐 수 있다

- The new tax law may not be desirable for everyone, especially for the retired.

5 Some people may be opposed to...: 어떤 사람들은 ~하는 것에 반대할지도 모른다

- Some people may be opposed to giving permits to McDonalds to enter the town.

6 The major problem of A is that 주어 + 동사: A의 가장 큰 문제점은 ~라는 것이다

- The major problem of green house gas is that it causes global warming, mutilating the traditional conditions of our Earth.

7 I strongly disagree that 주어 + 동사: 나는 ~라는 사실에 강력히 반대한다

- I strongly disagree that lives of animals are less important than those of humans.

D 의견

1 I firmly believe that 주어 + 동사 : 나는 ~라는 사실을 굳게 믿는다

- I firmly believe that euthanasia should be performed in respect for humanity.

2 My understanding is that 주어 + 동사: 내가 이해하기로는 ~이다

- My understanding is that the concept of "0" is very philosophical.

3 I think that 주어 + 동사: 나는 ~라고 생각한다.

- I think that Jerry's action was entirely unnecessary.

4 In my opinion, 주어 + 동사: 내 생각에는 ~이다

- In my opinion, your research style is the most sophisticated I have ever seen.

5 It seems to me that 주어 + 동사: 내가 보기에는 ~일 것 같다

- It seems to me that the river will be completely frozen by tomorrow.

6 I suggest that 주어 + 동사: 나는 ~을 제안한다

- I suggest that we take a yellow cab to the airport.

7 I contend that 주어 + 동사: 내가 강력히 주장하는 바는 ~이다

- I contend that the government pay more attention to the education system.

8 This raises the question of A: 이는 A에 관한 의문을 야기한다

- This raises the question of values in our lives.

A 다음을 영작하시오.

1. 개와 고양이에 대해 선택권이 주어진다면, 나는 개를 선택하겠다.

   → _____

2. 대체로 다음과 같은 이유로 인해 신문을 읽는 것이 더 낫다.

   → _____

3. 일말의 주저함도 없이 나는 자원입대 할 것이다. (자원입대: enlist oneself)

   → _____

4. 나는 국가가 국민을 위해 존재한다는 관점을 강력 지지한다.

   → _____

5. 나는 안락사야말로 생명을 경시하는 악습이라고 생각한다.

   (안락사: euthanasia / 생명을 경시하다: devalues human life / 악습: ill practice)

   → _____

6. 일반적인 견해와는 달리, 물리가 항상 어렵기만 한 것은 아니다. (물리: physics)

   → _____

7. 나는 그가 과연 회의에 참석할지 의문이다.

   → _____

8. 나는 성선설을 굳게 믿고 있다. (성선설: innate goodness)

   → _____

9. 내가 강력히 주장하는 것은 Rosenberg 부부가 1950년 당시 미국을 휩쓸었던 마녀사냥의 희생양이라는
   것이다. (당시: at the time / 휩쓸다: widespread / 마녀사냥: witch hunt / 희생양: scapegoat)

   → _____

   _____

10. 다음의 근거에 따라 Einstein의 상대성 이론이 타당하다는 사실이 입증되었다.

    (상대성 이론: theory of relativity / 타당: valid)

    → _____

    _____

Unit 23 Expression II _ 예시 / 인용 / 부연설명

A 예시

1 For instance, 주어 + 동사: 예를 들면, ~이다
- For instance, the potato is not a part of the root; it is a part of the a stem.

2 In another case, 주어 + 동사: 또 다른 경우, ~이다
- In another case, a plastic surgeon successfully restored an ear that had been disfigured by severe burns.

3 I can see that 주어 + 동사 in these instances: 이러한 예들로 ~임을 알 수 있다
- I can see that allergies can be lethal in these instances.

4 There are 숫자 examples to show how (주어 + 동사 / to부정사): (주어 + 동사 / to부정사)의 방법을 보여 줄 ~가지의 예들이 있다
- There are three examples to show how greenhouse gases destroy our environment.

5 As anyone may expect, 주어 + 동사: 누구나 예상할 수 있듯이, ~이다
- As anyone may expect, car accidents increase during bad weather, such as in snow storms.

6 In particular, 주어 + 동사: 특히, ~하다
- In particular, dolphins are incredibly smart.

7 주어 + 동사, not to mention... : …은 말할 것도 없이 ~이다
- Cacti are very strange looking plants with thick stems, not to mention leaves that look like needles.

8 Aside from A, 주어 + 동사: A 이외에도, ~이다
- Aside from deadly sunlight, deserts are known for their dryness.

1 Studies have indicated that 주어 + 동사: 연구 결과 ~라는 사실이 지적되었다
- Studies have indicated that secondhand smoke is just as dangerous as smoking itself.

2 Experts would verify that 주어 + 동사: 전문가들은 ~임을 증명할 것이다
- Experts would verify that Tom is lying about the crime scene.

3 Some people presume that 주어 + 동사: 어떤 사람들은 ~라고 여긴다
- Some people presume that all these beliefs are mere superstition.

4 As the old saying goes, ~: 옛 속담이 말해 주듯이, ~이다
- As the old saying goes, like father, like son.

5 The majority of 사람 seems to agree that 주어 + 동사: 대부분의 …은 ~에 동의하는 것 같다
- The majority of workers seem to agree that they need more holidays.

C 부연설명

1 Moreover, 주어 + 동사: 게다가, ~이다
- Moreover, Beethoven composed many beautiful, sentimental pieces.

2 In addition to A, 주어 + also + 동사: A 이외에 또한 ~도 한다
- In addition to translation, each language specialist also interprets in several situations.

3 As I have mentioned, 주어 + 동사: 내가 언급했던 바와 같이, ~이다
- As I have mentioned, hazardous weather threatens not only the natural environment, but also human lives.

4 As far as 주어1 be concerned, 주어2 + 동사: …에 관한 한, ~이다
- As far as the comfort of the patient is concerned, a helicopter would be better than an ambulance.

5 As it is, 주어 + 동사: 실제로, ~이다
- As it is, the oil-polluted sites of the ocean have been spreading.

Sentence Writing Practice

A 다음을 영작하시오.

1. 또 다른 경우에서는 범죄발생률을 줄이기 위해 시장이 나섰다.

    (시장: mayor / 나서다: stand up / 범죄발생률: crime rate)

    → _____

2. 실험 결과가 얼마나 부정확한지를 보여 줄 세 가지 예가 있다.

    (실험 결과: test result / 부정확하다: inaccurate)

    → _____

3. 누구나 예상하듯이, 쌓였던 눈이 녹으면서 때아닌 홍수가 발생했다.

    (때아닌: unseasonal / 홍수: flood / 발생하다: occur)

    → _____

4. 특히, 그 검은색 차는 최고의 연비를 가지고 있다. (연비: fuel efficiency)

    → _____

5. 새로운 공장은 생산성은 말할 것도 없이, 수익을 크게 높일 것이다. (수익: profit / 생산성: productivity)

    → _____

6. 체육 시설 이외에도 음악 교육을 위한 악기들이 다량 필요하다.

    (체육 시설: gym facilities / 악기: musical instruments)

    → _____

7. 연구 결과, 탄산음료가 비만을 유발한다는 사실이 지적되었다.

    (탄산음료: carbonated beverages / 유발하다: cause / 비만: obesity)

    → _____

8. 전문가들은 그 화석이 공룡의 뼈라는 사실을 증명할 것이다. (화석: fossil / 공룡: dinosaur)

    → _____

9. 나에 관한 한, 어디로 여행을 가든 상관 없다.

    → _____

10. 어느 정도까지는 우리가 이 사건으로 인해 이익을 보았다는 것이 사실이다.

    (이익을 보다: benefit / 사건: event)

    → _____

Unit 24 Expression III _ 비교 / 대조

A 등위접속사

등위접속사 중에서 but, yet은 내용상 상반되는 주절과 주절을 대등하게 연결시켜 주며, 콤마 뒤에 사용하는 것이 일반적이다.

1 But / Yet : 그러나, 그럴지만

- The atmosphere of the city is not as lively as other cities, but the quality of living is rapidly improving.
- A big city is a place where people can easily find jobs, yet it is difficult to find an affordable apartment to live in there.

B 부사절 접속사

양보(대조)의 의미를 나타내는 부사절 접속사는 주절과 상반된 내용으로 전개할 때 주로 사용한다.

 1 Although / Though / Even though : (심지어) ~임에도 불구하고

- Although it is important for children to gain knowledge from many different sources, I believe that parents are the most appropriate teachers for their children.
- Even though most young people prefer to live in a city, many citizens frequently experience the common symptom of the respiratory disease such as bronchitis.

 2 While / Whereas : ~인 반면에

- Townspeople take pride in maintaining a clean environment while citizens often feel stressed because of the noise and fumes in a city.
- It takes just a few hours for townspeople to commute to a big city for their jobs whereas the price for apartments costs a third.

C 전치사구

양보(대조)의 부사절 접속사가 주어와 동사의 절을 이끌어 주는 반면 같은 의미를 갖는 전치사구는 명사 상당 어구가 목적어로 온다.

 Despite / In spite of: ~임에도 불구하고

- **Despite** my decision to be a poet, my parents strongly persuaded me to go to the medical school and become a surgeon.
- **In spite of** their strong objections, I definitely choose to risk a change in life, because those who are afraid of change can hardly survive in today's change-oriented society.

 Unlike / As opposed to : ~와는 달리

- **Unlike** other large cities, there are fewer cultural events to experience in the city throughout the year.
- It is not easy to realistically define "black" or "African-Americans" as a meaningful scientific, **as opposed to** social, category.

D 접속부사

접속사 기능과 혼동하지 않도록 한다. 접속 부사는 내용상 상반된 내용의 두 문장 사이에 주로 세미콜론(;)을 이용하여 연결할 수 있다.

 By contrast / However / Nevertheless : 대조적으로, 그러나, 그럼에도 불구하고

- If children living in a central city want to see the newly released Harry Potter series, they can fully enjoy the movie at a nearby theater. **By contrast**, those living in the countryside must take a long trip for many hours in order to watch the same movie.
- In the past, people used a pencil and paper. At present, **however**, people write on a computer since it is much more neat and permanent.

 On the other hand / Meanwhile : 반면에, 다른 한편

- When rural children have a strong desire to learn about computers, they cannot easily find any institutions nearby. **On the other hand**, children in a big city can get easy access to them even within walking distance.

- Sending news through letters takes a few days, and long distance calls are expensive; meanwhile, emails based on the Internet are free and fast.

3 **On the contrary : 이와 대조적으로**

- Even if a neighbor loses a loved one, it is not easy to find a helping hand. On the contrary, whenever a neighbor suffers some loss, the small town community will be there to lighten the burden and express their loving concern.

- If you are a spontaneous kind of person, someone who is more scheduled can help you get better organized. On the contrary, you can help him or her to loosen up a little bit and do things more on the spur of the moment.

Sentence Writing Practice

영어 문장 만들기

A 다음 문장을 완성하시오.

1. 그러나 부모는 가능한 한 많은 시간을 들여 자녀를 가르치는 일에 전념할 수 있다.
   (전념하다: devote / 가능한 한 많은 시간 as much time as possible)

   → _____

   _____

2. 일산은 서울만큼 많은 문화 활동을 제공하고 있지 않다. 하지만 새로 이사오는 사람은 일산에 사는 것이 훨씬 저렴하고 건강에 좋다는 것을 알게 된다.
   (문화 활동: cultural activities / 저렴하고 건강에 좋은 cheap and healthy)

   → _____

   _____

3. 대도시와 달리 시골에서는 이용 가능한 대중교통이 일반적으로 버스로 제한되어 있고 그것도 자주 운행되지 않는다. (가용 대중 교통: the public transportation available)

   → _____

   _____

4. 시골에는 작은 시장 규모 때문에 일자리가 거의 없다. 반면에 도심 지역에서는 내가 일자리를 얻기 위해 여러 회사와 면접을 볼 수 있다. (작은 시장 규모: the small-sized market / 일자리를 얻기 위해: to find a job)

   → _____

   _____

5. 자녀들에게 애정을 갖는 것은 자연스런 행동이지만 이것은 그들의 적절한 교육을 방해할 수 있다.
   (애정을 갖는 것: being affectionate to children / 방해하다: impede)

   → _____

   _____

6. 한국은 가용 천연자원이 거의 없음에도 불구하고 과학자들은 많은 한국의 과학 기술분야들을 세계적인 수준으로 끌어올리는 데 기여했다.

(가용 천연자원: natural resources available / 세계적인 수준: world class level / 끌어올리다: elevate)

→ _____

_____

7. 전혀 다른 환경에서 온 룸메이트와 잘 지내는 것은 쉽지 않다. 반면에, 아파트에 사는 학생들은 자신의 룸메이트를 선택할 수 있다.

(~와 잘 지내다: get along with / 전혀 다른 환경: entirely different environments)

→ _____

_____

8. 지하철과 달리 버스는 출퇴근하는 사람들이 바깥 경관을 즐길 수 있도록 해 준다.

(출퇴근하는 사람들: commuters / 바깥 경관: the outside view)

→ _____

_____

9. 그럼에도 불구하고 시간 준수는 교통편으로 지하철을 선택하는 가장 중요한 이유 중의 하나이다.

(시간 준수: being punctual / 가장 중요한 이유 중의 하나: one of the most important reasons)

→ _____

_____

10. 반면에, 변화를 즐기고 다음 변화에 적극적으로 대처하는 것이 훨씬 더 현명하다.

(적극적으로 대처하다: actively cope with)

→ _____

_____

A 원인과 결과

 A lead to(cause / bring about) B : 결과적으로 A가 B를 초래하다

- The construction of a new theater will lead to noise problems.
- The effect of nicotine on the nervous system causes many people to become addicted to it.

 That is why 주어+동사 : 그것이 바로 ~의 이유이다

- I can have a chat with my close friends in real time using a web messenger. That is why I never forget to take my laptop with me whenever I stay away from home for a long time.
- Comprehending antecedent events enables students to compare present with past and avoid potential mistakes. That is why students should study history.

3 **Consequently / As a result / As a consequence : 결과적으로**

- Novelists make up incidents and characters. Consequently, all novels are imaginary.
- Parents expect their children to grow as they wish; as a result, they are eager to force their children to achieve certain goals that they could not obtain through their lives.

 For this reason : 이러한 이유 때문에

- Jane looked pale this morning. For this reason, she went to the hospital.
- It is a well-known fact that secondhand smoke poses serious health risks. For this reason, smokers should not be allowed to inflict such detrimental effects on nonsmokers.

B 마무리 요약

1 Thus / Hence / Accordingly / Therefore : 그런즉, 그러므로

- Hence, building a new movie theater will annoy the neighbors due to its noise.
- Accordingly, my private life can be protected in a bedroom.

 2 In conclusion / In summary / In brief : 결론적으로, 요약하자면

- In conclusion, constructing a new movie theater in my town will generate serious problems in my community. A new theater will not be free from unbearable street noises in addition to serious traffic problems.
- In summary, I would not hesitate to pack my laptop computer for the sake of easier communication with the people in my home country and neater long-lasting record of the happenings during my travel.

 3 This is because 주어+동사 : 이는 ~이기 때문이다

- Chess as a child's gift is an excellent choice. This is because chess brings brain development and concentration.
- Parents cannot be the best teachers. This is because parents are not only emotionally tied to their offspring, but they also try to realize their dreams through their children.

Sentence Writing Practice

A 다음을 영작하시오.

1. 그러므로 우정에서 정말 중요한 것은 숫자가 아니라 인간 관계의 깊이이다.

(정말 중요한 것: what really counts / A가 아니라 B다: not A but B)

→ _____

_____

2. 따라서 공장 설립 계획은 어느 정도 우리 마을 주민에게 부담을 줄 수 있다.

(부담을 주다: burden / 어느 정도: to a certain degree)

→ _____

_____

3. 요약하자면, 나는 사람들이 입는 옷은 그들의 행동에 상당한 영향을 준다는 결론을 내릴 수 있다. 당신이 입는 옷에 따라 당신이 누구인지 결정될 수 있기 때문이다.

(결론에 도달하다: come to the conclusion / 당신이 누구인지: who you are)

→ _____

_____

4. 결론적으로, 한 어린이가 성인이 된다는 것은 신체적인 나이를 의미하는 것이 아니라 정신적인 성숙을 말한다. (신체적인 나이: the physical age / 정신적인 성숙: the spiritual maturity)

→ _____

_____

5. 모든 지식이 교실에서만 나오는 것은 아니며, 우리의 자녀들은 삶에 있어서 꼭 필요한 것을 운동장에서도 배울 수 있다. 따라서, 나는 체육 과목이 학교 교과과정에 반드시 포함되어야 한다고 확신한다.

(삶에서 꼭 필요한 것: what is essential in life / 체육 과목: physical education)

→ _____

_____

6. 오늘날 불교는 기독교와 비교해 볼 때 젊은 세대 사람들에게 그다지 잘 알려져 있지 않다. 이러한 이유 때문에 나는 불교의 가르침을 배우기 위해 정말로 티벳에 가고 싶다.

(～에게 알려져 있다: be known to / 불교의 가르침: teachings of Buddhism)

→ _____

_____

7. 따라서 해외 여행을 계획할 때마다 제일 먼저 일본이 생각난다.

(생각나다, 마음에 떠오르다: come to one's mind / 해외 여행가다: travel abroad)

→ _____

_____

8. 새 영화관의 설립은 극심한 교통 혼잡을 초래할 것이다. (극심한 교통 혼잡: heavy traffic jam)

→ _____

_____

9. 세계 도처의 많은 동물들이 멸종의 위기에 있다. 이러한 이유 때문에 동물원은 그들의 생존을 위해 반드시 설립되어야 한다. (멸종의 위기에 있다: be on the verge of extinction / 세계 도처에: all around the world)

→ _____

_____

10. 그것이 바로 일부 부모들이 자녀를 과잉보호함으로써 자녀를 망치는 이유이다.

(과잉보호하다: overprotect / 망치다 spoil)

→ _____

_____

Unit 26 Paraphrasing I _통합형

A 효과적인 통합형 과제 작성을 위한 세 단계

| Original Context (원문) | → | Paraphrasing (재구성) | → | Summary (요약) |

iBT TOEFL의 통합형 과제는 영어로 행해지는 학습 현장에서 학습자가 얼마나 효과적으로 수업 내용을 소화해 낼 수 있는지를 측정한다. 응시자가 제시된 독해 지문을 읽고 나면 그 지문을 주제로 한 강의를 듣게 되는데, 강의가 끝나고 나면 이와 관련해 주어진 질문에 따라 225 단어 내외의 에세이를 쓰게 된다. 이때, 응시자가 원한다면 예문을 다시 볼 수 있으며, 이 과제 중 틈틈이 노트필기를 하여 에세이 작성시 참고할 수 있다.

여기서 주의해야 할 점은 독해 지문과 강의에서 주어진 문구나 표현들을 응시자 본인의 어휘로 재구성하는 것이다. Academic Writing에서 교과서나 강의 내용을 본인의 어휘로 재구성할 수 있는지 없는지의 여부는 학습 내용을 스스로의 것으로 만들 능력이 얼마나 있는지를 측정해 주는 중요한 척도가 되기도 한다. 따라서 이는 인용 어구를 사용하는 것보다 더욱 선호되는 writing style이다. 또한 재구성하지 않은 문장을 그대로 사용하였을 경우, Plagiarism(표절)에 대한 심사가 엄격한 서구 사회에서는 심각한 문제가 발생할 수 있다.

이에 따라 iBT TOEFL의 통합형 과제는 응시자의 이해력, 문장력, 어휘력을 동시에 평가한다고 볼 수 있다. Paraphrasing, 즉 '문장의 재구성'은 판단하기에 일견 모호한 부분도 있으나 가장 일반적인 기준을 따르자면,

Original Context 《 Paraphrasing 《 Summary

(원문)   (재구성)   (요약)

이 3단계를 거친다고 할 수 있다.

요약은 결론 부분을 중심으로 하여 원문의 내용을 대거 축소한 형태를 말한다. Paraphrasing은 그 중간으로, 원문의 내용을 대부분 살리되 전체적인 형태는 축소하여 본인의 언어로 재구성하는 것을 말한다. 따라서 모든 문장 하나하나가 원문에 비해 반드시 짧아야 하는 것은 아니다.

다음은 Original Context를 Paraphrasing하고 Summary하는 3단계와 Plagiarism의 예를 보여주고 있다.

Original Context

Einstein's relativity theory is based on the assumption that light is free from the concept of relativity. According to Einstein, the light reaches all objects from all directions at the same speed. For example, whether a person travels at the speed of 0 m/s or 298,098,000 m/s, the person will always feel that the light around him travels at the speed of 3 x 108 m/s. The light has no concept of space either.

Paraphrase

→ Einstein's theory of relativity defines light as the only existence that is completely independent of relative concept, such as time and space. For example, no matter how fast a person moves or how far the person is, the speed of the light will always be 3 x 108 m/s and the distance between the light and the person will always be 0.

Summary

→ In his theory of relativity, Einstein defines the light to be independent of relative concepts such as time and space.

Plagiarism

→ Einstein's relativity theory bases on the belief that light is free from the concept of relativity. According to Einstein, the light can reach everything from anywhere at the same speed. The light always travels at the speed of 3 x 108 m/s; the light has no concept of space either.

위 내용을 보면, Original Context의 첫 번째 문장이 Paraphrasing과 Summary에서 문형 및 단어가 완전히 바뀌었으나 여전히 동일한 의미를 전달하고 있음을 알 수 있다. 하지만 같은 첫 번째 문장이라도 Plagiarism에서는 사용 어휘의 변화가 없으며 문형조차도 큰 변동이 없다. 이러한 경우에는 Plagiarism으로 간주되거나, 다행히 이를 모면한다 하더라도 효과적인 Paraphrasing으로 인정받지 못하기 때문에 iBT 토플에서 좋은 점수를 얻기 어렵다.

우수한 Paraphrasing은 풍부한 어휘나 다양한 문구, 표현력뿐만 아니라 정확한 이해력으로부터 비롯되는 것이므로 정확한 독해력을 키우는 것이 무엇보다 중요하다.

Paraphrasing Practice 영어 문장 재구성하기

A 주어진 해석과 같은 뜻이 되도록 괄호 안의 어휘를 이용하여 Paraphrasing 하시오.

1. 주어진 환경에 따라, 개개의 세포들은 여러 가지 작업을 수행할 것이다. (수행: perform)

   Depending on the given environments, each cell is adapted to carry out different functions.

   → Depending on the given environment,_____

   _____

2. 구글은 과거 몇 년간 엄청난 성공을 거두어서, 사업 영역을 확장하고자 기대하고 있다.
   (엄청난: enormous / 과거에: in the past / 기대하다: look forward to ~ing / 확장하다: expand)

   Google has been extremely successful for the past couple of years that it plans to increase its business area.

   → Google has achieved _____

   _____

3. 포도주 제조는 많은 인내와 끈기를 요하지만 확실히 항상 만족스러운 결과를 되돌려 준다.
   (요구하다: require / 많은: much / 확실히: certainly / 만족스러운: satisfactory)

   Patience and endurance are the must in the wine production but the result is always rewarding.

   → Although producing wine _____

   _____

4. 각 학생들은 효율적이면서도 자기만의 개성있는 노트 작성법을 개발해야 한다.
   (개개의: each / …하지만 ~한: ... yet ~ / 독특한, 개성있는: unique)

   Individual students should develop one's own way to take notes more efficiently.

   → _____

   _____

5. 포타슘[칼륨] 용액은 불탈 때에 빨간 빛을 발광한다. (발광하다: radiate)

   When potassium solution is placed under fire, the flame burns in red color.

   → _____

   _____

6. 녹차의 카페인이 무독성에 무자극이라고 믿는 것은 근거도 없을 뿐 아니라 부정확하기까지 하다.
(근거가 없는: groundless / 부정확한: inaccurate / 무독성: nontoxic / 무자극: nonirritating)

It is a common belief that caffeine of green tea is harmless, which actually is a baseless, incorrect myth.

→ _____

_____

7. 공장들은 불필요한 산업폐기물이 처리되는 적합한 하수처리 시스템을 건설해야 한다.
(산업폐기물: industrial waste products / 하수처리시스템: sewage disposal system)

Production lines must install the sanitation facilities for its unwanted byproduct, the industrial waste.

→ _____

_____

8. 멸종 위기에 빠진 동물들의 수는 물과 공기 오염이 심화됨에 따라 점점 더 늘어나고 있다.
(~의 위험에 빠진: in danger of / 멸종: extinction / 심화시키다: aggravate)

Due to continuing pollution in the water and atmosphere, animals that are facing extinction is increasing day by day.

→ _____

_____

9. 동성애가 성적 취향인지 성적 지향인지에 관한 한 두 가지 다른 견해들이 학계의 주요 이론이다.
(견해: idea / A인지 B인지: whether A or B / 주요한: leading)

There are two main theories regarding homosexuality: one defines it to be sexual preference, but the other finds it to be sexual orientation.

→ Two different ideas _____

in the academic field.

10. 크건 작건, 포유류는 항상 목에 7개의 척추를 가지고 있다. (포유류: mammal / 척추: vertebrae)

No matter how large or small a mammal is the number of vertebrae in the neck is always seven.

→ _____

_____

Unit 27 Paraphrasing II _ 독립형

A Topic을 활용하여 신속하게 서론 시작하기

전체 Essay의 첫 번째 문장은 글의 주제(Essay Topic)를 읽은 후에 자신의 느낌이나 생각 또는 의견을 적으면 된다. 가장 좋은 방법은 독자가 흥미를 가질 수 있는 주제에 관련된 자신의 일화나 이야기를 소개하면서 글을 전개하는 것이다. 이를 위해서는 많은 훈련과 글쓰기 연습이 있어야 하는데, 가장 쉽고 빠른 방법은 문제에서 제시된 Topic을 활용하여 Topic의 단어나 표현을 다른 표현이나 단어로 바꾸어 쓰는 것이다.

example

Topic

Do you agree or disagree with the following statement? Only books about true events and established facts are worth reading.

Paraphrase

→ There has been an argument regarding whether it is beneficial to read only those books that deal with facts. 〈→ 서론의 시작〉

B 서론을 활용하여 신속하게 본론 단락 시작하기

Essay의 구조는 크게 서론, 본론, 결론으로 구성되는데, 이때 본론 단락의 시작은 서론에서 언급된 전체 주제문(Thesis Statement)을 분리해서 좀 더 보충한 것이라고 볼 수 있다. 따라서, 단락 주제문을 쓰기 위해 오랜 시간을 낭비할 것이 아니라 서론에서 사용했던 전체 주제문을 다른 말로 바꿔 쓰면 (Paraphrase) 단락 주제문을 아주 쉽고 빠르게 작성할 수 있다.

example

전체 주제문

I believe reading fiction can develop our imagination and teach us important lessons of life as well.

Paraphrase

→ Fiction can be very beneficial in teaching us about human nature and the world in which we live. 〈→ 첫 번째 본론 단락의 시작〉

Paraphrase

→ Reading fiction can also develop and expand our imagination. 〈→ 두 번째 본론 단락의 시작〉

결론 단락은 글(Essay) 전체의 내용을 마무리하고 요약하는 역할을 한다. 따라서, 비슷한 역할을 하는 서론의 전체 주제문을 재진술하면 매우 짧은 시간 내에 요약문을 완성할 수 있다.

example

전체 주제문

I believe reading fiction can develop our imagination and teach us important lessons of life as well.

Paraphrase

→ In conclusion, fiction plays a meaningful role by teaching us valuable lessons about life and expanding our creativity in ways that mere facts simply cannot. ⟨→ 결론 요약⟩

Paraphrasing Practice 영어 문장 재구성하기

A 다음 Topic이나 전체 주제문을 읽고 Paraphrasing 하시오.

1. **Topic** When people move to another country, some of them decide to follow the customs of the new country. Others prefer to keep their own customs. Which one do you prefer?

   → **Paraphrase:** _____

   _____〈서론의 시작〉

2. **Topic** Do you agree or disagree with the following statement? Playing a game is fun only when you win.

   → **Paraphrase:** _____

   _____〈서론의 시작〉

3. **Topic** Do you agree or disagree with the following statement? Teenagers should have jobs while they are still students.

   → **Paraphrase:** _____

   _____〈서론의 시작〉

4. **전체 주제문** In my opinion, it is more beneficial for children to be brought up in the countryside than in a big city because children will get less stressed and have more chances to access nature in the countryside.

   → **Paraphrase (1):** _____

   _____〈첫 번째 본론 단락의 시작〉

   → **Paraphrase (2):** _____

   _____〈두 번째 본론 단락의 시작〉

5. **전체 주제문** From my perspective, most countries in the world seem to continue building zoos for different purposes, such as education and preserving species at risk.

   → **Paraphrase (1):** _____

   _____〈첫 번째 본론 단락의 시작〉

   → **Paraphrase (2):** _____

   _____〈두 번째 본론 단락의 시작〉

6. 전체 주제문 I believe it is better to raise children in rural areas than in urban areas as country life provides children a safe, healthy atmosphere as well as a sense of community.

→ **Paraphrase:** _____

_____〈요약〉

7. 전체 주제문 In my view, parents cannot be the best teachers because they are not only emotionally bound to their offspring but they unconsciously instill their values to their children.

→ **Paraphrase:** _____

_____〈요약〉

8. 전체 주제문 From my perspective, there are numerous aspects of the game, such as mutual interaction and self-reliance, which offer excitement other than simply winning the game.

→ **Paraphrase:** _____

_____〈요약〉

A 글의 핵심 내용을 중심으로 노트 필기

시험 시간은 한정되어 있기 때문에 읽고 들은 것을 모두 적으려 하지 말고 글의 핵심 내용만 적어야 한다. 모든 것을 적으려다 보면 오히려 글의 내용이나 강의의 내용 파악에 방해가 될 수 있다.

> The Internet
>
> Advancements in technology have greatly improved our lives. The Internet has played a major role in this. From students to professionals, the Internet has become a permanent part of our everyday routines, improving our methods of research and bringing satisfaction to our personal lives.

 효과적인 노트 필기

> Internet - improve methods of rs.
> satisfaction in our lives

→ 글의 요지를 요약해서 노트 필기했고 지문에 나온 모든 단어를 그대로 적기 보다는 간단하게 줄여서 작성

 비효율적인 노트 필기

> Internet become a part of our every routine
> improve our methods of research
> bring satisfaction to our personal lives

→ 중심 내용이 아닌 내용도 모두 노트 필기했고 지문에 나온 단어를 그대로 적어 지정된 시간을 효율적으로 활용하지 못함

글의 구성을 파악하기 쉽도록 '주제-소주제', '주제-근거'로 분류하여 노트 필기한다. 주제 아래 소주제나 근거를 필기하며, 소주제나 근거는 들여쓰기를 해서 주제와 구별한다. 소주제나 근거가 여러 개인 경우 숫자나 문자를 붙여 구조 분류를 표시하는 것이 바람직하다.

 효과적인 노트 필기

The Internet

Advancements in technology have greatly improved our lives. The Internet has played a major role in this. From students to professionals, the Internet has become a permanent part of our everyday routines, improving our methods of research and bringing satisfaction to our personal lives.

First of all, the Internet provides a major source of information that can be gathered quickly and easily. One no longer needs to spend hours going through stacks of books in order to complete research assignments or projects at hand. Information can be gathered with a simple click of the mouse. In this day and age, people have more information on their desktops than they ever could have imagined in the past.

Internet - improve our lives
    source of information rs. assignment, project
    - gather more info. quickly, easily

C 약자나 부호를 사용하여 시간을 절약

자주 쓰이는 단어나 표현을 약자나 기호를 사용하여 노트 필기하면 시간을 절약할 수 있다.

 유용한 부호 및 약자(Symbols and Abbreviations)

부호 및 약자	의미	부호 및 약자	의미
e.g.	for example	→	leads to, causes
etc.	et cetera, and so on	~	approximately, about
vs.	versus, in contrast to	w/	with
cf.	compare	w/o	without
+ / &	and	↔	opposite to
/	or	esp.	especially

D 자기만의 말로 노트 필기

읽고 들은 그대로 쓰는 것은 시간상 어려울 뿐 아니라 내용 정리와 이해에도 도움이 되지 않는다. 지문을 이해하면서 자신만의 말로 노트 필기하는 것이 효율적이다.

 자기방식 노트 필기

> The Internet has also enhanced our personal lives. By simply logging on, we have 24-hour instant access to just about anything. I can easily chat with my friends half way around the world, order a book online or check the latest baseball scores. With the Internet, I have the world at my fingertips.

> enhance personal lives
>   24hr. access
>   e.g. chat around the wrd, order book check baseball scr

Note-taking Practice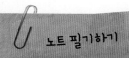

A 다음의 본문을 읽고 작성된 두 가지 노트 필기 중 좀 더 효율적으로 작성된 노트 필기를 고르시오.

1. These days, stress is very problematic in society and has several causes.
   Work, school, and even daily life can cause stress.

   a
   > stress is very problematic and has several causes
   >
   > e.g. work, school, and daily life

   b
   > stress
   >
   > causes - work, school, daily life

2. Humans require essential nutrients from five broad groups: proteins, fats,
   carbohydrates, vitamins and minerals.

   a
   > 5 essential nutrients
   >
   > protein, fat, carbohydr., vitamin, mineral

   b
   > human - essential nutrient from 5 classes
   >
   > protein, fat, carbohydrate, vitamin, mineral, etc.

3. Pollutants can cause diseases, including cancer, immune deficient diseases,
   allergies, and asthma.

   a
   > pollutant ‡ disease (cancer, allergies, asthma, etc.)

   b
   > pollutant
   >
   > e.g. cancer, immune disease, allergies, etc.

4. Generally, an ecological crisis occurs when the environment of a species or a
   population evolves in a way that is unfavourable to that species' survival.

   a
   > ecological crisis → environ. of species / population evolve unfavourably

   b
   > ecological crisis
   >
   > : environ. of species. → population evolves in unfavorable way

B 다음은 지문의 내용을 노트 필기한 것이다. 올바른 내용의 지문을 고르시오.

1.

> representative demo. - people no vote, select repre.
>
> cf. direct demo. - vote on gov. decision

a Compared to direct democracy in which the people vote on government decisions, representative democracy is a political system where people do not vote on most government decisions directly, but select representatives to a governing body or assembly.

b While people select representatives to a governing body or assembly through the process of voting in a representative democracy, direct democracy is the political system in which the people vote on government decisions.

2.

> tall bdg. → more space for the refl. & absorp. of sunlight → heat in urban ↑

a The tall buildings within many urban areas provide multiple surfaces for the reflection and absorption of sunlight, reducing the heat in urban areas.

b The tall buildings in many cities provide more spaces for the reflection and absorption of sunlight. This makes urban areas heated more.

3.

> research : pet-owners' stress - illness < people w/o pets

a Research has shown that pet-owners tend to suffer less from stress related illnesses than people who do not have pets.

b Research was done by some pet-owners who are suffering from stress related illnesses. It proves that the number of pet-owners is much less than that of people who do not have pets.

4.

> eng. design new elev. & plumbing → people & water move ↑ → tall buildings constr.

a Tall buildings could not be constructed until engineers designed new elevators, water pumps, and pipes. This enabled people and water to be moved higher above the ground.

b Engineers designed some devices such as elevators, water pumps, and pipes. This enabled people to move water and other tools higher above the ground. That is why tall buildings have elevators and water pumps.

C 주어진 글을 읽고 부호 및 약자를 사용하여 간략하게 노트 필기하시오.

1. Schools with government aid can be a good example.

> _____ schools _____ government aid

2. It is different whether it relies on approval or disapproval.

> approval _____ disapproval

3. Art such as pictures, novels, <u>films, plays, dance, and music</u> is also important in our lives.

> art - picture, novel, _____

4. There are also some people who work without gaining anything.

> others work _____ gaining anything

D 다음은 지문의 내용을 노트 필기한 것이다. 올바른 내용이 되도록 밑줄 그은 부분을 채워 넣으시오.

1.
> 1. school   2. family
>   e.g. class subject   e.g. vacation

We are faced with many decisions in school and family life, _____, what subjects to study and where to go on vacation.

2.
> human - organ donation
>   cf. animal - stand guard

_____ animals who stand guard over each other, humans also care for their own through organ donation.

3.
> endangered animals
>   ~ 30,000 species on 5 continents

Endangered animals representing _____ 30,000 species on five continents will be featured in the documentary.

4.

> 1. control vs. freedom
>   e.g. driving vs. flying

There are some _____ between "control" and "freedom." _____
_____, when we drive we can enjoy control. _____, when flying,
we can feel more freedom.

E 주어진 짧은 글을 읽고 빈 칸을 채워 노트 필기를 완성하시오.

1. We spend a lot of time watching television. According to various studies, television
    has negative effects on our lives.

    > studies : TV - _____

2. To begin with, television causes a lack of communication. Especially, children who
    spend most of their free time watching sports broadcasts and movies do not have
    enough chance to talk with their parents. This results in a gap between children
    and their parents.

    > TV - _____
    >
    > esp. children - _____

3. Furthermore, some television programs are detrimental to young people. For
    example, some research points out that many juvenile crimes are caused by
    teenagers with the heaviest exposure to violence from the television programs.

    > TV prog. - _____
    >
    > e.g. _____ : heavy exposure to violence → _____

4. When students begin studying at college or university, they have the choice of
    living off-campus or on-campus in dormitories. Dormitories may be the better
    choice.

    > _____
    >
    > dormitory - better

5. There are many television programs that are educational for children. For example, the National Geography Channel, my favorite channel, provides lots of valuable information about animals and plants. My high school science teacher used some programs from the channel in the classroom.

> TV prog. - _____
>
> e.g. National Geography - _____
>
>   - used by science teacher

6. Because of the increase in the population of cities, there is also an increase in the number of cars. Carpooling is one way people are using to lessen traffic problems. First of all, carpooling has the benefit of saving drivers money. It is much cheaper for several people to divide the cost of fuel rather than for everyone to pay individually everyday.

> population ↑ → _____
>
> _____ - solution to traffic jam
>
> _____ - divide the cost of fuel

7. Moreover, too many cars cause pollution problems. If people carpool, that means there are fewer cars putting pollutants into the air. Noise pollution is another problem caused by there being too many cars. However, if people carpool it also cuts back on the amount of noise in the environment.

> fewer car → _____
>
> noise ↓

8. One of the advantages of living in a dormitory is that it is safer. An apartment off-campus invites a lot of trouble like burglars and loud neighbors. Dormitories have full time security and everyone knows everyone.

> dorm. - _____
>
> cf. off-campus - _____
>
>   dorm - _____

9. In addition, living in a dormitory also allows students to develop stronger relationships with each other. Close relationships with other students can help develop a student's academic abilities.

> dorm. - _____
>
> → develop academic abilities

10. People love to shop, and many people think that megastores are good places to do it. Megastores are very convenient to begin with. You can find nearly any item you can think of, all in walking distance. This way you don't have to go all over town doing your shopping.

> _____
>
> find any item we want, in walking distance

11. Not only are they convenient, but megastores are also cheaper. Specialty stores have to charge higher prices because they make fewer sales. Megastores can charge lower prices because they have so many customers.

> megastore - cheaper
>
> cf. _____
>
> megastore - lower price / many customers

F 다음의 짧은 지문을 읽고 노트를 완성하시오.

1.
> **Taxes**
>
> The first purpose of taxation is for the management of the government. In the U.S. Constitution, a number of reasons are listed, such as, the coining of money, regulating commerce with foreign nations, establishing a post office, establishing a uniform code of law and raising and equipping armies and fleets. Taxes are needed in order to maintain the day-to-day functions of the government.

* fleet 함대

2.
> **Health**
>
> In order to maintain our health, we should follow these basic guidelines. Physical exercise is very important for a healthy life. Daily exercise should be included so as to strengthen muscles and reduce excess calories. Proper nutrition is also necessary in order to provide the body with the energy it needs and to give the body vitamins and minerals for protection against sickness and disease. Adequate rest is also important for a sound body. Without enough rest or sleep, the body has difficulty functioning at its full potential.

3.

Hybrid Vehicles

Hybrid vehicles get significantly better gas mileage. Though many experts disagree as to when the world's oil supply will run out, that doesn't mean we should not be concerned. And with skyrocketing gas prices we are forced to take notice. There are now hybrid vehicles that get over 60 miles per gallon. This is practically double what a gas powered car can get. And as technology improves and costs for hybrids decrease, they will become more of an option for the price conscious consumer.

* hybrid 하이브리드 / skyrocketing 치솟는

_____

_____

_____

_____

4.

Stress

Stress is the result of pressure of worry caused by problems in one's life. The cause of stress is mainly due to problems related to work, school and daily life. Stress can also be caused by significant changes in one's life, such as a death in the family, moving or changing jobs. People manage stress in different ways, such as distancing themselves from the situation by taking a long walk or a drive in the country. Others cope with stress by occupying their minds with their favorite activity, like working out in a gym or reading the latest bestseller.

_____

_____

_____

_____

Unit 29 Summarizing I _ 키워드 요약

A 효과적인 요약 문장 쓰기를 위한 3단계

1 단계	2 단계	3 단계
Topic 이해하기 단락을 읽고 그 단락의 전반적인 주제에 대한 단어를 떠올린다.	Key words 찾기 단락의 주제에 연관되는 핵심 단어나 어휘를 찾는 다. 이때 구체적인 예시와 같이 너무 자세한 사항은 일일이 다 체크할 필요는 없다.	요약 문장 쓰기 핵심 단어와 어휘를 적절히 사용하거나 재진술하여 단락의 주제를 간결하면서도 명료하게 표현하는 요약 문장을 쓴다.

다음은 아래 지문을 읽고 Topic, Key words, Summary를 작성한 예이다.

There are many opinions about who were the first North Americans. Among them, one is called the 'Clovis-first' theory. This theory proposes that about 14,000 years ago people traveled across a land bridge that existed between Siberia and Alaska. They are known as 'Clovis people,' and people believe that they were the first North Americans.

Topic

→ First North Americans

Key words

→ first North Americans, Clovis-first theory, 14,000 years ago, travel, Siberia & Alaska

Summary

→ Clovis-first theory claims that 14,000 years ago, people from Siberia moved from Alaska and settled in the North America for the first time.

Summarizing Practice 요약하는 연습하기

A 아래의 글을 읽고 순서에 맞게 요약의 글을 작성해 보자.

1. Personal essay summary (개인적 글에 대한 요약)

> **Passage 1**
>
> Winter is my favorite season because I love skiing. When I was young, my family lived in Milan. Every winter my parents took us to the north near Alps where a famous ski resort is located. Ever since we moved to London, I haven't had many chances to go skiing in winter. I really miss skiing.

• **Topic** → _____

• **Key words** → _____

• **Summary** → _____

_____

> **Passage 2**
>
> Becky is my best friend. We've known each other since the primary school. She's one of a few people I can truly talk to and have a lot of fun with. She always listens to me and this comforts me whenever I get upset. I also receive fruitful advice from her when dealing with people from work. Becky often surprises me by her wit and humor. I love spending time with her.

• **Topic** → _____

• **Key words** → _____

• **Summary** → _____

_____

> **Passage 3**
>
> When I was at school, our teacher told us "You are what you eat." I think she wanted to emphasize the importance of eating the right food to stay healthy. I used to love having meals out because food at restaurants tasted better, and it was fun hanging out with friends. I'm working full time, and I don't find much time to cook, so almost every time I eat out for fast and stimulating food. Recently I often feel weak and bloated, and I think it's because of my eating habit. Now, I realize what my teacher said is true and how difficult it is to eat right.

- **Topic →** _____

- **Key words →** _____

- **Summary →** _____

_____

2. Informative essay summary (정보를 담고 있는 글에 대한 요약)

Passage 1

Genes carry codes for what would decide your appearance. Genes say how tall you will get and what color hair you will have. They also carry codes for your eye color. You've got half of your genes from your mother and another half from your father. So you have your own set of genes. Each person gets different genes for each body part. That is why your siblings look alike.

- **Topic →** _____

- **Key words →** _____

- **Summary →** _____

_____

Passage 2

Big cities usually have very dense population. This is one of the main reasons for lack of housing. To compensate for limited space for houses, the government builds many apartments. Apartment buildings can have many stories, or floors. Each floor might have ten or more families. People build taller apartments to accommodate even more families. In this way, they can make the most of available land.

- **Topic →** _____

- **Key words →** _____

- **Summary →** _____

_____

Why do we save our coins in a piggy bank? It's because someone made a mistake. During the Middle Ages, metal was expensive and hardly used for household wares. Instead, people made dishes and pots with cheap clay called 'pygg'. When housewives could save some coins, they dropped them into one of their clay jars. They called this their pygg bank. Over two to three hundred years passed, and people forgot that 'pygg' referred to clay. In the 19th century, English potters first made pig-shaped piggy banks. Since then, the piggy bank has become our popular coin-saving bank.

• **Topic** → _____

• **Key words** → _____

• **Summary** → _____

_____

Nobody is certain about where and when chess came from. Chess has a number of known ancestors – the four-player Indian game Chaturanga among them – but its place and date of birth are still a mystery. However, what is definitely true about chess is that it is infinite. There is an Indian proverb: "Chess is a lake in which a mosquito can bathe and an elephant can drown." Children like commanding a little wooden army, and adults love being Napoleon in the game. That's how they get started. Later, players realize the technical complexity and they see the game's awesome artistic beauty.

• **Topic** → _____

• **Key words** → _____

• **Summary** → _____

_____

3. Argument / discussion summary (논의/논쟁하는 글에 대한 요약)

There could be many different ways of improving university service quality other than tuition fee hikes. Human resource is the most powerful weapon to make a change. Universities should focus on manpower they can summon. For example, constant support to lecturers for their teaching and researching would lead to supplying students with better quality of studying. Moreover, intensive care for students in their academic field could result in achieving extraordinary performance.

- **Topic** → _____

- **Key words** → _____

- **Summary** → _____

_____

People more and more expect higher quality of university, and this is why it is necessary to raise university tuition fees. Universities cannot just upgrade their service quality out of nothing. University services include competent lecturers, supportive curricular, school facilities, and much more. To improve them, money has to come along. I think students should bear responsibility to some extent.

- **Topic** → _____

- **Key words** → _____

- **Summary** → _____

_____

Passage 3

Capital punishment functions to be deterrence to committing crimes. When criminals are punished with death, it shows civilians how seriously the society sees capital violations and is determined to realize social justice. People would not attempt to commit a serious offense when they already know that their action would cost them their life. Offenders would also think again before they commit an even more serious felony.

• **Topic** → _____

• **Key words** → _____

• **Summary** → _____

_____

Passage 4

The death penalty would have little effect in preventing people from committing serious crimes. Those who are on the run would do anything to avoid capture, and we never know if they would take even more vicious actions. Likewise, if one has already committed crimes of capital punishment, they would not be afraid of doing anything bad. This could, in return, raise crime rates rather than reduce them. Hence, capital punishment does not seem to have an effect on crime deterrence.

• **Topic** → _____

• **Key words** → _____

• **Summary** → _____

_____

Summarizing II _ 지문 요약 / 필기 요약

A 지문을 읽고 요약하기

 주어진 글의 중심 내용만을 찾아야 한다.

1) 글에서 중요한 내용에만 밑줄을 긋거나 표시를 한다.

2) 구체적인 예시나 세부적인 설명은 제외한다.

3) 요약은 원문보다 간결한 글로 작성한다.

 선택된 중심 내용을 자기의 말로 바꾸어(Paraphrase) 쓴다.

1) 비슷한 의미의 표현으로 바꾸어 쓴다.

2) 문장의 구조를 바꾸어 표현한다.

3) 중문이나 복문은 단문으로, 절은 구로, 구는 단어로 간단하게 축약하여 쓴다.

Wind Power

Wind power has long been considered a clean, safe alternative form of energy that needs to be taken advantage of. However, despite all the positive aspects concerning wind power, there is the possibility that it can cause some severe environmental damage. To begin with, the wind energy complexes, called wind farms, endanger countless numbers of birds in those areas. Wind power is generated by a system of spinning blades, which are dangerous to birds. For example, environmentalists report that more than 5,000 birds were killed by the blades on a wind farm in California. Birds play an important role in any ecosystem by managing the population of certain insect pests. Simple math shows that fewer birds will result in more pests. These pests, in turn, could cause severe damage to crops.

Original(원문)

→ Wind energy complexes, called wind farms, endanger countless numbers of birds in those areas. Spinning blades are dangerous to birds. It causes severe damage to crops.

Summary

→ Wind farms are very dangerous to birds. Birds are killed by the spinning blades in the farms and this leads to serious damage to crops.

B 노트 필기를 보고 요약하기

 요약글은 주어진 지문이나 강의의 내용을 정리한 노트 필기를 보고 작성하는 것이 효과적이다.

The Internet

Advancements in technology have greatly improved our lives. The Internet has played a major role in this. From students to professionals, the Internet has become an essential part of our everyday routines, improving our methods of research and bringing satisfaction to our personal lives.

Note: Internet - improve methods of rs.
　　　　- satisfaction in our lives

Summary

→ The Internet is beneficial because it improves methods of research and brings satisfaction to our lives.

Summarizing Practice

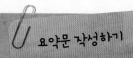

A 주어진 문장을 읽고 작성된 Summary 중 올바르게 작성된 것을 고르시오.

1. Students who are diligent in their study habits and make an effort will receive superior scores.

   a Students who study hard get good grades.
   b Students who have study habits receive superior scores.

2. It is easy to discover that certain sentences contain no meaning though they are made up of numerous words with great complexity.

   a Complex sentences have several difficult meaning.
   b Some sentences that look difficult have no real meaning.

3. Higher education is a necessary prerequisite in obtaining an attractive position within a company.

   a A good education is needed to get a good job.
   b Those who get a higher education can make a lot of money.

4. The evidence overwhelmingly leads towards the conclusion that the inhalation of tobacco is indeed hazardous to one's health.

   a It is obvious that smoking is bad for you.
   b The evidence was clear enough to prove the demerits of smoking.

5. A decline in consumer confidence can result in a loss of profit or even bankruptcy for smaller independent enterprises.

   a If shoppers don't spend money, the profits will be decreased.
   b If shoppers don't spend money, small businesses will lose money or even close down.

6. Living things cannot maintain their organization or carry on life's activities without an outside source of materials and energy.

   a Life needs food to function.
   b Living things require a lot of activities.

7. Residing alone is preferable to cohabitating due to the numerous differences in the characteristics of individual people.

   a Living alone is better than living with a roommate.

   b It is better to live alone than with a roommate because people have different habits.

8. A problem evident in large urban areas like New York City and Tokyo is the constantly growing number of gasoline-powered vehicles, either privately owned or public transportation, that hinder timely transit.

   a Traffic is getting worse in big cities.

   b Public transportation in big cities are very convenient.

B 주어진 노트 필기를 보고 작성된 Summary 중 올바르게 작성된 것을 고르시오.

1. New study (Earth) : system's past and working

   a New research about the Earth shows how the planet works.

   b Some studies are researching the Earth system and how it works.

2. overeating → obesity / degenerative health conditions

   a Eating at meal times can cause serious health problems.

   b Eating too much can make you fat or sick in some way.

3. central government ↓ → decorated structures erection ↓

   a After the government failed, less[fewer] buildings were built.

   b After the government failed, a few buildings were built.

4. most popul. bever. in Britain - great variety of tea

   a The British like to drink tea.

   b The British like to gather various kinds of tea.

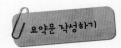

5.

> automobile emission ↑ ⟶ atmosphere pollution
>
> ⟶ respiratory difficulties for citizens

a Cars are the reason for the pollution in the cities.

b Cars make the air dirty and cause breathing problems for people living in cities.

6.

> English learners
>
> - have diffi. in fluent Eng. phonetics

a It is difficult to study English phonetics.

b Many students find it difficult to pronounce English correctly.

7.

> living organism ↓ no required amount of sustenance

a Lack of food causes death.

b Living organisms will be decreased when there is no required amount of sustenance.

C 주어진 글을 읽고 주요 문장에 밑줄을 그어 표시한 후, 빈 칸을 채워 Summary를 완성하시오.

1.

> It is not uncommon these days to see popular university professors presenting lectures on television. There are some advantages to this, including the improvement of the associated university's reputation. If high school students see the professors on television and are impressed, that could mean an increase in the number of students wishing to attend that university.

Summary: _____ giving lectures on _____ can improve a university's _____. It will also attract more _____.

2.

> In the United States, some states add fluorine to drinking water. There are several reasons why states do this. To begin with, fluorine is helpful in maintaining the health of teeth and bones. Fluorine is a helpful chemical that cleans buildup off of teeth and prevents tooth decay. It also contains certain amounts of calcium that strengthens bones, especially in children.

Summary: Some states add _____ to water because it helps _____ by cleaning and protecting them. Also, fluorine contains _____ that strengthens _____.

3.

Deforestation is the cutting down of trees and turning the area into either pastures for livestock, land for growing crops or space for urbanization such as houses, roads and factories. Generally this destruction of the forests has caused more damage than good. The negative effects of deforestation can easily be seen in the rise of atmospheric pollution and in changes in the climate.

Summary: Deforestation has done more _____ than good. The harm can be seen in the rise in _____ and changes in the _____.

4.

Do winters from your childhood seem colder than winters now? This may be in part because of global warming. Basically, global warming is an observed increase in the average Earth's temperature. The scientific community generally states that this is due to the release of carbon dioxide and other greenhouse gases as well as deforestation and population growth.

Summary: Global warming is a rise in the _____ of the Earth due to _____, greenhouse gases, _____ and population growth.

D 다음 짧은 지문을 읽고 노트를 완성한 후 Summary를 작성하시오.

1.

Franchises

Opening up a franchise is a great way to start a business. First of all, owners are starting out with a name familiar to consumers and will save money on advertising. Individual franchise owners don't have to spend as much on advertising because the company does all the promoting. In addition, consumers are already familiar with the brand and are more likely to buy products from a recognizable distributor. When a customer is happy with a product that they have been using for a long time, they are likely to keep on using it no matter who owns the business.

* **distributor** 분배자, 판매자, 유통업체

Note-taking

Summary: _____

_____

_____

_____

_____

2.

Urban Heat Islands

Heat islands are metropolitan areas that are a lot warmer than their surrounding areas. As people started living in larger population centers, those centers started to experience temperature increases, which is welcome in the winter, but problematic during summer. There are several causes for urban heat islands. The tall buildings in most urban areas provide many additional surfaces that either reflect or absorb the sunlight depending on the materials from which they are made. This so-called "canyon effect" heats the urban areas more efficiently than the natural environment in rural areas. Furthermore, the buildings block natural wind patterns that prevent cooling by convection.

* convection 대류, 전달

Note-taking

Summary: _____

_____

_____

_____

_____

3.

Four-Day Workweek

Working a four-day workweek can be a beneficial arrangement for employers and employees alike. To begin with, the employer does not have to pay out as much in salaries because of fewer hours worked by employees. When employees work five eight-hour days, the employer will have to pay more than if they work four eight or nine-hour days.

As for employees, they will have sufficient time to relax, which reduces work stress. Working too many hours can bore and wear down employees. A four-day workweek can result in an increase of productivity if the workers are happier and more relaxed. Thus, the four-day workweek is beneficial to both sides concerned.

Note-taking

Summary: _____

_____

_____

_____

_____

Memo

Memo

Memo

Memo

Memo

Memo

탄탄한 영문법 실력으로 서술형 영작 문제부터 iBT 토플까지 대비!

iBT 고득점으로 가는

Grammar & Writing

2nd Edition

4

임정준·김민호 지음

정답 및 해석

DARAKWON

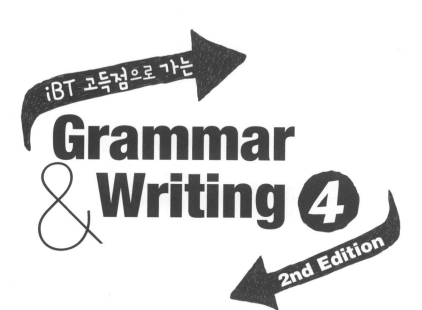

iBT 고득점으로 가는

Grammar & Writing ④

2nd Edition

정답 및 해석

DARAKWON

CHAPTER 01

문장 구조

A 문장의 주어

예문 해석

1. • 조각가는 진흙, 돌, 금속으로부터 조각상을 만든다.
   • 포도당은 식물의 광합성 과정 동안에 만들어진다.
   • 대화 부족의 주원인은 텔레비전이 아니라 개인주의이다.
2. • 어린 아이는 육체적으로 강인하지도 않고 위험에 주의를 기울이지도 않기 때문에 종종 삐거나 뼈가 부러지거나 베이기도 한다. 분화세포이건 단세포이건 간에 모든 세포는 어느 정도 공통점이 있다.
3. • 나는 소수의 친한 친구들과 있으면 편안해진다.
   • 영화와 관련된 제품을 판매할 경우 때때로 흥행수익의 판매 부진을 보상하는 데 도움을 줄 수 있다.
   • 운동을 하며 시간을 보냄으로써 아이들은 집단 내 다른 아이들과 사귀게 된다.
4. • 3D 영화를 찍기 위해서는 두 대의 카메라를 동시에 사용해야 한다.
   • 대부분의 사람들이 말보다 글로 자신을 표현하는 것을 더 어려워한다.
   • 고대륙의 단순한 균열이 대서양으로 변하는 데 겨우 1억 5천만년이 걸렸다.
5. • 커피가 불면증을 유발할 수 있다는 것은 사실이다.
   • 담배가 폐암의 주요 원인이라는 것은 확립된 사실이다.
   • 펭귄이나 타조 같이 날지 못하는 새조차 한때 앞다리를 날개로 사용했다는 것은 확실하다.

Check-Up Test 1 ▶ p. 11

❶ Some parents use cartoons as an educational tool.
❷ Many people visit museums when they travel to new places.
❸ Making money cannot be the ultimate aim of jobs.
❹ It is important for young students to learn how to earn and spend money wisely.
❺ That drug abuse can ruin one's health is a well- known fact.

B 문장의 동사

예문 해석

1. • 모임은 다음 월요일 8시에 열릴 예정이다.
   • 이 두 가지 액체가 결합하는 순간 화학 반응이 일어난다.

• 수많은 종의 곤충들은 번식 주기가 짧아 빨리 진화한다.
2. • 재즈의 주요 요소들 중의 하나는 즉흥 연주이다.
   • 앤드류 와이어스는 사실주의적이고 세밀한 그림으로 유명하다.
   • 오늘날 국립 박물관은 전세계에서 온 수천 명의 사람들에게 강렬한 영감을 준다.
3. • 불모의 경사면에 나무를 심는 것은 침식을 예방한다.
   • 지구의 중력은 모든 물체를 지구의 중심 쪽으로 당긴다.
   • 수백 명의 팬들이 담장 뒤에서 식을 지켜보았다.
4. • 엽록소 때문에 잎은 녹색을 띤다.
   • 사람들은 버클리의 공공 요금으로 연간 수백 달러를 낸다.
   • 미국은 1920년 19번째 개정안의 채택 이후에야 비로소 여성들에게 투표권을 주었다.
5. • 사람들은 히포크라테스를 현대 의학의 아버지라고 불렀다.
   • 나는 원래 지방이 낮은 음식을 먹는 것을 습관으로 하고 있다.
   • 대통령은 그를 5년 임기의 의장으로 선출할 작정이다.

Check-Up Test 2 ▶ p. 13

❶ A healthy body relies on good nutrition and good exercise habits.
❷ Losing weight helps the heart to stay healthy.
❸ Most human activities threaten the survival of wild species and natural environments.
❹ His job did not give him much sense of fulfillment.
❺ Living in a dormitory can make it convenient for freshmen to use school facilities.

Grammar Practice p. 14

Ⓐ 1. S = Weeds V = compete
   2. S = Korea V = plunged
   3. S = carbon dioxide and water vapor
      V = increase O = global warming effect
   4. S = zoos V = have become C = refuges
   5. S = Carnegie Hall V = was C = building
   6. S = Charles Dickens V = was C = influential
   7. S = People V = consider O = William Shakespeare OC = playwright

해석

1. 잡초는 수분, 햇빛, 양분을 얻기 위해 농작물과 경쟁을 한다.
2. 한국은 외국과의 자유무역 및 세계화 시대로 뛰어들었다.
3. 과도한 이산화탄소와 수증기는 이러한 지구온난화 효과를 증가시킨다.
4. 오늘날 동물원은 야생에서 멸종 위기에 처한 몇몇 동물 종에게 은신처가 되었다.
5. 카네기홀은 오케스트라 음악 전용으로 설계된 뉴욕 최초의 건물이었다.
6. 영국 소설가 찰스 디킨스는 영국의 크리스마스 축제와 관련된 전통을 만드는 데 매우 큰 영향을 미쳤다.
7. 사람들은 윌리엄 셰익스피어를 역사상 가장 훌륭한 극작가라고 여긴다.

Ⓑ 1. are synthesized → synthesize
   2. be taken place → take place
   3. his → him

4. to me → me
5. important lessons children → children important lessons

해석
1. 식물은 태양 에너지의 도움을 받아 물과 이산화탄소로부터 탄수화물을 합성한다.
2. 양력에서는 각 달의 다른 시점에 달이 찼다 이울었다 한다.
3. 식습관을 점차적으로 변화시키면 그는 확실히 건강해질 것이다.
4. 그는 나에게 스파게티 만드는 법을 가르쳐주었다.
5. 집안일을 함으로써 아이들은 중요한 교훈을 배운다.

Sentence Writing Practice   p. 15-16

A
1. come from
2. uncomfortable
3. why he always complains
4. to quit
5. that childhood is the most important period in a person's life
6. requires
7. helps / stay

B
1. She teaches children English in a kindergarten.
2. Advertisements give us an amount of information about products.
3. Classical music makes me relaxed.
4. Regular exercise makes my life more active.
5. Uniforms remind people of their duties and roles.
6. Skipping breakfast causes overeating at lunchtime.
7. It is difficult for working women to do household chores everyday.
8. It is essential to spend a lot of time with children to become good parents.
9. There are many qualities (which are) necessary to become good parents.
10. People (who were) unfamiliar with computers became interested in the Internet.

실전 Essay Practice   p. 17-19

A
1. claim their right to smoke wherever they like to smoke
2. lowers the risk of health problems for non-smokers as well as smokers and brings a cleaner environment in office buildings

B
1. harmful to a person's health
2. nervous system / addicted
3. is linked to

4. compared with non-smokers
5. smoking should be banned in office buildings because it makes the working environment unsanitary
6. The stench of smoke is left in the air long after a smoker has left, and the cigarette butts mess up the ground.
7. smoking is allowed in office buildings
8. unpleasant / unproductive
9. every worker should have the right to work in sanitary conditions

C
1. anti-smoking laws are designed to protect the public
2. anti-smoking laws adopted by the governments in numerous countries are the best choice

해석
에세이 주제
토픽: 어떤 나라에서는 다수의 공공 장소와 사무실 건물에서 사람들이 흡연하는 것이 더이상 허용되지 않고 있다. 이것이 좋은 법이라고 생각하는가, 아니면 악법이라고 생각하는가? 자신의 입장을 지지할 명확한 이유와 예를 들어 설명하라.

A. 공공 장소에서 흡연을 금지시키는 법률을 통과시켜야 하는지 마는지에 대해서 논란이 있다. 일부 흡연가들은 담배를 피우고 싶은 곳이면 어디에서든지 흡연을 할 수 있는 권리가 있다고 말한다. 하지만 내 견해로는 금연법이 흡연자뿐만 아니라 비흡연자들의 건강 문제 의 위험성을 낮추고 사무실 환경을 보다 깨끗하게 하기 때문에 금연법에는 많은 이점이 있다고 본다.

B. 흡연은 사람들의 건강에 해로울 수 있다. 다시 말해, 신경계에 미치는 니코틴의 영향은 많은 사람들을 중독되게 만들 수 있다. 게다가 흡연은 심장병, 폐질환, 그리고 다른 질병들로 연결된다. 예를 들면, 비흡연자와 비교했을 때 흡연자는 폐 기능의 효율이 나이가 들면서 현저하게 감소된다.

더욱이 흡연은 작업 환경을 비위생적으로 만들기 때문에 사무실 건물에서 금지되어야 한다. 흡연자가 자리를 비우고서도 오랫동안 담배 연기의 지독한 냄새가 공기 중에 남아 있다. 그리고 담배 꽁초가 바닥을 지저분하게 만든다. 흡연이 사무실 건물에서 허용된다면, 관리인은 깨끗이 치우기 위해 항상 신경 을 써야 한다. 이는 청소 서비스를 위한 추가 비용을 발생시킬 뿐만 아니라 비흡연 직원으로 하여금 불쾌감을 느끼게 만들고 직장에서의 생산성을 저하시킨다. 결국 모든 직원은 위생적인 환경에서 근무할 권리가 있는 것이다.

C. 결론적으로, 금연법은 대중들이 간접흡연으로 인한 건강의 위험이나 불결한 환경과 같은 해를 입지 않도록 하기 위해 고안되었다. 따라서 수많은 국가의 정부들이 채택한 금연법은 국민을 보호하고자 하는 국가의 의지를 보여주는 최선의 선택이다.

Unit 02 문장의 구조 Ⅱ _ 수식 성분

A 형용사 상당어구

예문 해석

1. • 개척시대 동안, 앨리게니 산맥은 교통수단에 주된 장애물이었다.
   • 양자역학에 따르면, 우주공간의 가장 빈 공간도 정말로 완전히 빈 공간인 것은 아니다.
   • 일부 문화권에서는 특정 사회 계층 사람들의 의복을 규제하는 관습이 있다.
2. • 유성 페인트처럼 기름을 함유한 재료로 만들어진 그림을 모노타이프라고 한다.
   • 알레르기가 없는 사람들에게 해롭지 않은 물질이 알레르기가 있는 사람들에게는 심각한 반응을 일으킬 수 있다.
   • 1728년 벤자민 프랭클린은 독서, 토론, 사회봉사에 관심을 가진 집단인 Junto라는 젊은 상인들의 조직을 만들었다.
   • 시인 월트 휘트먼은 가난한 농부의 아들로 롱아일랜드에서 태어났다.
3. • 피부세포, 백혈구 같은 수많은 종류의 세포는 무성으로 재생하는 능력이 있다.
   • 1066년에 하늘에서 나타난 밝은 혜성은 많은 관심을 끌었다.
   • 지금 농장에서 기르는 모든 식물들은 한때 야생에서 자라던 식물에서 개발되었다.
   • 에스페란토어는 다른 나라에서 온 사람들 사이의 의사소통을 용이하게 하기 위해 창조된 언어이다.
4. • 과학의 목적은 정보의 습득이다.
   • 교육을 잘 받은 사람은 문제를 아주 잘 해결한다.
   • 1914년에 해리엇 터브먼에 경의를 표하기 위한 청동판을 뉴욕에 있는 카유가 카운티 법원의 입구에 설치했다.

Check-Up Test 1 p. 21

❶ A close neighbor is better than a distant cousin.
❷ Ginseng is a plant which is well known for its healthful elements.
❸ E-mails based on the Internet are free and fast.
❹ The first advantage of wearing school uniforms is that they cost less money and time.

B 부사 상당어구

예문 해석

1. • 대개 관세는 그 가치에 따라 상품에 부가된다.
   • 명백히 학교는 교사 없이 제 역할을 할 수 없다.
   → 학교가 교사 없이 제 역할을 할 수 없다는 것은 분명하다.
2. • 새로운 나라에 살 때, 그 나라의 관습을 따르는 것 말고는 선택의 여지가 없는 경우가 종종 있다.
   • 가장 풍부한 다이아몬드 매장층에서조차 작은 다이아몬드 하나를 얻기 위해 수 톤의 암석을 채굴하고 분쇄해야 한다.
   • 햇볕에 의해 데워진 돌 주위의 공기가 찰 경우 아무리 작은

돌이라고 하더라도 작은 온기류를 형성한다.
3. • 소비자 수요를 예상하기 위해서 시장 조사자들은 인구의 표본집단의 관심을 연구한다.
   • 질병이 악령에 의해 야기되었다고 믿은 아메리카 원주민들은 악의 영향을 제거하기 위해 마법과 마술을 사용했다.
   • 일부 대도시 신문들은 책으로 간행할 경우 엄청난 분량이 될 것이다.
   • 여전히 죄수였던 랄프 얼은 뉴욕 시의 가장 우아한 사회 여성들과 그들 남편의 초상화를 그렸다.
4. • 20세기 초, 대다수 여성들의 삶은 몹시 힘들었다.
   • 컨트리 음악은 다양한 스타일과 기악 편성에도 불구하고 컨트리 음악만의 특징을 만들어내는 어떤 공통된 특성이 있다.
   • 고용이 안정된 사업체에서는 직장을 그만둔 직원을 대신하기 위해서만 직원을 채용한다.

Check-Up Test 2 p. 23

❶ Unfortunately, today's students think of composition as a boring requirement.
❷ When most people feel satisfied with their jobs, they work hard.
❸ To make wise career decisions, people need as much information as possible.
❹ At the age of thirteen, Tom got perfect scores on the TOEFL test.

Grammar Practice p. 24

A 1. S = novels V = demonstrate O = hazard
2. S = country music V = has O = features
3. S = Speech sounds V = are C = sound waves
4. S = Groundwater V = contains O = carbon dioxide
5. S = organizations V = have been working
6. S = Planets V = are formed
7. S = baby V = has O = pace
   S = patterns V = have been observed

해석

1. 몇몇 비평가에 따르면 윌리엄 버로스의 소설은 부조리 문학의 중요한 위험 요소를 보여준다.
2. 컨트리 음악은 다양한 스타일과 기악 편성에도 불구하고 컨트리 음악만의 특징을 만들어내는 어떤 공통된 특성이 있다.
3. 말소리는 공기의 흐름에서 생기는 음파이다.
4. 동굴로 스며드는 지하수에는 토양의 대기에서 흡수한 이산화탄소가 들어 있다.
5. 팬더를 멸종으로부터 구하기 위해 중국 정부 및 UN을 비롯한 다른 많은 세계 기구들은 지난 2년간 협력 작업을 해왔다.
6. 행성은 우주 구름 속에 있는 가스와 먼지의 증식으로 형성되었다.
7. 아기마다 발달 속도가 다르긴 하지만 보편적인 성장 패턴이 관찰되었다.

B 1. of taste
2. based
3. known

4

4. of the movie
5. to travel abroad
6. regularly

해석
1. 비만인 사람들은 그렇지 않은 사람보다 미각에 더 예민하다.
2. 정보와 지식에 기초한 사회는 보다 교육 수준이 높은 사람들을 요구한다.
3. 항성과 비슷한 희미한 천체인 준성은 아마도 알려진 물체 가운데 가장 멀리 떨어져 있는 물체일 것이다.
4. 가장 유명한 영화배우 중 한 명인 줄리아 로버츠는 그 영화의 주연 배우이다.
5. 해외 여행을 할 기회가 있다면 나는 프랑스에 가 보고 싶다.
6. 현대인들은 몸을 움직일 기회가 거의 없기 때문에 규칙적으로 운동을 해야 한다.

Sentence Writing Practice   p. 25-26

Ⓐ 1. These days
2. Unlike westerners
3. working in fast food restaurants
4. Thanks to his help
5. According to a study
6. Seeing him
7. While many people learn English

Ⓑ 1. There are many cultural facilities in urban areas.
2. Most of all, I take a warm bath to relieve stress everyday.
3. Teenagers purchase famous brands to imitate their idols.
4. Products made by hand have unique characteristics.
5. Walking along the street, I met my English teacher by chance.
6. When learners are young, English skills can be easily acquired.
7. Children can develop their sense of responsibility by helping with household chores.
8. Studying (together) with others, students can share information with one another.
9. Children who started school at an early age can improve social skills quickly.
10. I want to study at Harvard University, the most famous university in the field.

실전 Essay Practice   p. 27-28

Ⓐ 1. pay too much attention to
2. defame their reputation / cause psychological damage

Ⓑ 1. Public figures and celebrities are entitled to personal privacy.

2. As seen from / led to her death / blamed / lead normal lives
3. focused / exaggerated / falsified
4. constantly acquire new information / rather than / increase the subscription / be ruined

Ⓒ 1. public figures' accomplishments are more important than their private lives
2. invade their private lives / provoke psychological damage

해석
에세이 주제
토픽: 다음 진술에 찬성하는가 반대하는가? TV, 신문, 잡지, 그리고 다른 미디어들이 공인이나 유명인사와 같은 유명한 사람들의 개인적인 삶에 너무 많은 관심을 보인다. 구체적인 이유와 세부 사항을 들어 의견을 진술하라.

A. 미디어는 공인이나 유명 인사 같은 유명한 사람들의 사생활에 너무 많은 관심을 갖고 있다. 나는 미디어의 지나친 관심에 반대한다. 그들에게도 사생활이 있으며, 거짓에 근거한 기사들은 명예를 훼손시킬 뿐만 아니라 정신적 피해를 유발할 수 있기 때문이다.

B. 공인이나 유명한 사람들은 사생활을 보호받을 권리가 있다. 다이애나 공주의 예에서 볼 수 있는 것처럼 미디어의 지나친 관심은 결국 그녀의 죽음을 초래하였고, 그 결과 많은 파파라치들이 그녀의 죽음에 대해 비난을 받았다. 따라서, 미디어는 유명 인사와 공인의 사생활을 존중해 주어야 하며, 그들이 정상적인 삶을 영위하도록 해주어야 한다.
유명인의 가십은 흥미 위주이고 그 내용이 과장되거나 거짓일 수 있다는 점에서 그 유명인을 상처 입힐 수도 있다. 타블로이드판 신문은 매일, 혹은 매주 발행되기 때문에 기자들은 꾸준히 새로운 정보를 얻기 위해 노력해야 한다. 문제는 미디어가 사실에 근거한 정보를 제공하기보다 구독률을 높이기 위해 잘못된 정보를 제공하려는 유혹을 받기도 한다는 것이다. 소문이 거짓이라는 것을 입증하기도 전에 해당 유명인의 신뢰성이 손상될 수도 있다.

C. 결론적으로 말해, 그들의 사생활보다는 공인으로서의 면모가 더 중요한 것이다. 연예인에 대한 미디어의 관심은 그들의 사생활을 침해하고, 극단적인 경우 정신적 피해마저 유발할 수 있기 때문이다.

CHAPTER 02

동사 구조

Unit 03 핵심 동사 I _ 자동사

A 1형식 완전 자동사

예문 해석
1. • 존은 곧 도착할 것이다.
   • 그의 기분은 날씨에 따라 변한다.
   • 어려운 경제 여건에도 불구하고 그들의 사업은 계속 번창한다.
   • 추상 표현주의는 1940년대 중반부터 1950년대 중반까지 번창한 미국 회화의 흐름이었다.
   • 거의 백만 건의 지진이 매년 일어난다. 그러나 대부분은 너무 미약해서 감지되지 못한 채 지나간다.
2. • 존은 뉴욕에 산다.
   • 간헐천 형성을 위한 좋은 조건은 지질적으로 최근에 화산 활동이 일어난 지역에 존재한다.
   • 학위를 수여하는 관행은 중세 유럽의 대학교에서 유래했다.
   • 포유류 가운데 유일하게 비행을 하는 것으로 알려진 박쥐는 태국의 작은 키티돼지코 박쥐에서 인도네시아의 거대한 큰박쥐에 이르기까지 크기가 다양하다.
3. • 땅의 가치는 주택 가격의 30%를 차지한다.
   • 다양한 나라들의 국립공원들은 자원 보호의 효율성 면에서 상당히 차이가 있다.
   • 숲에 있는 식물 중에는 산불 덕분에 생존하는 식물도 있다.
4. • 한국은 1997년에 경제 위기를 겪었던 것으로 보인다.
   • 어느 쪽도 타협하려고 하지 않기 때문에 파업은 계속될 가능성이 높다.

Check-Up Test 1   p. 34

❶ When something "bad" occurs in my life, I would rather consult with a few intimate friends.
❷ Grades result from personal judgment and vary from teacher to teacher.
❸ Some teachers object to grading because it forces them to summarize different results with a single measurement.
❹ It seems that it is really hard for people who have only one skill to succeed in today's society.

B 문장의 주어

예문 해석
1. • 이 사과들은 단맛이 난다.
   • 독서는 여전히 우리 삶의 중요한 부분이다.

   • 노동조합과 회사 소유주 간의 협의는 희망이 없어 보였다.
2. • 광합성은 식물들에게 있어 중요한 과정이다.
   • 미국인들과 유럽인들의 가장 두드러지는 차이점은 돈에 관한 그들의 태도이다.

Check-Up Test 2   p. 35

❶ It is getting harder and harder to find decent jobs in a big city.
❷ Nowadays, Korean breakfast patterns have become westernized.
❸ The Internet is a vast network of computers that connects a great number of users.

Grammar Practice   p. 36

Ⓐ 1. are occurred → occur
2. reacts → reacts with
3. be evolved → evolve
4. 맞는 문장
5. dependence → dependent
6. lie → lies
7. fame → famous

해석
1. 토네이도는 따뜻한 기류가 매우 찬 공기 덩어리와 만날 때 생긴다.
2. 산성비는 대기 중의 수증기가 어떤 화학 물질과 반응할 때 생긴다.
3. 수많은 종의 곤충들은 번식 주기가 짧기 때문에 진화 속도가 빠르다.
4. 듣기는 의사소통의 필수 요소가 된다.
5. 유교로 인해 아시아 가정의 구성원들은 종종 서로에게 대단히 의존적이 된다.
6. 지구 태양계의 중심에는 태양이 있는데, 그 온도는 표면의 경우 화씨 10,000도 이상이다.
7. 앤드류 와이어스는 전원 지역인 펜실베이니아와 메인 주의 인물과 장소를 그린 사실적인 그림으로 유명하다.

Ⓑ 1. are
2. essential
3. Responding
4. uncomfortable
5. difficult

해석
1. 어류는 가장 오래된 척추동물이며, 그들로부터 다른 모든 척추동물들이 진화했다.
2. 판다는 인간이 판다의 생존에 필수적인 야생지대를 침식해 들어갔기 때문에 멸종위기종이 되었다.
3. 몇몇 종의 박쥐는 정주파수의 변화에 반응함으로써 비행 시 방향을 수정한다.
4. 정장을 입는 사람들은 야외 활동을 할 때 불편함을 느낀다.
5. 교복을 입는 학생들은 학생에게 금지된 행동을 하기가 어렵다.

Sentence Writing Practice p. 37-38

A 1. refers to
2. varies[changes]
3. consists of
4. get along with
5. vary
6. belong to
7. occur
8. is getting easier

B 1. There are largely two ways of complaining about products.
2. There are various convenient transportation facilities in a big city.
3. High rate of unemployment arises during economic recession.
4. One of the important tasks of firefighters is prevention of fires.
5. The best way to stay healthy is to exercise regularly.
6. Older generations are not familiar with the use of the Internet.
7. Kimchi is becoming popular all over the world.
8. Adolescence refers to the transformation stage from childhood to adulthood.
9. The Internet became one of the most convenient ways to share information.

실전 Essay Practice p. 39-40

1. be an educational place for both children and adults
2. provides people with an opportunity to view a lot of animals firsthand while taking a tour around it
3. an increasing number of people can be exposed to the real lives of animals and their communities
4. an important role of the zoo
5. motivate them to foster affection toward animals
6. develop a strong sense of obligation
7. go hand in hand at a zoo

Unit 04 핵심동사 II _ 타동사

A 3형식 완전 타동사

예문 해석

1. • 수질 오염은 물질들의 방출과 관련 있다.
   • 미국 인구조사는 정부 기관에 중요한 정보를 제공한다.
   • 1900년대 초기에 이스트먼은 저렴한 브라우니 상자형 카메라를 개발했다.
   • 노아 웹스터만큼 미국 영어의 발전에 큰 영향을 끼친 사람은 거의 없다.
2. • 대부분의 과학자들은 화성에 생명체가 있다고 믿는다.
   • 1988년에 한 전문가가 니코틴이 헤로인과 코카인 같은 마약만큼 중독성이 있다고 발표했다.
   • 광선은 공기가 희박한 상층 대기에서 전기가 방출되기 때문에 발생한다고 추측된다.
   • 에릭슨이 '정체성 위기'라는 용어를 만들었다고들 한다.
3. • 그 회사는 매력적인 지역에 새로운 호텔을 설립할 것을 계획했다.
   • 우리는 기존 파트너와의 계약 갱신을 분명히 거부할 것이다.
   • 움직이는 물체는 속도를 유지하려는 경향이 있다.
   • 그들은 국가를 위해 자신들의 행복을 희생했으며 퇴직금을 받을 자격이 있다.
4. • 나이에 관계없이 사람들은 동물을 보는 것을 즐긴다.
   • 어떤 학교는 한 해에 여러 번의 짧은 방학을 갖기를 제안한다.
   • 사람들은 특정 상황에 직면하여 새로운 일을 받아들이기 거부할 때, 압력과 강요를 받는다.
5. • 어떤 정부는 공원 조성에 충분한 예산을 지원한다.
   • 비자 담당직원은 비자 (발급) 지체에 대한 이유를 반드시 통보해야 한다.
   • 아이들이 바닥을 쿵쿵거리며 구르지 못하도록 해야 한다.
   • 우리는 영화를 인기 있는 오락의 한 형태로 간주한다.
6. • 어떤 물고기는 남극대륙 주변 바다에 서식한다.
   • 폴리네시아 사람들은 C. E. 300년과 750년 사이에 하와이제도에 최초로 정착했다.
   • 핼리혜성은 태양에 접근할 때만 궤도에서 볼 수 있다.

Check-Up Test 1 p. 44

❶ Some employers use transcripts to determine applicants to hire.
❷ Most people think that a person becomes an adult at the age of eighteen.
❸ If I were given a vacation, I would not hesitate to choose Italy as my destination.
❹ Students must finish submitting their term papers before the deadline.
❺ Many experts in human development recognize adolescence as a period of growth.
❻ Heat is commonly defined as the energy of molecules.
❼ People can reach spiritual maturity by overcoming difficulties in their lives.

Grammar Practice

p. 45

A 1. 맞는 문장
2. to killing → to kill
3. character → characterize
4. to have → have
5. to explore → from exploring
6. classified → classified as
7. thought of → thought of as

해석
1. 일부 비평가들은 성적이라는 게 개인적인 판단에서 비롯되며 교사에 따라 달라진다고 주장한다.
2. 살충제는 식물에 해로운 생물을 죽이는 데 사용된다.
3. 과학자들은 일반적으로 백혈병을 혈류 속의 백혈구 과다로 특징짓는다.
4. 일부 사람들은 특정 광물질의 결정에 치유력이 있다고 믿는다.
5. 시험 지향적인 방법은 학생들로 하여금 다른 분야에서의 잠재력을 발견하지 못하도록 만든다.
6. 진동은 샌 앤드레어스 단층을 따라 자주 일어나는데, 일부는 강진으로 분류되기도 한다.
7. 윌리엄 버로우즈는 항상 동성애자 소설가라기보다 소설가이지만 동성애자였던 이로 생각된다.

B 1. Entering
2. referred to as
3. inhabit
4. taking
5. with
6. tell

해석
1. 대학 입학은 좋은 직장을 갖기 위한 필수 요건 가운데 하나이다.
2. 들불이라고도 하는 산불은 대지와 야생동물에게 광범위한 피해와 파괴를 야기한다.
3. 60여종이 넘는 어류가 남극대륙 근처의 바다에 서식하고 있는 것으로 알려져 있다.
4. 의사들은 신체 구조의 건강한 발달을 위해서 균형 잡힌 식사를 할 것을 권고한다.
5. 나와 공통점이 거의 없는 사람과 친구가 되면 내가 이전에는 전혀 경험해 보지 못한 것들을 할 수 있는 기회가 생긴다.
6. 첫인상은 어떤 사람에 대해 많은 것을 알려준다.

Sentence Writing Practice

p. 46-47

A 1. influence 2. requires
3. take 4. prohibits
5. tend to 6. refuse
7. spend

B 1. Unemployment of the young has caused many problems of the society.
2. I think that the government should prepare a solution to reduce spam.
3. I believe that eating at home is better for one's health than eating out.
4. These days, young people know that English language skills are clearly a prerequisite for getting jobs.
5. Many teachers and parents insist that students should wear school uniforms.
6. I plan to clean out my closet this weekend.
7. I postponed hiking to watch a new movie released this weekend.
8. Tigers and lions are classified as Felidae.
9. Mr. Brown did not attend the general meeting of stockholders last weekend, sending only the proxy.
10. Due to the improved images regarding homeschooling, there are an increasing number of parents who hesitate to send their children to school.

실전 Essay Practice

p. 48-49

1. escape / informed
2. announces / informs / describes
3. hardly know the difference between products
4. compare the function, cost, or even after-sale service
5. which are linked to their survival
6. strengthen selling points
7. correspond to / immediately announce a recall
8. sensitive / responsive
9. effective bridge / interactive communication

해석
에세이 주제
토픽: 어떤 사람들은 광고가 사람들로 하여금 실제로 필요하지도 않은 것들을 사게 만든다고 말한다. 다른 이들은 광고는 우리의 삶을 향상시켜줄 수 있는 신제품에 대한 정보를 준다고 말한다. 어느 견해에 찬성하는가? 구체적인 이유와 사례를 들어 의견을 진술 하라.

오늘날 누구도 광고의 영향으로부터 벗어날 수 없다. 광고의 주된 혜택은 사람들에게 신상품에 대해 알려주는 것이다. 예를 들면, 광고는 한 제품의 출시를 알려주고 소비자에게 그 제품의 가격을 통보하며, 세부적인 특징을 설명해 준다.

광고가 없다면 대부분의 소비자들은 제품간의 차이를 알기 어렵다. 광고는 각 제품의 기능, 가격, 심지어 사후 서비스까지 비교할 수 있도록 해서 어느 것이 더 가치 있는 구매인지를 결정할 수 있게 해 준다.
일반적으로 기업은 강력하고 지속적인 광고를 만들려고 노력한다. 광고는 오늘날의 경쟁 시장에서 기업의 생존과 밀접하게 연관되어 있는 것이다. 예를 들어, 한 제품이 잘 광고되어서 더 많은 사람들이 그 제품을 구입하면 제조사는 그 제품의 셀링포인트를 강화시킬 것이다. 고객이 광고와 일치하지 않는 결함 있는 제품을 구매해서 그것에 대해 불만을 표시한다면, 제조업체는 즉시 그 제품의 리콜을 알리고 결함을 시정해 줄 것이다. 특정 제품의 판매를 증가시키기 위해 그 제품을 광고하는 기업은 소비자의 요구에 민감해야 하고 어떤 불만에도 즉각 대응해야 한다. 따라서 광고는 제조사와 소비자 사이의 상호 커뮤니케이션을 위한 효과적인 교량 역할을 할 수 있는 것이다.

Unit 05 핵심동사 III _ 타동사

A 4형식 수여동사

예문 해석

1. • 컴퓨터의 발달은 우리에게 편리한 삶을 가져다준다.
   • 마을의 한 곳에서 다른 곳으로 이동함에 있어 신호등 패턴을 아는 것은 자동차 운전자들에게 상당한 시간을 절약해 준다.
   • 1950년대에 마할리아 잭슨의 강력하면서도 기쁨이 가득한 가스펠 음악 스타일은 그녀로 하여금 국제적인 명성을 얻게 했다.
2. • 그 대학은 나의 지원서가 더 이상 고려의 대상이 아니라는 사실을 나에게 알려왔다.
   • 교사들은 학생들에게 그들이 학습 목적을 성취할 수 있다는 것을 확신시켜야 한다.
   • 중세시대의 점쟁이들은 월별로 탄생석을 선택했고, 이 돌들을 지니고 다니면 재앙을 막을 수 있다고 사람들에게 말했다.

Check-Up Test 1
p. 51

❶ Most of the universities in Canada offer students a variety of programs.
❷ The Nobel Committee awarded President Dae-Jung Kim the 2000 Nobel Peace Prize for his work for human rights.
❸ Health notices warn smokers that cigarettes can severely damage their health.

B 5형식 불완전 타동사

예문 해석

1. • 선인장의 구조는 건조한 기후에서 살 수 있도록 도와 준다.
   • 교복을 입으면 학생들이 학업에 집중하게 만든다.
   • 올 겨울에 휘발유 값이 갤런 당 45센트 이상 올랐다.
2. • 일부 고등학교는 모든 학생들이 교복을 입도록 요구한다.
   • 광고는 소비자들이 불필요한 것을 사도록 자극한다.
   • 좋은 운동 프로그램은 사람들에게 수명을 단축시킬 수도 있는 습관을 피하도록 가르친다.
   • 대부분의 동물들은 시각 덕분에 일상 생활에서 많은 중요한 일들을 할 수 있다.
3. • 이 실습 활동은 본래 아이들의 부모가 전시를 보는 동안에 아이들의 주의를 끌 수 있도록 고안되었다.
   • 대규모 프로젝트를 손도 대지 않는 것보다는 작은 부분이라도 여러 개 시도해 보는 것이 훨씬 더 낫다.
   • 컴퓨터의 발달로 제한된 공간 내에 많은 정보를 저장할 수 있게 되었다.
4. • 로마 제국은 줄리어스 시저를 로마의 집정관으로 임명했다.

• 어떤 과학자들은 이 움직임을 이주라고 부른다. 왜냐하면 이 동물들은 결코 보금자리로 돌아오지 않기 때문이다.
• 문자 B에 해당하는 그리스어를 베타라고 부른다.
• 과학자들은 통상적으로 민족학을 문화 인류학의 주요 분야 중 하나라고 여긴다.

Check-Up Test 2
p. 53

❶ Taking care of a pet will help a child develop a sense of responsibility.
❷ Many doctors advise their patients with diabetes to go to mountains.
❸ Some students find it difficult to submit their final projects before the deadline.
❹ People usually consider walking on water a miracle.

Grammar Practice
p. 54

A 1. convince → are convinced
2. to award → to be awarded
3. flying → to fly
4. called → is called
5. are called → call
6. to enhance → enhance

해석

1. 많은 과학자들은 달의 거의 전부가 암석 물질로 이 루어져 있다고 확신한다.
2. 페르난도 부호네스는 제 7회 국제발레대회에서 최초 로 금메달을 딴 미국인 남자 무용수였다.
3. 항공기의 비행 원리는 카레이싱에도 적용 가능하다.
4. 허리케인의 중심부를 폭풍의 눈이라고 부른다.
5. 일부 과학자들은 이 동물들이 보금자리로 다시는 돌 아가지 않기 때문에 이 이동을 이주라고 한다.
6. 공장 건설은 실업률을 줄이고 생활 수준을 향상시키 는 데 도움이 되기도 한다.

B 1. him
2. made it possible
3. walk
4. healthy
5. difficult
6. was elected
7. to fall asleep

해석

1. J. D. 샐린저가 쓴 〈호밀밭의 파수꾼〉은 혼란스러운 세계에서 질서를 찾던 젊은 독자들로부터 존경을 받은 작품이다.
2. 발전기의 발명으로 많은 양의 전류를 생산할 수 있게 되었다.
3. 눈신은 보다 넓은 면적에 체중을 분산시키기 때문에 눈신을 신으면 눈에 빠지지 않고 걸을 수 있다.
4. 포유동물들은 먹이를 이용해 몸을 건강하고 따뜻하게 유지한다.
5. 일부 아이들은 처음 학교에 들어가면 다른 아이들을 사귀는 것을 어려워한다.
6. 2000년에 그 논쟁이 있은 후 부시 대통령은 미국 대통령에 당선되었다.

7. 건설 현장에서 들리는 소음 때문에 제시카는 밤에 잠을 이룰
   수가 없었다.

Sentence Writing Practice p. 55-56

A 1. guarantee
2. notified
3. see
4. helped
5. advised
6. motivate
7. allow

B 1. Despite his victory, Michael Jackson's recent trial earned him an infamous reputation.
2. It cost Tom a huge price after not reading the warning sign carefully at the amusement park.
3. The steel business gained Andrew Carnegie the opportunity to become one of the most successful business men in the USA.
4. Good lawyers can convince anyone, including the judge and the jury.
5. Assigning a manageable task will help the child to develop a sense of independence.
6. Caffeine stimulates the central nervous system, which may cause insomnia in many cases.
7. People with certain physical conditions, such as severe epilepsy, are recommended not to drive.
8. Doctors recommend disk patients to avoid staying in a fixed position for too long.

실전 Essay Practice p. 57-58

1. filter / assigning
2. negative first impressions are made
3. under the weather / corner
4. the relationship develops
5. the way a person dresses
6. advise job-seekers to dress up neatly for an interview
7. first impressions leave the wrong impression
8. tend to behave differently / reveal themselves
9. feel nervous / act like themselves

해석
에세이 주제
토픽: 다음 진술에 찬성하는가 반대하는가? 사람의 성격에 대한 첫인상은 일반적으로 맞다. 구체적인 이유와 세부 사항을 들어 의견을 진술하라.
다시 말해, 사람들은 자신의 선입견을 통해 보고 듣는 모든 것을 걸러내고 거기에 고정관념을 부여한다. 심리학자에 의하면, 일단 부정적인 첫인상이 형성되면 오랜 시간 동안 그것을 극복하는 것이

거의 불가능하다고 한다. 예를 들어 누군가가 기분이 좋지 않거나 궁지에 몰렸을 때, 그는 낙심하고 무력해 보일 수도 있다. 관계가 발전하고 나서야 그 사람이 누구인지 더 잘 알 수 있는 것이다.
사람이 옷을 입는 방식에 따라 많은 것을 알 수 있다. 리쿠르터들은 면접관들에게 긍정적인 인상을 주기 위해 구직자들에게 면접 시 단정한 옷차림을 하도록 충고한다.
반면에 첫인상이 잘못된 인상을 남기는 경우도 많다. 사람들은 새로운 사람을 처음 만날 때면 다르게 행동하는 경향이 있으며, 흔히 자신을 드러내지 않는다. 사람들은 긴장한 나머지 새로운 장소에서 자연스럽게 행동하지 못할 수도 있다.

Unit 06 동사의 시제

A 단순시제

예문 해석
1. • 톰은 매일 텔레비전을 시청한다.
   • 물은 수소와 산소로 구성되어 있다.
   • 지하수는 인류가 사용할 수 있는 물의 주요 원천이다.
   • 어떤 동물들은 한 곳에서 다른 곳으로 대규모로 이동한다.
2. • 톰은 어젯밤에 텔레비전을 시청했다.
   • 미국에서 최초의 공룡 발자국은 1802년에 12세 소년에 의해 발견되었다.
   • 일리노이 지역은 한때 신전 고분을 만들었던 선사시대 인디언들의 고향이었다.
   • 미국 남북전쟁 직후인 1867년에 현재의 메릴랜드 헌법이 채택되었다.
3. • 톰은 오늘밤 텔레비전을 시청할 것이다.
   • 미래에 고고학자들은 새로운 연구 영역으로 옮겨 지속적으로 활동할 것이다.
   • 세계 식량 요구량은 앞으로 20년 동안 엄청나게 증가할 것이다.
   • 너무 흐리다. 밖에 비가 내릴 것이다.

B 완료 시제

예문 해석
1. • 데이빗은 월요일부터 서울에 있었다.
   • 산업 폐기물, 오물 그리고 기타 쓰레기들은 1800년대 중반 이래로 5대호를 오염시켜왔다.
   • 1913년 이래로 보통 Fed라고 불리는 연방 준비 제도는 미국의 중앙은행으로서의 역할을 해왔다.
2. • 1700년대 후반까지 과학자들은 많은 광물들을 연구했었다.
   • 히드로 공항에 도착하기 전에 나는 영국에서 결코 눈을 본 적이 없었다.
   • 14세기까지 연금술은 실습 연금술사와 학술 연금술사라는 별개의 두 집단으로 발전했었다.
   • 금융 기관들은 주로 보스턴에 위치해 있었다. 그러나 중심지는 미국 남북전쟁 시대 즈음에 뉴욕 시로 빠르게 옮아가고 있었다.
3. • 나는 네가 집에 도착할 때쯤이면 방을 청소해 놓았을 것이다.
   • 플레밍 박사님이 다음 학기에 은퇴할 때면, 그는 10년 동안 가르친 셈이 될 것이다.

Check-Up Test 1
p. 61

have changed / were / have become / has also
changed / were / serve

해석
현재의 도서관은 1800년대의 도서관과는 완전히 다르다. 예를 들어 지금까지 도서관의 내용물도 상당히 바뀌었다. 1800년대에 도서관은 단순히 책만 소장하고 있었다. 하지 만 최근 들어 대부분의 도서관은 테이프, 컴퓨터, 그림 등 을 포함한 멀티미디어 센터가 되었다. 지금까지 사회에서 의 도서관의 역할 역시 변했다. 19세기에는 도서관이 학자 나 부유층과 같은 특정 부류의 사람들에게만 개방되었다. 오늘날에는 누구나 도서관을 이용할 수 있다.

C 시제 일치

예문 해석1
• 많은 사람들이 공산주의가 영원할 것이라고 생각하곤 했었다.
• 후버 대통령은 대공황이 시작됐을 때 재임 중이었다.
• 정부는 몇 년 전에 내린 잘못된 결정으로 고심하고 있다.
• 일부 고대인들은 지구가 한 개의 위성을 갖고 있다는 사실을 알았다.

Check-Up Test 2
p. 62

emigrated / had never traveled / settled / grew /
went / had always wanted

해석
1985년에 나의 부모님은 한국에서 미국으로 이민을 가셨다. 부모님은 이전에 한국 밖으로는 여행을 해 본 적이 없으셨기 때문에 외국으로 이민을 간다는 생각에 당연히 흥분하셨다. 결국 로스앤젤레스에 정착을 하셨다. 형과 나는 거기에서 태어나고 자랐다. 작년에 나는 서울대학교에서 공부하기 위해 처음으로 한국에 갔다. 나는 항상 한국을 방문해 조국에 대해 보다 많은 것을 배우기를 원했었다. 마침내 그 꿈이 실현된 것이다.

Grammar Practice
p. 63

A 1. consisted → consists
2. printed → print
3. carried → carry
4. had lived → lived
5. In → Since
6. Since → For
7. are → were
8. come → came

해석
1. 금성은 주로 이산화탄소로 이루어진 조밀한 대기를 갖고 있다.
2. 오늘날 메릴랜드 출판업자들은 약 100여 개의 신문을 출판하는데, 이 가운데 15개가 일간지다.
3. 오늘날 미국의 철도는 전체 도시간 승객 운송의 1% 미만을 차지한다.
4. 공룡은 6600만 년 전에서 2억 2000만 년 전까지 약 1억 5400만 년간 뉴멕시코 지역에 서식했다.
5. 1960년 이후로 화학자들은 해충 구제에 사용되는

합성페로몬을 개발해왔다.
6. 지난 2세기 동안 평균 수명이 약 20년이나 증가했다.
7. 공룡은 수백만 년 전에 멸종되었지만, 1800년대 초에 처음 묘사된 이후로 사람들을 매료시켜왔다.
8. 유럽 이주자들이 북아메리카에 왔을 때 그들은 천연 자원이 풍부한 광대한 대지를 발견했다.

B 1. built
2. dropped
3. estimated
4. spread
5. maintained
6. breathe

해석
1. 일리노이 지역은 한때 신전 고분을 만들었던 선사시 대 인디언들의 고향이었다.
2. 대공황은 미국의 주가가 폭락했던 1929년 10월에 시작되었다.
3. 한때 테리 어윈은 인간이 약 3천만 종의 동식물과 지 구 위에 함께 살고 있다고 추정했다.
4. 래그타임은 1800년대 후반 뉴 올리언즈 지역에서 시작되어 다른 도시보다도 세인트 루이스, 시카고, 뉴욕으로 확산되었다.
5. 중세 동안 유럽의 많은 지배층과 귀족들은 개인 동 물원을 소유했다.
6. 포유동물들은 아가미가 아닌 폐로 호흡을 한다.

Sentence Writing Practice
p. 64-65

A 1. go
2. doesn't like
3. belongs to
4. does [the] dishes
5. has lived
6. didn't have [hasn't had]
7. borrowed
8. invested
9. adopted
10. will become

B 1. I take a warm bath everyday to relieve fatigue.
2. My townspeople have suffered from serious unemployment for a long time.
3. I liked studying grammar and literature during my high school years.
4. I will always remember the value of honesty.
5. One of the factors that influence a person's life is family.
6. I expect that our friendship will last forever.
7. Family is traditionally defined as a mother, a father, and children.
8. However, this definition has changed since the 1960s.

11

9. Educators in the U.S. are trying to improve their academic standards.

10. Since I came to America to study, I have noticed that academic success is not important to all Americans.

실전 Essay Practice

p. 66-67

A 1. money is involved
2. money is not paid back in time

B 1. short of / he will return the loan
2. creditor / care about it too much
3. However, if large funds were involved, the situation would be totally different
4. A friendly relationship / a business relationship
5. express frustration / with interest
6. much more difficult to restore the broken relationship

C 1. the trust between friends ends up being broken
2. Money is something that can be gained again, but a friendship is not.

해석
에세이 주제
토픽: 때로 사람들은 친구에게서 돈을 빌리는 것이 우정에 해를 미치거나 금이 가게 할 수도 있다고 말한다. 찬성하는가? 찬성 또는 반대한다면 그 이유는 무엇인 가? 이유와 구체적인 사례를 들어 의견을 진술하라.

A. 돈을 빌리는 것은 우정에 해를 끼칠 수 있다고 생각한다. 왜냐하면 일단 돈이 관련되면 돈을 요청하는 것이 양쪽 모두에게 부담이 되기 때문이다. 게다가 돈을 제때 갚지 않으면 관계는 쉽게 위태로워진다.

B. 만일 돈이 모자라면 그가 언제 빌린 돈을 갚을지 예측할 수 없다. 만일 적은 금액의 돈이라면, 채권자인 친구는 그다지 신경 쓰지 않을 것이다. 하지만 큰 금액이 연루된 것이라면 상황은 완전히 다를 것이다. 다정한 관계는 점차 채권자와 채무자의 사무적인 관계로 변할 것이다. 게다가, 채무자가 상당히 큰 금액을 오랜 기간 동안 갚을 수 없다면, 채권자는 난색을 표하고 심지어 이자와 함께 갚는 것도 고려할 것이다. 문제는 일단 우정에 금이 가면, 깨진 관계를 회복하 는 것이 훨씬 더 어려워진다는 것이다. 따라서 그러한 상황은 피해야 한다. 왜냐하면, 돈은 우정을 희생할 만한 가치는 없기 때문이다.

C. 결론적으로 돈을 빌리고 갚지 않으면 이런 돈 문제는 감정을 상하게 하고 친구간의 신뢰는 마침내 깨어질 것이다. 돈은 다시 얻을 수 있는 것이지만 우정은 그렇지 않다.

● Tips for Academic WRITING

p. 67

다양한 형태의 주어를 사용하여 문장을 시작하라.
Start your sentence with different forms of subjects.
일반적으로 영어문장에서 주어로 사용할 수 있는 품사로는

명사(구,절), 대명사 등이 있지만 주어부분을 충분히 설명하고자 하는 경우 가주어구문을 사용할 수 있다.

1. It has been proved that students who exercise on a regular basis have a stronger immune system.

2. It is absolutely significant to pay homage to their immigrant roots for those who choose to remain unchanged.

우리말에 '~하기, ~하는 것'의 의미로 주어를 사용하는 경우 동명사 주어를 사용하는 것이 일반적이다.

3. Being with a few friends makes me feel at home.

Unit 07 수의 일치

A 주어와 동사의 수 일치

예문 해석
1. • 초고층 빌딩은 세계 주요 도시에서 빠질 수 없는 것이다.
• 금융업이나 관광업 같은 일부 산업에서 컴퓨터는 편리함이 아닌 필수품이다.
2. • 열대우림의 파괴는 엄청난 환경 파괴를 가져온다.
• 성공한 판매원은 인간 심리를 직관적으로 이해한다.
• 사과나무는 수천 년 이상 과실용으로 재배되어 왔다.
3. • 습도는 대기 중의 수증기량을 가리킨다.
• 인류는 말하고 도구를 사용하는 능력 면에서 다른 포유류와는 구분된다.

B 삽입어구의 수 일치

예문 해석
1. • 잡초를 뽑아본 사람은 뿌리가 식물을 흙에 단단히 고정시킨다는 사실을 잘 알고 있다.
• 남아메리카와 중앙 아메리카 대부분 지역에서 흔히 볼 수 있는 곤충인 제왕나비는 수명이 짧아 그들이 이동한다는 점이 독특하다.
• 봄마다 이 지역을 파괴하며 통과하는 토네이도는 단순한 골칫거리 이상이다.
2. • 천식에 있어 프로스타글라딘의 역할을 조사하는 대부분의 연구는 침습적 기술이나 반침습적 기술을 사 용했다.
• 1848년에 세워진 보스턴 공공 도서관은 누구나 볼 수 있는 대규모 연구물을 소장하고 있다.
• 탐험가 스불론 파이크의 이름을 따서 명명한 파이크스산은 콜로라도에서 가장 유명한 산이긴 하지만 가장 높은 산은 아니다.
3. • 국무총리의 사임 결정은 야당에게 환영받았다.
• 체계적으로 잘 조직된 최초의 우편제도는 유럽의 것이었다.
• 다른 사람들의 긍정적이고 부정적인 잠재력을 객관적으로 평가하는 능력은 그 일의 핵심적인 부분이다.
4. • 허리케인의 영향으로 가장 위험한 것은 폭풍 해일이라고 불리는 해수면의 빠른 상승이다.
• 단편소설 창작에서 중요한 문제는 제한된 공간 안에서 균형 잡힌

소설 작품을 창조하는 것이다.
- 나머지 9개의 행성들과 함께 지구는 태양이라는 항성의 주위를 궤도를 따라 돈다.
5. • 유명한 그리스 철학자인 플라톤은 소크라테스의 제자였다.
- 가장 작은 물질 단위인 분자는 일정한 크기를 가지고 있다.
- 젖을 먹여 새끼를 키우는 대부분의 포유동물은 털이나 솜털로 덮여 있다.

C 주의해야 할 수의 일치

예문 해석

1. • 선사시대 사람들의 화석을 연구하는 것은 인류학자들에게 가장 가치 있는 정보를 제공한다.
- 질병을 이해하는 것은 증세의 주관적인 기록에서부터 눈에 보이는 상태에 이르는 증상들의 분명한 묘사에 달려 있다.
2. • 모든 효소들은 구상단백질이다.
- 상층 대기의 98%는 수소와 헬륨으로 구성된다.
- 하나의 주요한 지진대가 태평양 주위를 통과한다.
- 사회과학 연구의 가장 중요한 도구들 중 하나는 잘 작성된 설문지이다.
- 1900년대 중반 이래로 미국에서는 점점 더 많은 직업이 정보의 처리와 관련되어 왔다.
- 한 언어의 어휘 수는 상당히 많다.
3. • 양놀래기는 기생충을 잡아먹는 습성을 가진 밝은 색깔의 작은 물고기이다.
- 영화 음향은 CD처럼 빛을 사용하는 아날로그 시스템에 의해 녹음된다.
- 컴퓨터는 산업용 로봇의 개발에 도움을 주었는데, 이 로봇으로 인해 주요 제조국의 작업장이 변하고 있다.
4. • 태양과 달 둘 다 주기적으로 운동을 반복한다.
- 불리한 날씨나 토양이 경작을 불가능하게 만든다.
- 사무실의 컴퓨터도 전깃불도 꺼지지 않았다.
5. • 박물관 앞에 두 개의 동상이 있다.
- 세계에서 가장 위대한 발명가들 중에 토마스 에디슨이 있다.
- 생태인류학은 인간과 환경 사이의 복잡한 관계에 초점을 맞춘다.
6. • 텔레비전 광고를 위한 휴식 시간도 있다.
- 북극에는 바다코끼리, 바다표범, 고래를 포함하는 해양 포유동물이 6종 정도 존재한다.
- 콜럼버스가 도착했을 때, 미국에는 대략 백오십만 명 정도의 인디언들이 있었을 것이다.

Check-Up Test 1
p. 70

❶ The clothes which people wear influence the way they behave.

❷ First impressions based on a person's outward appearance often leave the wrong impression.

❸ Her refusal to repay her son's debts pushes her into a corner.

❹ The futures of children depend on the qualities of their parents.

❺ Guss Hiddink, the former head coach of the Korean national football team, created a myth by taking the team to the semifinals of the 2002 World Cup.

Check-Up Test 2
p. 72

❶ Fossil fuels contain carbon, and burning them produces carbon dioxide.

❷ In the single-parent family, a mother or a father heads the family alone.

❸ One of the most difficult jobs in life is raising a child.

❹ There are several significant properties which good supervisors may have in common.

Grammar Practice
p. 73

Ⓐ 1. is → are
2. has → have
3. determine → determines
4. are → is
5. require → requires
6. are → is
7. are → is

해석

1. 전세계적으로 서식하는 버섯은 잘 부숴지기 때문에 좀처럼 장기간 보존되는 일이 없다.
2. 지난 5년간, 광섬유 제조법이 발전되면서 파이버스코프 지름이 감소되었다.
3. 물질 입자의 크기, 모양, 강도가 연마제로서의 특징을 결정짓는다.
4. 미국에서 사용되는 포장의 약 50퍼센트가 식품과 음료수에 쓰인다.
5. 결혼 문제를 가진 사람들을 돕는 것은 상당한 기술과 인내심이 필요하다.
6. 가죽 실내 장식과 두툼한 깔개가 있는 차는 아름답기는 하지만 검소한 취향을 가진 사람이 보기에는 약간 호화스럽다.
7. 강수 가운데 일부는 산악지대의 빙하가 된다.

Ⓑ 1. occurs   2. grow
3. each of which   4. is
5. is   6. rank
7. rests

해석

1. 벌들은 대단히 정교한 형태의 의사소통을 한다.
2. 600여 종이 넘는 참나무가 있는데 이들 모두가 북반구에서만 자연 서식한다.
3. 단 20가지의 아미노산을 이용해 세포는 수천 가지의 단백질을 만드는데, 각 단백질은 세포 내에서 고도로 분화된 기능을 담당한다.
4. 주식과 채권 사이의 가장 큰 차이는 주식은 배당금이나 수익을 보장해 주지 않는다는 것이다.
5. 캐나다의 가장 큰 공학 프로젝트 가운데 하나인 웰랜드쉽 운하는 이리호와 온타리오호 사이의 27마일에 이르는 수로이다.
6. 생선은 모든 식품 중 가장 영양분이 풍부하다.
7. 경영 기술개발의 가장 큰 책임은 조직 구성원 개개인들에게 있다.
8. 에밀리 디킨슨은 월트 휘트먼과 더불어 미국 문학에서 가장 독창적이고도 까다로운 시인에 속한다.

Sentence Writing Practice p. 74-75

A 1. work 2. has
3. are 4. has
5. has 6. contain
7. is 8. appears
9. is 10. is

B 1. When stress builds up, I read a book, watch a movie, play a game, or listen to music.
2. The first reason is that jewelry cannot be property.
3. I cannot live on just bread, rice, milk, or other instant foods.
4. When I am on the bus, I can read a book, sleep, or rest.
5. A new factory could be a kind of hope for unemployed people.
6. These days, young people spend most of their time with their friends.
7. Koreans can get a variety of nutrients by eating rice.
8. Owning a pet can enhance one's quality of life, but long-term, close proximity to some animal's hair and dander can induce allergies.
9. Some people prefer to make friends with someone who has interests in common with them.
10. Medicine and biotechnology have developed so much that getting sick does not necessarily mean death anymore.

실전 Essay Practice p. 76-77

A join in a study group in terms of concentrating on schoolwork and sharing information

B 1. each member focus on learning
2. I sit at my desk alone
3. distracted
4. prohibit me from concentrating on my study
5. interact with each other
6. improve their understanding of each subject
7. organize a study group
8. compare class notes

C 1. a regular basis
2. work steadily

해석
에세이 주제

토픽: 일부 학생들은 혼자 공부하기를 더 좋아한다. 다른 학생들은 그룹을 지어 공부하는 쪽을 선호한다. 여러분은 어느 쪽을 선호하는가? 구체적인 이유와 사례를 들어 의견을 진술하라.

A. 내 생각에는, 학업에 집중하고 정보를 공유할 수 있다는 점에서 스터디 그룹에 참여하는 것이 더 낫다.

B. 우선, 그룹으로 공부하는 것은 각각의 학생이 학업에 전념할 수 있도록 도와준다. 책상에 혼자 앉아 있을 때마다 몇 가지 강력한 유혹을 극복하는 일이 내게는 쉽지 않다. 예를 들면 컴퓨터, 간식, 그리고 TV의 재미있는 프로그램에 종종 관심을 빼앗기는 편이 다. 이러한 중단은 내가 학업에 집중하는 것을 방해한다.
더욱이, 여러 학생들은 각 과목에 대한 이해심을 향상시키기 위해 서로 협력하게 된다. 선생님이 수업시간에 제공하는 구체적인 설명을 모든 학생들이 이해할 수 있는 것은 아니다. 이런 이유 때문에 학생들은 스터디 그룹을 조직하여, 일주일에 한두 번 만나 수업 필기를 비교하고 불분명한 부분을 토론하며 과제로 내준 자료를 반복해서 복습할 수 있는 것이다.

C. 결론적으로 나는 규칙적으로 여러 학생들과 함께 공부하는 것을 선택한다. 스터디 그룹은 꾸준히 공부하면서 다른 학생들로부터 도움을 얻게 해주기 때문 이다.

Unit 08 부정사와 동명사

A 준동사의 특징

예문 해석
1. • 우리는 그가 입학 시험에 합격할 것으로 기대한다.
   • 학생들은 오는 금요일까지 보고서를 제출해야 한다.
   • 마가렛은 내가 늦은 것에 대해 불평했다.
   • 존의 성공은 끊임없는 노력에 달려 있다.
2. • 아이들이 매우 이른 나이에 정규교육을 시작하는 것이 유익하다.
   • 도로에서 주차공간을 확보하는 것은 다소 성가신 일이었다.
   • 교사 일을 시작하기 전에, 그는 자동차 회사에서 근무했다.
   • 21세기의 시작은 미래에 대한 높은 기대를 가져왔다.
3. • 일찍 일어나는 것은 건강에 중요하다.
   • 꼼꼼하게 손을 씻는 것은 환자의 위생에 정말 중요하다.
   • 새로운 접근법 덕분에 그는 화학 실험에서 실패하지 않았다.
   • 그들은 긴급 법안이 통과되지 않은 것에 책임을 져야 한다.
4. • 내 취미는 우표수집이다.
5. • 데이비드는 학기말 보고서를 혼자 쓰는 것처럼 보인다.
   • 한국은 1997년에 경제 위기를 겪은 것으로 보인다.

Check-Up Test 1 p. 80
❶ Many heavy smokers find it quite difficult to quit smoking.
❷ Children often fail to balance work and play without their parents' guidance.
❸ Some high schools require their students to wear school uniforms.

B to부정사

예문 해석

1. • 학생들이 졸업 후에 직업 분야를 고르는 것은 중요하다.
   • 이탈리아 원어민은 상대적으로 짧은 시간에 스페인어를 배우는 것이 쉽다.
   • 그들은 하루 안에 프로젝트를 완성하는 것이 거의 불가능하다는 것을 깨달았다.
   • 원가 계산의 목적은 상품이나 서비스를 생산하고 판매하는 데 든 비용들을 결정하는 것이다.
   • 이 수업의 목적은 영어를 더 유창하게 말하는 방법을 학생들에게 가르치는 것이다.
   • 일부 학생들은 음악과 미술 과목에서 개인교습을 받을 수 있는 여유가 없다.
   • 그들은 그들에게 주어진 관대한 제안을 받아들이지 않기로 했다.
   • 음파는 굴절법칙에 따라 장애물 주위에서 꺾이는 경향이 있다.
   • 휴가를 통해 그는 가족 간의 결속력을 다질 수 있다.
   • 최면술은 때때로 사람들이 담배를 끊도록 격려해 주는 방법으로 사용된다.
   • 스피드 스케이트의 좁은 날은 스케이트 선수들이 최고 시속 30마일의 속도를 유지하도록 해준다.
2. • 우리 지역사회는 환경오염에 대처할 계획을 세울 것이다.
   • 19세기 초에 극작가들은 이전의 전통과 단절하려는 의식있는 결단을 내렸다.
   • 나는 우주 탐사를 찬성한다. 왜냐하면 그것이 우리에게 새로운 환경을 경험할 많은 기회를 줄 것이기 때문이다.
   • 듀크 엘링턴은 대규모 관현악단을 위해 재즈 음악을 편곡한 최초의 작곡가였다.
   • 휘턴은 연속적으로 세 번의 필사적 경기를 이긴 유일한 학교였다.
   • 볼로미터를 그런 낮은 온도로 식히는 최선의 방법은 그것을 액체 헬륨으로 감싸는 것이다.
3. • 20세기 예술은 너무나 다양해서 어느 한 정의만으로 충분히 담아낼 수 없다.
   • 다른 금속과 합금했을 때, 알루미늄은 건축에 사용할 만큼 충분히 단단해진다.
   • 거리가 먼 별의 인력은 너무 경미해서 달의 제어에 의해 무효화된다.
   • 압축 공기는 공기 브레이크, 공기 공구와 다른 기계류에 동력을 공급하기 위해 사용된다.
   • 미국 대통령 전용기는 대통령의 요구에 부합하기 위해 광범위하게 수정되었다.
   • 걸작으로 평가받기 위해서 예술 작품은 그것이 창조된 시대의 최고 수준을 뛰어넘어야 한다.

Check-Up Test 2

p. 81

A ❶ Juries are part of America's attempt to be a free and just society.
   ❷ One of the best methods to prepare food easily is to use home appliances.

B ❶ Some parents are too emotionally attached to their children to be objective.
   ❷ To maintain good health, people must have basic knowledge of the human body.

C 동명사

예문 해석

1. • 인공위성을 궤도에 올리는 데는 엄청난 에너지가 필요하다.
   • 광천수로 목욕하는 것은 유익한 영향을 미친다고 오랫동안 믿어졌다.
   • 영화와 관련된 제품을 파는 것은 때때로 영화의 흥행 부진을 보상하는 데 도움을 줄 수 있다.
2. • 존은 인터넷 서핑에 너무 많은 시간을 소비했던 것을 후회한다.
   • 애나는 아이를 낙태하고 결혼을 연기하기로 결정했다.
   • 자유시간이 한정돼 있다면, 정기적으로 계획된 활동을 위해 우리와 함께하는 것을 고려하는 것이 나을 것이다.
3. • 인터넷은 사람들이 정보에 접근하는 방법을 변화시키는 데 중요한 역할을 할 것이다.
   • 천문학자 조지 헤일은 태양을 촬영하는 기술의 선구자였다.
   • 광선들은 주위의 건강한 조직에 해를 입히지 않으면서 순식간에 조직을 잘라 태울 수 있다.

Check-Up Test 3

p. 82

❶ Getting enough sleep plays a vital role in keeping me in shape.
❷ I really enjoy watching movies on my laptop in my free time.
❸ Before playing football, we always warm up to prevent injuries.

Grammar Practice

p. 83

A 1. so small → too small
   2. for to understand → to understand
   3. go → goes
   4. write → to write
   5. Cross rivers → Crossing rivers
   6. to controlling → to control
   7. getting → to get

해석

1. 아메바는 너무 작아서 현미경의 도움 없이는 볼 수 없다.
2. 생화학의 주요 목적은 살아 있는 세포의 다양한 구성성분을 이루는 탄소 함유 화합물의 구조와 성질을 이해하는 것이다.
3. 새 영화를 제작하다 보면 원래 계획대로 진행되는 경우가 거의 없다.
4. 사람들은 여행에서 뭔가 이국적인 것을 기대하며 일부는 자신들의 흥미진진하고 특이한 경험을 글로 적고 싶은 욕구를 느낀다.
5. 강을 건너는 것은 개척자들이 서부로 이동 시 직면했던 가장 어려운 일 중의 하나였다.
6. 천적을 이용해 수많은 곤충을 박멸할 수 있다.
7. 극복해야 할 첫 번째 장애물은 새로운 언어로, 이것은 새로운 국가의 국민으로 살기 위해 대단히 중요하다.

B 1. to give
   2. to have earned
   3. to make
   4. dense enough

5. by passing
6. to revise
7. fascinate

해석
1. 빌리 홀리데이가 위대한 재즈 앤 블루스 가수로 명성을 얻은 것은 자신의 노래에 풍부한 감성을 불어넣는 능력 때문이었다.
2. 교육가 헬렌 매길 화이트는 박사 학위를 받은 최초의 미국 여성이었다.
3. 위스콘신 대학은 학생들에게 행정학을 가르치기 위해 진지한 노력을 기울인 최초의 학교였다.
4. 상층 대기의 공기는 마찰에 의해 유성을 점화시킬 만큼 충분히 조밀하다.
5. 전자석은 코일선에 전류를 흘려보내 만들어진다.
6. 대륙회의는 대표들에게 식민지 동맹의 낡은 조항들을 수정하도록 했다.
7. 아동들의 언어 습득은 아동 발달을 연구하는 이들을 매료시키는 놀라운 성취물이다.

Sentence Writing Practice p. 84-85

A 1. to help with household chores
2. to cross
3. Establishing a new factory in my town
4. to go to university
5. to ask a question
6. in order not to make the same mistakes
7. to watch TV
8. to help me
9. to improve their basic intellectual abilities
10. Getting up early
11. going on a vacation / buying a car
12. to give me

B 1. It is almost impossible for me to get up early in the morning.
2. It is not safe to stand at the corner.
3. I decided to spend my birthday alone.
4. We always enjoy traveling with other couples.
5. People attend live events to feel a vivid atmosphere.
6. Adolescents should have part time jobs to understand the value of money.
7. I promise to quit smoking starting this month.
8. High schools should provide students with opportunities to study art and music.
9. Building a new university in my town gives my townspeople many benefits.
10. Students have the right to express their individualities.

실전 Essay Practice p. 86-87

A 1. entices them to want more
2. equate success with the amount of things they own

B 1. deep-rooted in their instinct
2. people watch images of a happy family driving around in a new car
3. feel dissatisfied with the car they currently use
4. measure their success and happiness by how much they own
5. had the burden of borrowing a large amount of money
6. was always jealous of
7. may have shown off her recent success

해석
에세이 주제
토픽: 다음 진술에 찬성하는가, 반대하는가? 사람들은 결코 자신이 가진 것에 만족하지 않고 항상 보다 많은 것, 다른 어떤 것을 원한다. 구체적인 이유와 사례를 들어 의견을 진술하라.

A. 내가 보기에, 사람들이 더 많은 것, 혹은 새로운 것을 원하는 것이 사실이다. 왜냐하면 오늘날의 광고는 그들로 하여금 더 많은 것을 갖도록 유혹하기 때문이다. 게다가 사람들은 성공을 그들이 가지고 있는 소유물의 양과 동일시하는 경향이 있다.

B. 사람들이 색다른 것을 더 많이 갖고자 하는 끊임없는 욕구는 본능에 깊이 뿌리내리고 있으며 현대 자본주의에 의해 강화되고 있다. 자동차 광고가 좋은 예이다. 광고에서 사람들은 새 차로 드라이브하는 행복한 가족의 모습을 본다. 무의식적으로 그들은 현재 사용하는 차가 정상적으로 사용할 수 있는 것임에도 불구하고 불만족을 느끼기 시작한다. 무엇보다 광고에서 보는 사람들과 같아지고 싶은 마음으로 마침내 새 차를 선택하게 되는 것이다.
사람들은 얼마나 많은 것을 소유하고 있는지에 따라 성공과 행복을 측정하기 때문에 더 많은 것을 소유하고 싶어한다. 예를 들면 내 친구는 일 년 전에 집을 구입했지만 더욱 현대적이고 널찍한 집을 갖고 싶어했다. 더 큰 집을 사기 위해 심지어 은행에서 상당한 액수의 대출을 받는 부담도 져야 했다. 왜냐하면 그녀는 경제적으로 부유한 친구들을 항상 부러워했기 때문이다. 그녀는 자신의 동년배들과 비슷하게 부유해 보임으로써 최근에 거둔 성공을 뽐낸 것인지도 모른다.

Unit
09 분사구문

A 부사절의 축약 (부사절 → 부사구)

예문 해석
1. • 비록 소년들이 열심히 헤엄을 치긴 했지만, 물살이 사나운 강을 건너지는 못했다.

- 공간이나 균일한 매질을 통해 이동할 때, 빛은 일직선으로 이동한다.
- 기린은 나뭇잎을 잡아당겨 먹거나 걸리적거리는 나뭇가지를 옆으로 밀칠 때 긴 목을 사용한다.
2. • 우리는 오랫동안 태양에 노출되었기 때문에 햇볕에 그을렸다.
- 단행본으로 인쇄된다면 일부 대도시 신문들은 상당한 양이 될 것이다.
- 오늘날 옐로스톤 국립공원에 약 3,000마리의 물소가 있다. 그러나 멸종위기라고 여겨지지 않더라도 그 동물은 더 이상 미국인을 위한 주식원이 아니다.
3. • 파이프라인을 건설하는 것은 비쌀지라도 운영하고 유지하는 것은 상대적으로 싼 편이다.
- 자동차를 구입하기 위해 꼭 필요한 돈이었지만, 강도가 그 돈을 훔쳐갔다.
- 뼈는 확실히 단단하지만, 상당한 충격을 견딜 수 있는 정도의 탄력성을 가지고 있다.
4. • 비버들은 뛰어난 수영선수들이기 때문에 15분 동안이나 잠수할 수 있다.
- 몸집이 큰 새인 도둑갈매기는 몸길이가 거의 2피트나 되며 길고 뾰족한 날개가 있다.
- 신문기자이자 편집자인 월트 휘트먼은 처음에는 형식과 정서 면에서 전통적인 시들을 출판했다.

B 형용사절의 축약(형용사절 → 형용사구)

예문 해석

1. • 운하로 허드슨 강과 이리호를 연결하는 계획은 18세기 후반에 최초로 제안되었다.
- 목성의 구름에 보이는 선명한 색들은 아마도 목성 대기에 있는 미량 원소의 미세한 화학적 반응의 결과일 것이다.
- 부모들의 긍정적인 특성을 보고 자라는 아이들은 긍정적인 방식으로 스스로를 바라보는 방법을 배우기 쉽다.
- 최초의 성공적인 미국 연재 만화는 리차드 아웃콜트가 그린 〈노란 꼬마〉였다.
- 퓰리처상 수상작가인 윌라 캐더는 미국의 서부 개척자에 관한 책으로 인정을 받았다.
- 관절이 붓고 통증을 동반하는 관절염은 종종 노인층과 관련지어 생각되지만 젊은층도 걸릴 수 있다.
2. • 프레데릭 오귀스트 바르톨디가 설계한 자유의 여신상은 프랑스 국민들에 의해 미국에 건네졌다.
- 질병이 악령에 의해 야기되었다고 믿었던 아메리카 원주민들은 악의 영향을 제거하기 위해 마법과 마술을 사용했다.
- 오늘날 미국의 주요 시인들 중 한 명으로 여겨지는 소니아 산체스는 많은 책과 희곡도 썼다.
- 외형상 재배 당근과 비슷한 야생당근은 잎이 깃털같이 생겼으며 뿌리가 목질로 되어 있다.

C 주절의 축약

예문 해석

1. • 건축은 가장 오래된 예술 형태들 중의 하나로, 아름다움과 기능성을 하나로 결합한다.
- 뿌리를 가진 육상식물은 해초와는 다르다. 그리고 어떤 것은 흡착기관이라 불리는 기관의 흡입으로 바위나 부두 같은 고정된 대상에 스스로를 고정시킨다.

- 고고학자들은 석기시대를 다양한 단계로 나누었다. 그리고 각 단계는 다양한 형태의 도구나 도구 제작 기술에 의해 특징지어진다.

Check-Up Test 1
p. 90
1. While (he or she is) playing chess, a child is able to build critical thinking skills.
2. Even though (he was) convinced that the economy was basically sound, the president took steps to prevent inflation.
3. Although (they are) frequently melodramatic, Lillian's plays are famous for their insight and finesse.

Check-Up Test 2
p. 92
1. The Internet is a vast network of computers connecting many of the world's businesses, institutions, and individuals.
2. Many museums, using World Wide Web pages, allow people to view artifacts on their computers.
= Using World Wide Web pages, many museums allow people to view artifacts on their computers.
3. Most museums offer hands-on exhibits, stimulating curiosity through fun activities.
4. Recreation takes a wide variety of forms, each (form) depending on the choice of the individual.

Grammar Practice
p. 93

A 1. Founding → Founded
 2. While it → it 삭제
 3. Even → Even though [Even if]
 4. make → making
 5. creating → created
 6. Originally producing → Originally produced

해석
1. 1607년에 건설된 버지니아의 제임스타운은 신세계 최초의 정착지였다.
2. 박쥐는 비행을 하면서 고속의 초음파 신호를 보내는데, 이 신호는 경로에 있는 모든 물체에 부딪혀 반사된다.
3. 디젤 엔진은 비교적 비싼 편이긴 하지만 대단히 효율적이며 수리가 별로 필요 없다.
4. 맨해튼 거리는 대부분 체계적으로 배치되어 있어 사람들이 길을 찾기가 쉽다.
5. 블랙홀은 물질의 중력이 완전히 붕괴되면서 생기는 우주 공간이다.
6. 옥수수는 원래 아메리카 인디언들에 의해 서반구에서 생산되어 초기 탐험가들에 의해 유럽으로 전해졌다.

B 1. Similar
 2. killing

3. were printed
4. stimulating
5. Created
6. trying
7. designed
8. winning

해석
1. 야생 당근은 재배 당근과 모양이 비슷한데 잎이 깃털같이 생겼으며 뿌리가 목질로 되어 있다.
2. 산성비는 전세계적으로 수천 개의 호수, 강, 시내에 해를 입혀 어류와 다른 야생생물을 죽게 만든다.
3. 대부분의 박물관에서는 직접 참여하는 전시회를 열어 흥미로운 활동을 통해 호기심과 창의력을 자극한다.
4. 국제연합(UN)은 2차 대전 이후에 만들어져 세계 평화와 안정에 크게 기여했다.
5. 연구자들은 아동들의 식품 선호를 설명하려고 노력하는 과정에서 많은 문제와 직면했다.
6. 미국에서는 연방정부나 주정부 모두 기만적인 광고로부터 소비자를 보호하기 위한 법이 있다.
7. 루스 베이더 긴스버그는 1970년대 미국 대법원에서 6건의 소송에서 여성의 권리를 주장했는데, 그 중 5건에서 승소했다.

Sentence Writing Practice p. 94-95

A 1. Although having / became
2. been exposed
3. Listening
4. taught / full
5. needed
6. writing / known
7. powered / reduce
8. Satisfied / discussing
9. Having been

B 1. Although majoring in philosophy, he now works as a computer programmer.
2. Having plentiful oil resources, the country produces a lot of rubber products.
3. Finding it easier to use, they started using the new software for writing reports.
4. All the researchers involved with the project were rewarded.
5. The man running an antique shop bought some paintings at auction.
6. Disturbed by the noise from outside, I couldn't continue reading the book.
7. The plan suggested by the president was proven almost perfect.
8. Working part time for the administration office of the university, Jason learned many clerical skills.
9. Connected to the main topic, the data shouldn't be excluded from the article.

실전 Essay Practice p. 96-97

A 1. I prefer a student-oriented class to a teacher- oriented class
2. much more interesting and helpful

B 1. they are likely to become bored and sleepy
2. this active participation adds variety to their class
3. they are willing to get involved in the class
4. they rarely forget it even after class
5. they discuss the topic and get a deeper understanding of it
6. students can help each other to make their studies more effective

C 1. it is difficult for most students to have the attention spans to absorb the details of a whole lecture
2. students' active participation should be placed ahead of teachers' lectures

해석
에세이 주제
토픽: 일부 학생들은 강의식 수업(교사만 말을 하는 수업)을 좋아한다. 다른 학생들은 학생들도 참여해 의견을 말하는 수업을 선호한다. 여러분은 어떤 수업을 선호하는가? 구체적인 이유와 세부 사항을 들어 의견을 진술하라.

A. 일부 학생들은 강의식 수업을 좋아하는 반면 다른 학생들은 토론식 수업을 좋아한다. 두 가지 형태의 수업 다 나름대로의 이점이 있긴 하지만 나는 토론식 수업이 훨씬 더 흥미롭고 유익하기 때문에 교사 중심의 수업에 비해 학생 중심의 수업을 좋아한다.

B. 내가 토론식 수업을 더 좋아하는 주된 이유는 토론식 수업이 강의식 수업보다 더 흥미롭기 때문이다. 일반적으로 학생들이 교사가 한 시간 정도 강의하는 것을 듣기만 해야 한다면 지루해지고 졸기 쉬울 것이다. 학생들이 수업 중에 질문을 하거나 대답을 하고 의견 발표를 하는 경우에는 이러한 활발한 참여로 수업에 다양성이 생긴다. 반면에 강의식 수업에서는 학생들이 교사가 말하는 것을 듣기만 하고 참여를 하지 않기 때문에 수업 내용을 잘 이해하지 못한다. 토론식 수업에서는 학생들이 수업 내용을 이해하고 기꺼이 수업에 참여한다. 이런 이유로 토론식 수업이 훨씬 흥미롭다. 따라서 때로는 학생 위주의 수업을 듣는 학생들이 보다 많은 것을 배운다고 느낀다. 또 다른 이유는 학생 위주의 수업이 더 유익하기 때문이다. 학생들이 수업에 활발히 참여하면 보통 더 많은 것을 배울 수 있다. 다시 말해 토론에 참여하는 경우 학습 내용에 더 집중할 수 있고 수업 후에조차도 잘 잊어버리지 않는다. 그뿐만 아니라 직접 수업 준비를 함으로써 보다 효율적으로 학습할 수 있다. 학생이 발표를 하고자 하는 경우 무엇을 말하고 싶은지를 알아야 하고 수업 전에 준비를 해야 한다. 이럴 경우 학업 성취도가 올라가게 된다. 이러한 환경에서 학생들은 토론 시 다른 학생이 발표하는 다양한 사고로부터 배울 수가 있다. 그 결과 주제를 토론하고 주제에 대해 더 잘 이해할 수 있게 된다. 따라서 학생들은 학습이 보다 효과적이 되도록 서로를 도울 수 있다.

C. 결론적으로, 나는 강의식 수업보다는 토론식 수업을 선호한다. 이는 대부분의 학생들이 전체 강의의 세부 사항을 다 이해할 만한 주의력 지속 시간을 갖기가 힘들기 때문이다. 내가 수업에 참여하고 단지 전달되는 내용 이상으로 수업 내용을 잘 이해하는 것이 중요하다. 따라서, 학생들의 활발한 참여는 모든 수업에서 교사의 강의보다 우선시되어야 한다.

Unit 10 수동태

A 수동태

예문 해석

1. • 지진은 지판의 가장자리 근처에서 가장 자주 일어난다.
   • 나이 많은 근로자들은 젊어 보이려는 필요성을 느낀다.
   • 수술은 기본적인 두 개의 단계로 이루어졌다.
   • 일반적으로 사용하는 전화는 알렉산더 그레이엄 벨에 의해 발명된 장치로부터 발전되었다.
2. • 앨리스 워커는 단편소설, 한 편의 전기, 그리고 몇 편의 소설들을 썼다.
   • 2001년 6월에 중국은 마케도니아와 외교관계를 수립했다.
   • 1850년에 솔트레이크 시에서 창간된 〈데저트 뉴스〉는 유타주 최초 신문이었다.
   • 일부 과학자들은 췌장이 흥미로운 기관이라는 것을 알았다.
   • 췌장은 인체 내에 존재하는 기관이다.
3. • 1950년에 그웬돌린 브룩스는 시 부문에서 퓰리처상을 받은 최초의 아프리카계 미국 흑인이 되었다.
4. • 리처드 라이트는 그 시대의 가장 중요한 미 흑인 작가로 여겨진다.
   • 마크 트웨인은 남북전쟁 이후의 시대를 금박시대라고 불렀다.
   • 수컷 혹등고래는 교미기 동안에 하는 반복되는 형태의 소리를 낸다.

Check-Up Test 1 ▶ p. 99

❶ Consumption is regarded as the end of productive process by economists.
❷ A dog should be checked regularly by a veterinarian to remain healthy.
❸ An increasing number of good students should be given a scholarship to continue their studies.

Check-Up Test 2 ▶ p. 100

reach / brought / sent / were asked / said / was discovered / is still called

해석

영국의 항해사인 쿡 선장은 유럽인으로서는 처음으로 호주 동해안에 도착했다. 배가 호주에서 떨어져 있는 동안 선원들이 배에 낯선 동물 한 마리를 데려왔다. 쿡 선장은 이 이상하게 생긴 동물의 이름을 알고 싶어서 선원을 뭍으로 보내 원주민에게 이름을 물어보게 했다. 즉흥적인 수화로 동물의 이름이 무엇인지 질문을 받자 원주민들은 '캥거루'라고 대답했다. 물론 선원들은 '캥거루'가 동물의

이름이라고 생각했다. 수 년이 지나고 진실이 밝혀졌다. '캥거루'는 "뭐라구요?"라는 말이었다. 하지만 오늘날에도 그 동물은 여전히 영어로 캥거루라는 이름으로 불린다.

Grammar Practice   p. 101

Ⓐ 1. is transmitted
   2. for
   3. were discovered
   4. used
   5. affect
   6. are classified
   7. is determined

해석

1. 일상의 의사소통 중 상당 부분이 일반적으로 '단어'라고 하는 상징에 의해 전달된다.
2. 로스앤젤레스는 대기 오염의 정도와 오염 규제를 위해 취한 조치로 유명하다.
3. 토성의 고리는 1600년대 초 이탈리아 천문학자인 갈릴레오에 의해 발견되었다.
4. 예전에는 목재에서의 곰팡이 번식을 막기 위해 수은 화합물을 사용했다.
5. 물의 온도와 밀도는 음파의 통과 속도에 영향을 미친다.
6. 공룡은 두 개의 개별적인 목으로 분류되는데, 이 두 목은 골반 구조에 의해 구별된다.
7. 태양과 케페이드 변광성을 포함한 모든 항성의 구조는 항성 물질의 불투명도에 의해 결정된다.

Ⓑ 1. composed → is composed
   2. relation → related
   3. connected → connecting
   4. broke → broken
   5. plant → be planted
   6. considering → considered

해석

1. 모든 고체, 액체, 기체를 구성하는 모든 물질들은 화학 원소로 구성된다.
2. 수학 능력 외의 많은 특별한 적성들이 다양한 직업에서의 성공과 관련이 있다.
3. 스태튼 섬과 뉴저지를 연결하는 세 개의 다리 가운데 하나가 마리너스 항만 가까이에 있다.
4. 1980년에 산드라 데이 오코너가 대법관으로 임명되자 남성만으로 이루어졌던 대법원의 전통이 깨졌다.
5. 수선화 알뿌리는 적어도 3인치 간격을 두고 심어야 하며 배수가 잘 되는 흙을 4인치 가량 덮어야 한다.
6. 노암 촘스키는 일반적으로 가장 위대한 현대 언어학자 가운데 한 사람으로 여겨진다.

Sentence Writing Practice   p. 102-103

Ⓐ 1. must be reduced
   2. will be conducted
   3. deducted
   4. was greatly reduced
   5. made

6. was told
7. was elected
8. will be offered
9. are backed up
10. were collected

B 1. Our suppliers raised their prices.

2. Environmental impact must be considered.

3. Most sports demand certain amount of physical exercise.

4. E-mail messages were sent to all committee members.

5. Stress can be relieved by enjoying their leisure activities.

6. To save time, more machines should be used.

7. Air was made clean by planting trees.

8. Pet fur can cause allergies in your neighborhood.

9. Different country foods can be selected every day for a week.

10. Students are given more time to pursue non-academic activities through several short vacations.

실전 Essay Practice
p. 104-105

A 1. Some people maintain that a newly built theater will provide the residents with more diverse cultural opportunities.

2. it will have a negative influence on my neighborhood / it will not only cause more traffic congestion but also create noise problems

B 1. several years ago, the Mega Box Theater was established in Samsung-dong in Seoul

2. it is hard for them to reach their destinations on time because of the traffic

3. a new theater will accelerate the movement of population, adding more inconvenience to local residents

4. the film distributing agencies will make their utmost effort to advertise their latest movies

5. since a new theater was built in my neighborhood, there have been different performances and interviews with the leading actors as a marketing strategy

6. All these events make intolerable noises, bothering neighbors around them

C 1. constructing a new movie theater in my town will generate serious problems in my community

2. My community will not be free from unbearable street noises in addition to serious traffic problems

해석
에세이 주제
토픽: 최근에 여러분이 사는 동네에 새 극장 건설 계획이 발표되었다. 여러분은 이 계획을 지지하는가 반대하는가? 구체적인 이유와 사례를 들어 의견을 진술하라.

A. 우리 동네에 새 극장이 들어서는 문제와 관련한 논쟁이 있었다. 어떤 사람들은 새 극장 건설로 주민들이 보다 다양한 문화적 기회를 누리게 될 것이라고 주장한다. 하지만 내 견해로는 새 극장 건설은 교통 정체뿐만 아니라 소음 문제도 야기할 것이기 때문에 우리 지역에 부정적 영향을 미치게 될 것이라고 본다.

B. 무엇보다도, 새 극장 건설은 우리 동네에 심각한 교통 문제를 야기할 것이다. 일반적으로 혁신적이고 시설이 잘 갖춰진 새 극장은 그 지역으로 더 많은 사람들을 끌어들인다. 새로 개봉된 영화를 보기 위해 그 지역으로 들어오고 나가는 사람들의 수가 증가하기 때문에 결국엔 극장 주변에 심각한 교통정체가 생길 것이다. 예를 들어 몇 년 전에 서울 삼성동에 메가박스 극장이 들어섰다. 현재 그 지역에 사는 주민들은 특히 주말에 극심한 교통 혼잡을 경험하고 있다. 그 결과 교통난 때문에 사람들은 정해진 시간에 목적지에 닿지 못한다. 그렇기 때문에 새 극장은 인구의 이동을 가속화시켜 지역 주민에게 더 큰 불편을 주게 된다. 그뿐만 아니라, 새 극장 건설은 소음 문제도 야기한다. 일반적으로, 영화 배급사들은 최신 영화를 광고하기 위해 최선의 노력을 다한다. 새로 개봉된 영화를 소개하기 위해 수많은 이벤트를 개최한다. 이러한 이벤트는 시끄러운 소음을 동반하고 결국 지역 주민을 화나게 만든다. 예를 들어 우리 마을에 새 극장이 들어선 이후로 홍보 전략으로 주연 배우들과의 인터뷰 및 여러 가지 공연이 있었다. 설상가상으로 새 영화가 나올 때마다 극장 앞에 대형 스크린을 설치해 영화를 계속 상영하고 대형 스피커를 통해 시끄러운 소리를 흘려 보냈다. 이 모든 이벤트들은 참기 힘든 소음을 발생시키고 인근 주민들을 괴롭혔다. 따라서 새 극장은 소음으로 인해 주민들을 짜증나게 만든다.

C. 결론적으로, 우리 동네에 새 극장을 지을 경우 우리 지역에 심각한 문제를 야기할 것이다. 우리 지역은 심각한 교통 문제뿐만 아니라 참기 힘든 거리의 소 음으로부터 자유롭지 못할 것이다. 새 극장 건설은 반가운 소식이 아니라 지역 주민들이 앓게 될 큰 두 통거리이다.

CHAPTER 03

명사 구조

Unit 11 명사와 한정사

A 명사와 한정사

예문 해석
- 태양계 내에서, 행성들과 혜성들이 태양 주위를 궤도를 그리며 돈다.
- 생물 인류학자들은 복잡한 형태의 인간 유전학을 연구한다.
- 거울에 비친 상은 거울의 모양에 따라 바뀐다.
- 뗏목과 카누는 물 위를 이동하는 가장 간편한 수단이다.
- 뉴멕시코 주의 주도 산타페는 스페인 사람들에 의해 1609년에 세워졌다.

B 한정사의 기능

예문 해석
- 여행하는 동안, 나는 몇 권의 책을 읽을 수 있었다.
- 지방 함량이 낮은 몇 종류의 생선은 칼로리 섭취를 줄이기를 희망하는 사람들에게 이상적인 단백질 공급원이다.
- 상대적으로 소수의 사람들이 정치를 평생 직업으로 택한다.
- 해양 서식지에서는 다양한 작은 생물들이 '손질공생'에 관여하고 있다.
- 레이저 빛은 신호 강도의 감소가 거의 없이 우주공간에서 광범위한 거리를 이동할 수 있다.
- 컴퓨터의 발달로 많은 정보를 저장할 수 있게 되었다.
- 모든 곤충은 알의 형태로 생명을 시작한다.
- 물과 마찬가지로, 경작지 역시 사라져가는 농업 자원이다.
- 어떤 동물들은 한 곳에서 다른 곳으로 다수가 이동한다.
- 모든 질병들은 신체의 자연적 방어 체계의 붕괴를 포함한다.
- 재즈의 중요한 요소들 중 하나는 즉흥적으로 새로운 음악을 창조하는 능력인 즉흥 연주이다.
- 과학의 다양한 분야에 사용된 많은 기록장치가 카이머그래프이다.
- 방안에 있는 사람들 대부분은 주의를 기울이고 있다.

Check-Up Test 1 ▷
p. 110

❶ Many of the stores in my town sell a wide variety of products at reasonable prices.

❷ Some of the questions on the test were impossible to answer.

❸ College is simply one of the paths high school students can take.

C 주의해야 할 명사

예문 해석
- 최면상태의 피고로부터 얻은 자백은 미국 법원에 의해 증거로 인정되지 않는다.
- 수소는 수소 결합으로 알려진 독특한 결합을 형성할 수 있다.

E 복합명사

예문 해석
- 미국과 중국은 주요 소금 생산국이다.
- 미인 대회는 대개 신체적 외모의 아름다움에 기초한 사람들 사이의 경쟁이다.

Check-Up Test 2 ▷
p. 112

❶ Two-thirds of the Earth consists of water.

❷ Salmon spend most of their adult lives in salt water.

❸ As long as the company takes appropriate steps to fight against pollution, I am in favor of the factory construction plan.

Grammar Practice
p. 113

A 1. Little
2. home pages
3. eleven southern
4. measurements
5. Much
6. every
7. millions

해석
1. 소규모 공공 도서관들은 개인들로부터 기부를 받는다.
2. 1995년 초 이후로 혜성을 다루는 홈페이지 수가 폭발적으로 증가했다.
3. 1861년 연방으로부터 11개의 남부 주가 분리되면서 미국 남북전쟁이 일어났다.
4. 물질 세계의 거의 모든 특질들은 길이, 질량, 시간, 전기적 변화라는 네 가지 기본적인 치수로 나타낼 수 있다.
5. 로버트 프로스트의 시는 대부분 구어에서 직접적으로 나온, 그가 문음이라고 명명한 음에 기초했다.
6. 월식은 보름달일 때만 생기지만 보름달이라고 해서 항상 월식이 생기지는 않는다.
7. 천연가스는 아마도 수백만 년 전에 부패한 동식물로부터 형성되었을 것이다.

B 1. monument → monuments
2. sentences → sentence
3. fatal → fatality
4. livestocks → livestock
5. schools → school
6. are → is
7. corporation → corporations

해석

1. 영국 윌트셔 주 지역에 위치한 스톤헨지는 세계에서 가장 유명한 선사시대 유적들 중 하나에 속한다.
2. 몇몇 고대 문명에서는 약자나 기호를 거의 또는 전혀 사용하지 않고 수학을 문장 형태로 표시했다.
3. 미국의 자동차 사망률은 절반 이상 감소했다.
4. 일리노이의 주요 철도 교차로인 디카터는 그 지역 농작물과 가축을 위한 중요한 상업 중심지가 되었다.
5. 20세기 초반 진보적 교육의 원칙과 실천은 미국 교육계에 폭넓게 수용되었다.
6. 도시의 땅은 대부분 콘크리트나 아스팔트로 덮여 있다.
7. 사회의 부의 상당 부분이 대기업이나 정부기관에 의해 통제된다.

Sentence Writing Practice p. 114-115

Ⓐ 1. This test
2. another
3. Each
4. These
5. The most important
6. any
7. A significant amount of
8. each 또는 every
9. no
10. all of the

Ⓑ 1. Another thing that I should get used to is the traffic in the country.
2. Almost all houses in the country have computers.
3. A significant number of students have full time jobs during vacations to earn money for their tuition.
4. Most of my friends came to the party held in my dorm.
5. As he has a large house, he should buy a lot of furniture.
6. All the people in the city voted for him as mayor.
7. Many of the modern novels do not have recognizable plots.
8. No writer can be awarded the Nobel Prize more than twice.
9. Building a new high school reduces the number of students per teacher.
10. Since one of my roommates uses a great deal of slang, often I cannot understand what he is saying.

실전 Essay Practice p. 116-117

Ⓐ 1. Humans are the animals who can use tools to make things

2. I personally prefer to work with machines since it is more productive and more accurate

Ⓑ 1. Comparing typing with hand-writing would illustrate the obvious advantages of using machines. Hand-writing is not only tedious and tiring, but it is also slower than typewriting. By contrast, people usually type over two-hundred letters per minute, but they will neither reach to that speed with hand- writing nor keep working for a long time

2. my grandmother used her needle and thread when doing needlework. Although she was a skilled tailor, she often made some mistakes and had to do all the work from the beginning to correct those mistakes. That is why she bought a sewing machine; she is really satisfied with the results of the machine

Ⓒ 1. machinery excels human power in its productivity and accuracy
2. mass production and work efficiency have become essential factors in every industry

해석
에세이 주제
토픽: 어떤 사람들은 손을 사용해 일하기를 좋아한다. 다른 사람들은 기계를 사용하는 쪽을 더 좋아한다. 여러분은 어느 쪽을 선호하는가? 구체적인 이유와 사례를 들어 의견을 진술하라.

A. 인간은 물건을 만들기 위해 도구를 사용할 줄 아는 동물이다. 처음에는 손이 인간이 사용할 수 있는 유일한 도구였지만, 수 세기 동안 인간의 삶을 보다 편리하게 만들기 위해 많은 기계들이 발명되었다. 일부 사람들은 여전히 기계 대신 손을 사용해서 일하기를 좋아한다. 하지만, 나는 개인적으로 기계를 가지고 일하는 것을 선호한다. 왜냐하면 그것이 더욱 생산적이고 정확하기 때문이다.

B. 무엇보다도, 기계는 사람이 하는 것보다 더 생산적이다. 손을 사용한다는 것은 인력을 사용하는 것을 의미하지만 인간은 유한한 신체 에너지를 가지고 있다. 다시 말해 인간은 일을 하는 동안 때때로 휴식이 필요하다. 반면에 기계는 지치는 법이 없이 작동 스위치가 켜져 있는 한 계속 일할 수 있다. 그 결과 기계는 인간보다 많은 제품을 생산할 수 있다. 타이핑과 필기를 비교해보면 기계 사용의 이점을 확실하게 알 수 있다. 필기는 따분하고 지루할 뿐만 아니라 타이핑에 비해 속도도 느리다. 이와는 대조적으로 일반적으로 사람들은 분당 200타 이상을 치지만 손으로 써서는 그 정도 속도를 낼 수도 없고 오랫동안 작업을 계속할 수도 없다. 따라서 기계를 사용하는 것이 효율적인 선택이라는 것은 누구도 부정하지 못한다. 게다가, 기계로 만든 제품은 보다 정밀하다. 수공예품은 예술 작품으로 간주될 수도 있다는 것은 사실이다. 다시 말해 수공예품은 종종 만든 이의 개성과 태도를 반영하며 핸드메이드 제품은 보다 독자적이고 특별하다. 하지만, 각 제품이 가진 그러한 특이성으로 인해 동일한 제품을 만들 수도 없고 그러한 제품들은 종종 조악하게 여겨진다. 예를 들어, 우리 할머니는 바느질을 할 때 실과 바늘을 사용하셨다. 할머니가 숙련된 재봉사이긴 했지만 종종 실수를

해서 그 실수를 바로잡기 위해 처음부터 작업을 다시 해야 하는 일도 있었다. 그래서 재봉틀을 사셨는데 재봉틀로 하는 작업에 아주 만족하셨다. 따라서 기계의 정확성은 인간이 저지르는 실수를 줄이는 데 도움이 된다.

C. 결론적으로, 나는 기계가 생산성과 정확성 면에서 인간보다 더 우수하기 때문에 기계를 사용하는 쪽을 선호한다. 핸드메이드 제품의 독특함과 희귀성을 가치 있게 여기는 사람들이 있기 하지만 인구의 빠른 증가로 인해 과거보다 더 많은 제품이 필요하게 되었고 그 결과 대량생산과 작업의 효율성이 모든 산업에서 필수 요소가 되었다. 따라서 손과 기계 사이의 선택이 주어진다면 기계를 사용하는 쪽이 더 현명한 선택이 될 것이다.

Unit 12 관사

A 보통명사 앞에 오는 한정사

예문 해석
- 약속은 어떤 경우에도 지켜져야 한다.
- 나는 2시에 톰과 약속을 했지만, 갑작스런 사고 때문에 약속을 지킬 수 없었다.
- 개는 그들의 소리로 몇 가지 감정을 표현할 수 있다.
- 나는 거리에서 한 마리의 개를 우연히 보았고, 그 개는 나에게 나의 예전 애완견을 생각나게 했다.

B 부정관사를 사용하는 경우

예문 해석
1. • 파이프 오르간의 건반을 누르면 공기 기둥이 진동하며 통과해 갈 수 있는 파이프가 열린다.
   • 비버들은 노처럼 보이는 넓고 평평한 꼬리를 가진 털짐승이다.
   • 윌리엄 셰익스피어의 아버지는 몇몇 주요 시청을 도와주던 존경받는 상인이었다.
2. • 개는 충직한 동물이다.
3. • 밝게 색칠된 정사각형 돛이 있는 유럽인의 긴 배는 매 시간마다 (시간당) 11마일 가까이 파도를 가로질러 경주할 수 있었다.
4. • 수소 분자에서 각각의 수소 핵은 2개의 전자를 공유한다.
   • 대학 도서관에서는 많은 사용자들이 동시에 같은 책을 이용하려고 할지도 모른다.

C 관사를 사용하지 않는 경우(무관사)

예문 해석
1. • 질소와 수소의 합성물인 암모니아는 많은 산업적 용도를 갖고 있다.
   • 미국에서 어린 아이들에 대한 교육은 무료인 동시에 의무적이다.
2. • 영화와 관련된 제품을 파는 것은 때때로 영화의 흥행부진을 보상하는 데 도움을 줄 수 있다.
3. • 2차 세계대전 동안 사람들은 직업을 구하기가 힘들었다.
   • 교수는 제 1과를 시작했다.
4. • 식물 서식지는 생태학과 지리학을 전공하는 식물학자에 의해 연구된다.

• 수학은 라이브러리 문제들의 정확한 표현들을 수식화하는 방법을 제공한다.

Check-Up Test 1 p. 120

❶ an ❷ An ❸ a ❹ a

해석
1. 현재로서는 동물이 때로 지진이 일어날 것을 감지하기도 한다는 사실과 관련해서 실험에 입각한 확실한 증거는 없다.
2. HMO는 환자들이 승인 받은 의료진과 병원을 선택하도록 함으로써 비용을 조절한다.
3. 앨버타의 주의회는 주법을 제정하는 단원제 의회이다.
4. 1700년대 후기와 1800년대 전기의 유럽 문학 운동의 하나인 낭만주의는 여러 요소로 이루어졌다.

D 정관사를 반드시 붙이는 경우

예문 해석
1. • 하드로사우루스는 주로 지금의 아시아 지역에서 백악기 말기에 살았다.
2. • 보르네오는 세계에서 세 번째로 큰 섬이다.
   • 출판된 자료의 양이 너무 방대해서 심지어 가장 큰 도서관이라고 하더라도 어떤 한 도서관이 모든 자료를 소장하기는 불가능하다.
3. • 1700년대 중반 이후에 러시아의 모피 상인은 지금의 알래스카에 정착했다.
   • 19세기 중반 동안 보스턴의 빠른 성장과 함께 많은 유럽 이주민이 들어왔다.
4. • 맨해튼의 거리 대부분은 사람들이 길을 찾기 쉽도록 체계적으로 설계되었다.
   • 아프리카에 가장 기대되는 진보들 중 몇 가지는 교육에서 이루어졌다.
   • 타이탄은 태양계에서 대기를 가진 것으로 알려진 몇 개의 위성들 중 하나이다.
5. • 나는 2시에 톰과 약속을 했지만, 갑작스런 사고 때문에 약속을 지킬 수 없었다.
7. • 어느 한 종류의 보석 광물에 속한 모든 결정체들은 같은 형태의 대칭성을 가지고 있다.
   • 제퍼슨은 제임스 메디슨이 차기 대통령이 될 것이라고 예상했다는 점을 분명히 했다.
   • 윌밍턴은 델라웨어 주에서 유일하게 큰 도시이다.
   • 퀘벡은 프랑스 언어와 문화 때문에 캐나다의 다른 지역과는 크게 다르다.

Check-Up Test 2 p. 122

❶ an, A, a, The, the, the
❷ the, the, an, the
❸ the, the

해석
1. 지난 밤 서울 근교에서 사고가 있었다. 자동차 한 대가 나무에 충돌했다. 운전자가 심각한 부상을 입지는 않았지만 자동차는 심하게 망가졌다.
2. 존 로블링은 브루클린 교를 설계한 엔지니어이다. 그는 다리가 완공되기 전에 감염으로 인해 1869년에 사망했다.
3. 많은 등산가들이 에베레스트 정상에 서서 일생 일대의 사진을 위해 포즈를 잡는 것을 좋아한다.

Grammar Practice

p. 123

A 1. an
2. oxygen
3. his
4. their
5. the same
6. Light
7. the

해석
1. 정신과 의사들은 의사 면허증을 가지고 있으며 정신 질환 치료에 전념한다.
2. 산소는 대기의 21퍼센트를 차지하는 반면, 질소는 78퍼센트를 차지한다.
3. 지그문트 프로이트와 그의 딸 안나 프로이트가 설명한 방어기제의 상당 수가 방어적 대처의 형태를 띤다.
4. 좋은 운동 프로그램은 사람들로 하여금 수명을 단축시킬 수도 있는 습관을 피하게 해준다.
5. 팝콘은 다른 종류의 옥수수와 동일한 식품 가치를 가진다.
6. 빛은 직선으로 이동한다.
7. 재즈는 20세기의 가장 인기 있는 음악으로 여겨진다.

B 1. a highest priority → the highest priority
2. the 10 billion → 10 billion
3. a food-producing cultures → a food-producing culture
4. only small amount → only small amounts
5. a rest → the rest
6. rivers → the rivers

해석
1. 미국의 현대식 공공 도서관의 건축 디자인은 기능주의에 가장 큰 비중을 둔다.
2. 인간의 뇌에는 100억에서 1000억 개의 뉴런이 있다.
3. 몇몇 지역에서는 중석기에 채집생활에서 경작생활로의 점진적인 변화가 일어났다.
4. 소택지는 양도 얼마 되지 않는 얕은 물만 있어 비교적 건조하다.
5. 선사시대 인류가 석기를 만들기 시작했을 때 인류는 다른 동물들과 확실히 구별지어지게 되었다.
6. 미국의 강은 대부분 남쪽으로 흐른다.

Sentence Writing Practice

p. 124-125

A 1. a test / The test
2. the last question
3. the article
4. a new country
5. the
6. a veterinarian
7. the book

B 1. It is the most important issue, and we need to discuss it in detail.
2. I believe that parents are the best teachers.
3. A great cellist, Hanna Jang, studies philosophy at Harvard University.
4. The U.S.A. is a country with a high level of immigration.
5. Pictures help students learn the meanings of new words.
6. I study the geography and history of my country.
7. On weekends, I go to the movies or watch television at home.
8. I like playing the cello and the piano, and my brother likes swimming and playing tennis.
9. Many tourists visit the swimming beaches in Gangreung in the summer.

실전 Essay Practice

p. 126-127

A 1. There is an argument regarding whether playing a game is enjoyable only when people win
2. Some people maintain that triumph is the fundamental motivation when it comes to playing a game

B 1. the Korean players displayed an outstanding performance
2. There were no winners or losers but friends on the ground
3. it is not the victory itself but the sportsmanship that really matters in a game
4. they primarily focus on overcoming their own limitations rather than beating others
5. every player never gives up making an effort to the last moment
6. the true enjoyment of playing a game lies in overcoming one's weakness and defeating it

C 1. either winning or losing a game does not determine the joy people obtain through the game
2. these factors lead all the players to be a winner in the true sense of the word

해석
에세이 주제
토픽: 다음 진술에 찬성하는가, 반대하는가? 경기를 하는 것은 이기는 경우에만 재미있다. 구체적인 이유와 사례를 들어 의견을 진술하라.

A. 경기는 이기는 경우에만 즐거운지와 관련해 논쟁이 있다. 일부 사람들은 경기에서 승리는 동기를 부여해 주는 기본 요소라고 주장한다. 하지만 내 견해로는 경기에는 단지 경기에서 승리하는 것 외에도 상호작용이나 자립과 같이 흥분을 일으키는 수많은 요소들이 있다고 본다.

B. 무엇보다도, 양 측 간의 상호작용은 경기의 가장 기본적인 면 중의 하나이다. 일반적으로 경기에 참여하는 양 측이 페어플레이를 하는 과정에서 서로 더 가까워지는 것으로 생각된다. 예를 들어

지난 여름 2002 FIFA 월드컵이 한국과 일본에서 열렸다. 토너먼트 동안에 한국 선수들은 훌륭한 경기를 선보였다. 그 결과 붉은 악마라는 이름이 붙은 한국팀은 4강까지 갈 수 있었다. 모든 한국 선수들이 상대팀인 독일 팀에게 이기기 위해 최선을 다했지만 경기의 패배를 받아들여야만 했다. 양 팀의 선수들은 치열한 접전이 끝나자마자 땀에 전 셔츠를 교환했다. 운동장에는 승자도 패자도 없었으며 친구만이 남았다. 전 경기를 관람한 한국 팬들은 두 팀 모두에게 끊임없는 지지를 보냈으며 월드컵이 끝날 때까지 환희를 나누었다. 이렇듯이 경기에서 진짜 중요한 것은 승리 그 자체가 아니라 스포츠맨십이다.

또한, 경기를 하는 과정에서 사람들은 경기의 진정한 목적을 깨닫기도 하는데 그것은 바로 자신의 한계를 극복하려고 노력하는 것이다. 한 가지 예로, 4년마다 장애인 올림픽이 열린다. 각 경기에 참가하기 위한 선수들의 노력은 다른 어떤 시도보다 의미가 있다. 운동장에 가서 장애인 선수들을 지켜보는 사람들은 대부분 그들의 불굴의 의지를 보고서 감동을 받는다. 선수들이 경기에 참여할 때 그들은 다른 선수들을 이기는 것보다 자기 자신의 한계를 극복하는 데 주로 초점을 맞춘다. 모든 선수들은 매번 자신들의 장애를 극복하려 애쓰면서 마지막 순간까지 포기하지 않고 최선을 다한다. 그렇기 때문에 각 선수들은 금메달을 자아실현의 징표로 소중히 여긴다. 그 결과 경기를 하는 진정한 의미는 자신의 약점을 극복하고 이기는 데 있다.

C. 결론적으로, 경기의 승패가 사람들이 경기를 통해 얻는 기쁨을 결정짓지는 않는다. 이것은 페어플레이와 자아실현 두 가지가 경기가 주는 기쁨을 결정짓는 중요한 요소이기 때문이다. 따라서, 이 요소들은 모든 선수들을 진정한 의미에서의 승자로 만든다.

Unit 13 대명사

A 인칭대명사

예문 해석

1. • 태양은 시간이 지날수록 점차적으로 팽창하고 뜨거워진다.
   • 알렉산더 그레이엄 벨은 1876년 최초로 전화를 고안하기 전에 청각장애 학생들과 일했다.
   • 펄 S. 벅은 미국과 중국 사이를 여행하고 있던 1925년에 첫 소설을 시작했다.
   • 모든 세포는 그들이 분화세포이든, 단세포 유기체든 어떤 공통적인 것을 가지고 있다.
2. • 만화는 미국인의 삶을 반영할 뿐만 아니라 형성하는 것을 돕는다.
   • 때때로 인류는 상어가 단지 두렵기 때문에 죽인다.
   • 사진 보도기자는 신속하게 사진을 찍고 빠르게 현상해야 한다.
   • 물리학은 전통적으로 물체와 에너지 그리고 그들 사이의 관계에 대한 연구로 정의된다.
3. • 철새는 먹이 공급이 아주 충분한 여름 서식지에서 번식한다.
   • 곰들은 먹이를 찾고 곤충, 딸기류, 견과류를 배불리 먹는 데 많은 시간을 보낸다.
   • 발명가 그랜빌 우즈는 증기 난로로 1984년 1월 3일에 첫 특허를 받았다.
   • 대리석은 아름다움, 내구성, 불과 침식에 대한 저항력으로 매우 오랫동안 높이 평가되어 왔다.

4. • 지구는 표면에 풍부한 물을 가진, 태양계의 유일한 행성이다.
   • 조지아 오키프는 유기적이고 추상적인 형식을 사용한 것으로 알려져 있다.
   • 그들의 연구에서 심리학자는 다른 과학자들이 하는 것과 동일한 접근법을 많이 사용한다.
   • 신경과학자들이 인간의 뇌에 대해 더 많은 것을 알게 되면서, 뇌의 복잡성에 대한 새로운 발견은 뇌의 기능에 대한 매우 기본적인 믿음의 일부를 바꾸기도 한다.

B 소유대명사

예문 해석

1. • 보고서가 완성되기 전에, 그들과 우리의 메모 속 정보가 입증되어야 한다.
   • 작은 소년은 초콜릿을 떨어뜨렸다. 그래서 누나가 그에게 자기 것을 주었다.
2. • 내 아파트는 존의 아파트만큼 넓진 않지만 나에게는 적합하다.

C 지시대명사

예문 해석

1. • 달의 자기장은 지구의 자기장보다 100만 배 더 약하다.
   • 워싱턴의 지역 정부 시스템은 다른 모든 미국 도시와는 다르다.
   • 동물의 지리적 분포는 식물의 지리적 분포처럼 기후 요인에 크게 의존한다.
   • 증상 완화를 목적으로 한 치료법 이외에 감기에는 별다른 치료법이 없다.
   • 미국의 사회처럼 복잡한 사회에서조차 모든 미국사람들에게 공통된 관행들이 있다.
2. • 가장 오래된 것으로 알려진 화석은 약 35억 년 전에 살았던 박테리아의 화석이다.
   • 냉방장치에 사용된 원리는 기본적으로 인체가 스스로를 식히기 위해 사용하는 원리와 같다.

D 재귀대명사

예문 해석

1. • 피터는 혼자 힘으로 자립해야 한다.
   • 해면동물은 자기 쪽으로 물과 먹이를 순환시키기 위해 내부 이동기관을 사용한다.
   • 캥거루는 똑바로 앉거나 점프할 때 균형을 잡기 위해 길고 강력한 꼬리를 사용한다.
2. • 나는 존이 스스로를 존중할 것이라고 기대했다.
   • 나는 존이 나를 존중할 것이라고 기대했다.
   • 새들은 다른 척추동물과 구별되는 많은 독특한 특성을 가지고 있다.
3. • 도시 자체가 자동차를 포함한 수많은 에너지원에서 비롯된 열을 발생시킨다.
   • 폴라로이드 카메라 자체가 필름을 현상하는 모든 수고스러운 작업을 한다.
   • 근접성 외에, 달은 또한 지구 자체와 비교해서 꽤 크다는 점에서 예외적이다.

p. 131

❶ Whenever your computer is out of order, you can use mine.

❷ The benefits of buying a car outweigh those of taking a vacation.

❸ Mammals use food to keep themselves warm.

❹ Some parents prefer to send their children to private schools because they believe their children will be better educated.

Grammar Practice

p. 132

Ⓐ 1. its   2. its
3. his   4. him
5. their   6. themselves
7. themselves

해석
1. 은의 가장 큰 특징은 전기 전도성이다.
2. 해달은 전형적으로 먹이를 먹을 때 바위를 이용해 배영을 한다.
3. 발명가 그랜빌 우즈는 증기 난로로 1984년 1월 3일 최초의 특허를 받았다.
4. 공황을 해결하려는 루즈벨트의 노력은 그를 미국 대통령 가운데 가장 인기 있는 대통령 중 한 사람으로 만들었다.
5. 빙산이 빙하로부터 큰 돌과 많은 양의 자갈을 운반하는 일이 종종 있다.
6. 많은 심리학자들은 자신들을 특정 학파나 이론과 연결시키지 않는다.
7. 새, 박쥐, 곤충들은 날개를 퍼덕거려 공중을 난다.

Ⓑ 1. that → those
2. her → their
3. those → that
4. it → that
5. that → it
6. themselves → them

해석
1. 이제껏 알려진 화석 중 가장 오래된 화석은 약 35억 년 전에 살았던 박테리아의 화석이다.
2. 새러 티즈데일의 시는 형식의 순수성과 단순성으로 잘 알려져 있다.
3. 태양의 지름은 865,400 마일이며 표면적은 지구의 약 12,000 배에 이른다.
4. 그가 쓴 글은 전문작가의 글보다 낫다.
5. 공산주의는 최악의 경제체제 가운데 하나이다. 내가 어렸을 때 우리 가족이 수년간 공산주의 치하에서 살았기 때문에 나는 그 사실을 안다.
6. 많은 지역에서 불꽃놀이가 불법이긴 하지만 사람들은 여전히 불꽃놀이를 즐긴다.

Sentence Writing Practice

p. 133

Ⓐ 1. their   2. it
3. he or she   4. others
5. their / their   6. those

7. myself

Ⓑ 1. I prefer spending time alone to spending time with others.
2. Every family has its own characteristics.
3. There are three bedrooms in my house. One is mine, another is my sister's, and the other is my parents'.
4. A person's success depends on the groups as well as his or her efforts that he or she belongs to.
5. Having zoos is necessary because it provides good opportunities for child education.
6. Teenagers tend to consider their possessions old-fashioned even though there is nothing wrong with them.
7. People sometimes feel that there is nobody who understands them.
8. Development of technology will make it possible to control natural calamities.
9. The benefits of having jobs during teenage years are more important than those of only concentrating on studying.
10. One of the good ways to increase children's responsibility is to give them pets.

실전 Essay Practice

p. 135-136

Ⓐ 1. In Korea, the price of land is incredibly high
2. I would definitely choose to live in a traditional house because the house is both quieter and more private than an apartment

Ⓑ 1. takes a piano lesson
2. practices
3. every single note
4. a bad piano player
5. on the phone
6. take a nap
7. I know how carefully the housewives in my building observe other people
8. any of their business
9. feel like I am living my life on a stage
10. the audience

Ⓒ 1. apartments have some advantages over traditional houses such as convenience and security
2. if I had enough money, I would not hesitate to purchase a house

해석
에세이 주제

토픽: 전통적인 주택과 현대식 아파트 중 어느 쪽에서 사는 것을 선호하는가? 구체적인 이유와 사례를 들어 의견을 진술하라.

A. 한국에서는 토지 공급량이 대단히 한정되어 있기 때문에 토지 가격이 어마어마하게 높다. 주택을 지을 만한 충분한 공간이 없다는 단순한 이유 때문에 인구의 대부분이 아파트에서 살아야만 한다. 하지만, 돈이 문제가 되지 않는다면 나는 확실히 전통적인 주택을 택하겠다. 왜냐하면 주택은 아파트보다 조용 하기도 하고 더 사적인 공간이기 때문이다.

B. 무엇보다도, 전통적인 주택에 사는 것은 아파트에 사는 것보다 훨씬 조용하다. 많은 아파트가 두꺼운 콘크리트 벽을 사용해 짓지만 여전히 이웃집으로 소음이 쉽게 전해진다. 창문을 열어 두는 경우에는 다른 집의 스테레오, TV, 또는 라디오 소리를 피한다는 것이 거의 불가능하다. 불행히도 내 이웃 중의 한 사람의 딸이 피아노 레슨을 받는다. 그 딸은 매일 오후 여러 시간씩 연습을 하는데 우리 집에서는 그 음 하나하나를 다 들어야만 한다. 그녀가 피아노를 못 치는 것은 아니다. 하지만 내가 공부나 전화통화를 하려고 할 때 또는 낮잠을 자려고 할 때 연습하는 소리가 들리면 방해가 된다. 만약 내가 전통적인 개인 주택에 산다면 이웃집과는 멀리 떨어져 있어 소음이 결코 문제가 되지 않을 텐데 말이다.

또 다른 이유는 전통적인 주택이 아파트에 비해 사생활이 더 잘 보장된다는 것이다. 아파트는 작은 마을과 같다. 아파트에서는 소문이 허다하고 비밀 유지가 정말 어렵다. 우리 아파트 단지에서 나는 때때로 우리 어머니가 다른 아줌마들과 이야기를 나누는 것을 듣는다. 한 가족이 아파트 단지로 이사올 때마다 아줌마들은 새로운 가족에 대해서 호기심을 가지고 수군댄다. 나는 우리 아파트 단지의 아줌마들이 얼마나 자세히 다른 사람들을 관찰하는지 알기 때문에 많은 사람들이 항상 나를 관찰하고 있을 거라고 생각한다. 아마도 내 학교 성적과 자신들의 일도 아닌 다른 개인적인 정보에 대해 수군거릴 것이다. 그래서 나는 때때로 내가 무대 위의 삶을 살고 있고 이웃 사람들이 관객인 듯한 느낌을 받는다. 내가 만약 개인 주택에 산다면 생활에서 더 많은 사생활을 보장받을 수 있을 것이다.

C. 결론적으로, 아파트는 전통적인 주택에 비해 편리성이나 보안성 같은 몇 가지 이점이 있기는 하지만 전통적인 주택은 현대식 아파트 단지에 비해 더 조용하고 사적인 공간이기 때문에 나는 전통적인 주택을 더 좋아한다. 조용하고 사적인 공간이라는 두 가지 압도적 요소는 생활을 보다 편안하게 만든다. 대부분의 우리나라 사람들처럼 나도 현재는 아파트에 살고 있지만 충분한 돈이 있다면 주저하지 않고 주택을 구입하겠다.

Unit 14 명사절

A that절

예문 해석

1. • 약물 남용이 사람의 건강에 해를 끼칠 수 있다는 것은 널리 알려진 사실이다.
   • 원자가 고형 물질이 아니라는 것은 방사능의 발견으로 증명되었다.

• 일부 과학자들은 돌고래가 지구에서 가장 똑똑한 동물들 중 하나라고 믿는다.
• 과학의 기본적인 가정들 중 하나는 자연 세계가 규칙에 의해 설명될 수 있다는 것이다.

2. • 그 과학자는 자신의 발견들이 혁명적이라고 주장했다.
   • 인구통계학자는 대부분의 대도시 지역은 미래에 인구와 지역 두 가지 면에서 모두 지속적으로 성장할 것이라고 믿는다.

3. • 문서상의 증거는 바이킹이 A. D. 1000년경 신대륙에 도착했다는 주장을 뒷받침한다.
   • 우리는 통계가 쉽게 조작될 수 있다는 사실을 주목해야 한다.

4. • 물고기에게는 호흡이 아닌 냄새를 맡는 데 사용되는 콧구멍이 있다.
   • 어린 동물이 받는 자극은 장차 그들의 행동에 영향을 미친다.

B whether절

예문 해석

1. • 언어가 인간만의 유일한 특성인지 아닌지는 흥미 있는 문제이다.
   • 과학자들은 우주가 영원히 팽창할 것인지 다시 수축할지 궁금해 한다.
   • 문제는 담배가 암을 야기하느냐, 하지 않느냐이다.
   • 고대로부터 사람들은 빛의 속도가 유한한지 무한한지에 대해 논쟁했다.

2. • 나폴레옹의 병에 관한 보고서를 다시 조사한 많은 의사들은 그가 암으로 죽었는지 아니었는지 궁금해 했다.

C 의문사절

예문 해석

1. • 동물이 사는 장소는 다른 동물들과의 의사소통 방법에 영향을 미친다.
   • 계절이 시작하는 때는 날씨에 의해 결정된다.
   • 문제는 공룡들이 왜 멸종했는가이다.
   • 도시 지역의 거주자들은 이른바 시골에서 사는 삶의 특권을 누리기 위해 사람들이 매일 4시간 통근을 어떻게 견디는지 이해하지 못한다.

2. • 대륙이 어떻게 시작했는지는 계속되는 지질학 연구의 주제였다.
   • 광학은 광선이 물질에서 반사되거나 물질을 통과함에 따라 어떻게 영향을 받는지에 관한 연구이다.
   • 별이 하늘에서 얼마나 밝게 빛나는지는 광도에 달려 있다.
   • 성공은 결코 얼마나 많은 돈을 버는지에 의해 측정될 수 없다.

D what절

예문 해석

1. • 나를 곤혹스럽게 만들었던 것은 줄리아의 무례한 태도였다.
   • 생물학자들이 사용하는 기술들은 그들이 조사하고 있는 것에 달려 있다.
   • 지각 위의 암석에서 발견된 죽은 유기체들의 흔적인 화석들은 그 암석이 형성된 시기에 생명체가 어떠했는지를 드러낸다.

2. • 18세기 동안에 리틀 터틀은 지금의 인디애나에 해당 되는 영토를 가진 마이애미 부족의 추장이었다.

❶ The problem is that she gets bored with the current job.

❷ Whether students go to university or not should be determined by their will.

❸ For thousands of years, humankind has wondered how old the Earth is.

❹ A writer needs to keep in mind that the conclusion is what a reader remembers best.

Grammar Practice   p. 141

Ⓐ 1. That
2. whether
3. what
4. What
5. what
6. a distant object is
7. what

해석

1. 개인들이 정부로부터 어떠한 간섭도 받지 않고 자신들에게 속하는 권리를 갖는다는 것이 오늘날의 정설 이다.

2. 부모가 자식에게 최선의 교사이냐에 관한 논쟁이 있어 왔다.

3. 1800년 독일의 과학자 허셜은 이른바 '발열선'이라고 하는 것에 관한 실험을 했다.

4. 오늘날 달라진 것은 전세계적 상호의존의 정도뿐만 아니라 세계화가 일어나는 속도이다.

5. 기체를 대상으로 한 초기의 실험은 근본적으로 현대적 특징이라고 할 만한 결과를 낳았다.

6. 시차 측정은 멀리 떨어진 물체가 얼마나 멀리 있는지를 알기 위한 조사 연구에서 사용한다.

7. 과학자들은 40억 년 전에 지구가 어떠했는지, 그리고 그러한 조건 하에서 생명체가 어떻게 생겨났는지에 대해 좀더 잘 이해해 가고 있다.

Ⓑ 1. it → what
2. where → what
3. will he → he will
4. that → what
5. whether → what
6. What → That

해석

1. 유럽 여러 나라에서 온 이주자들은 각자의 고국에서 건축 기술과 지배적 형태라고 할 만한 것을 신세계에 소개했다.

2. 지금의 미시시피 지역에 있었던 최초의 영구적 유럽인 이주지는 빌럭시의 무역센터였다.

3. 어느 누구도 자기가 언제 문제가 생기거나 심각한 질병에 걸릴지 예상할 수 없다.

4. 일반적으로 20세기의 가장 위대한 건축가 가운데 한 사람으로 인정받는 프랭크 로이드 라이트는 '프레리 양식'이라고 알려진 양식을 개발했다.

5. 핵의 구조에 관해 과학자들이 알고 있는 것은 대부분 입자가속기를 이용한 실험에서 나왔다.

6. 고대 이래로 사람들이 머리스타일에 신경을 써 왔다는 것은 널리 알려진 사실이다.

Sentence Writing Practice   p. 142-143

Ⓐ 1. what I heard
2. What is important
3. What people eat

4. that high school students should attend classes.

5. that high school students wear school uniforms

6. whether we should quit the job (or not)

7. who goes first

8. why she didn't lock the door last night

9. what to eat for lunch

10. how they spend their leisure time

Ⓑ 1. I didn't decide whether to go to university or to get a job.

2. It is obvious that he told a lie.

3. What surprised me yesterday is that he came back from the U.S.A.

4. He promised that he would come back soon.

5. It depends on whether she works with us or not.

6. Everybody knows that he is guilty.

7. What Koreans consider important is the intimate relationships between family members.

8. There are different opinions concerning whether students should have part time jobs or not during their school years.

9. People's individual interests determine what they study in universities.

10. What is most important in being a good parent is to spend a lot of time with children.

실전 Essay Practice   p. 144-145

Ⓐ 1. There is an argument about why the ability to read and write is more crucial today than in the past

2. it is almost impossible to find a job without literacy skills

Ⓑ 1. today, it becomes more difficult to communicate with each other without access to the Internet

2. illiteracy makes it hard to adapt to the Information Age

3. the modern society requires each person to be more informed than ever before

4. almost every job market demands at least basic literacy skills

5. most high-paying jobs demand at least a four-year college degree

6. literacy is essential to make a living in today's labor market

C 1. reading and writing skills are more important today than in any other period
   2. an increasing number of people can neither communicate with one another nor find their jobs without learning to read and write
   3. literacy is not a matter of selection but a requirement to survive in today's world

해석

에세이 주제

토픽: 읽고 쓰는 능력은 과거에 비해 오늘날 더 중요한가? 그렇거나 그렇지 않은 이유는 무엇인가? 구체적인 이유와 사례를 들어 의견을 진술하라.

A. 읽고 쓰는 능력이 왜 과거에 비해 오늘날 더 중요한지에 대해서는 논쟁이 있다. 과거에는 오늘날만큼 읽고 쓰는 능력이 중요하지 않았다. 하지만 오늘날 사람들은 일상생활의 모든 면에서 읽고 쓰는 능력이 필수적인 정보화시대에 살고 있다. 또한 읽고 쓰는 능력이 없이 일자리를 구한다는 것은 거의 불가능하다.

B. 무엇보다도, 오늘날에는 인터넷을 통하지 않고는 서로 의사소통 하는 것이 점점 더 어려워지고 있다. 과거에는 사람들은 직접 만나서 모임을 갖거나 전화로 이야기를 나누었다. 하지만 최근에 와서는 수백만의 사람들이 인터넷을 사용해 이메일로 의사소통을 한다. 인터넷은 전 세계의 모든 사용자들을 연결시켜 줄 뿐만 아니라 구체적인 관심 분야에 맞춘 맞춤형 정보를 제공해 주기도 한다. 그 결과 문맹은 정보화시대에 적응하기 어렵다는 말도 과장이 아니다. 다시 말해 읽고 쓰지 못하면 커뮤니케이션 기술도 사용할 수 없고 외부 세계와 연락도 할 수 없다는 것이다. 따라서, 현대 사회는 과거 어느 때보다도 개개인이 더 많은 지식을 갖추도록 요구한다. 그뿐만 아니라, 거의 모든 구인 시장이 적어도 기본적인 읽고 쓰는 능력을 요구한다. 산업혁명 전에는 전 세계 인구의 대부분이 농업에 의존해 살았고 교육의 권리가 항상 보장된 것도 아니었다. 대장장이나 목수와 같은 대부분의 육체 노동 역시 기껏해야 일정 정도의 읽고 쓰는 능력을 필요로 했다. 하지만 모든 산업 분야의 급속한 성장으로 인해 현대 직장에서 일하기 위해서는 기본적으로 읽고 쓰는 능력을 갖추는 것은 일반화된 일이다. 예를 들어 가장 단순한 소매업도 읽고 쓰는 능력이 필요하다. 매뉴얼을 읽고 주문서를 쓰고 다른 직원들과 의사소통을 해야 한다. 분명히, 대부분의 고임금 직업은 적어도 4년제 대학 학위를 요구한다. 따라서 읽고 쓰는 능력은 오늘날 노동 시장에서 생계를 유지해 나가기 위해서는 필수적이다.

C. 결론적으로, 읽고 쓰는 능력은 다른 어느 때보다 오늘날 더 중요하다. 이는 점점 더 많은 사람들이 읽고 쓰는 것을 배우지 않고는 다른 사람과 의사소통도 할 수 없고 직업을 구할 수도 없기 때문이다. 따라서, 오늘날의 세계에서 읽고 쓰는 능력은 선택의 문제가 아니라 생존을 위한 필수요건이 되었다.

수식 구조

Unit 15 형용사절

B 주격 관계대명사 - who, which, that

예문 해석

1. • 존은 지나에게 교과서를 주었다. + 지나는 시험을 준비했다. → 존은 시험을 준비한 지나에게 교과서를 주었다.
   • 존은 영어로 쓰여진 교과서를 지나에게 주었다.
   • 식품 첨가물은 소량으로 식품에 첨가되는 화학물질이다.
   • 자연사하는 코끼리의 수명은 대략 65년이다.
2. • 톰은 대학에 다니는 남자형제가 둘 있다.
   • 톰은 남자형제가 둘 있는데, 그들은 대학에 다닌다.

C 목적격 관계대명사 - whom, which, that

예문 해석

1. • 우리 화학 선생님은 숙제를 내주셨다. + 그 숙제는 하루 안에 끝내기 힘들었다. → 우리 화학 선생님이 내주신 숙제는 하루 안에 끝내기 힘들었다.
   • 과학자들이 세포를 연구하는 데 사용하는 가장 중요한 도구들 중의 하나는 현미경이다.
   • 셰익스피어는 사람들이 4세기 동안 좋아해 온 희곡을 썼다.
2. • 지구 생명체는 태양으로부터 받은 에너지에 전적으로 의존한다.
   • 대다수 사람들은 몸이 필요로 하는 모든 칼슘을 그들이 먹는 음식으로부터 얻을 수 있다.

D 소유격 관계대명사 - whose

예문 해석

1. • 비트는 독일 태생의 의학박사이다. + 그의 열망은 거미의 행동 방식을 이해하는 것이다. → 비트는 거미의 행동 방식을 이해하는 것을 열망하는 독일 태생의 의학박사이 다.
   • 무정부주의란 정부가 해롭고 불필요하다는 믿음을 주요 특징으로 하는 신념들을 설명하는 용어이다.
   • 스튜어트 화이트는 미국 서부 개척지대를 배경으로 생존을 위한 투쟁을 소설로 그린 작가였다.

E 전치사 + 목적격 관계대명사

예문 해석

1. • 항성일은 주기이다. + 주기 동안 지구가 지축을 중심으로 한 번 자전한다. → 항성일은 지구가 지축을 중심으로 한 번의 자전을 하는 주기이다.
   • 미국의 흑인 인구의 10% 이상은 남부를 떠났는데, 남부에는 흑인 인구의 대다수가 살았었다.

- 독이 있는 뱀들은 속이 빈 이를 가지고 있고 그것을 통해서 먹이에 독을 주입한다.
- 소음은 듣는 사람이 제어할 수 없고 신체가 결코 익숙해지지도 않는 효과를 일으킨다.

F 관계부사

예문 해석
1. • 이집트에 어떤 장소들이 있다. + 오직 선인장들만이 그곳에 살 수 있다. → 이집트에는 오직 선인장만 살 수 있는 일부 지역이 있다.
   • 1400년대는 고전문화의 부흥이 일어났던 시기이다.
   • 매년 약 2백만 명의 사람들이 러쉬모어 산을 방문하는데, 그곳에는 조각가 거츤 보글럼이 화강암 위에 조각한 4명의 미국 대통령 얼굴이 있다.
   • 그것이 내가 제시간에 그곳에 도착할 수 없었던 이유이다.
   • 과학과 기술은 음악이 작곡되는 방법에 영향을 끼친다.

G 부분사 포함 관계대명사

예문 해석
1. • 김 박사는 그의 학생들을 자랑스러워 한다. + 그들 중 많은 이들이 영어뿐만 아니라 프랑스어를 말할 수 있다. → 김 박사는 그의 학생들을 자랑스러워 하는데, 그들 중 많은 이들이 영어뿐만 아니라 프랑스어를 말할 수 있다.
   • 약 1,650종의 선인장이 있는데, 그들 중 대부분이 온 대건조기후에 적응한다.
   • 미국에서 내각은 대통령의 고문으로 구성되고 그들 각각은 부의 장관이다.

Check-Up Test 1 ▶   p. 150
❶ Some people view street cleaning as a chore which interrupts their routine.
❷ People who are unwilling to risk failure cannot achieve a big success.
❸ The tools that predators use to capture prey are used primarily for defense.

Check-Up Test 2 ▶   p. 151
❶ The club to which John belongs is hard to join.
❷ I can never forget the place where we met each other for the first time.
❸ The books, some of which are too worn out, would be difficult to sell.

Grammar Practice   p. 152

Ⓐ 1. which   2. who
   3. occurs   4. which
   5. which   6. which
   7. which

해석
1. 워싱턴은 전세계 주요도시 가운데에서도 독특한 발전을 이루었다.
2. 운동팀은 대학 교육을 준비하는 학생들의 관심을 끌 수 있다.
3. 식물의 기체 교환은 호흡에서 일어나는 과정과 반대 된다.
4. 사람들은 집을 비우면서 도둑들에게 집이 비었다는 것을 확실히 말해주는 징후들을 남기는 경우가 종종 있다.
5. 원자는 중심부의 핵으로 이루어져 있는데, 여기에는 양성자와 중성자가 있다.
6. 나무는 복잡한 엔진으로 볼 수 있는데, 연료를 에너지로 바꾸어 이용 가능한 자원으로부터 새로운 산물을 만든다.
7. 진공은 공기를 포함해 어떠한 물질도 없는 공간이다.

Ⓑ 1. it을 삭제
   2. which를 삭제
   3. who → whose
   4. them을 삭제
   5. it을 삭제
   6. it을 삭제
   7. when → which / that
   8. of를 삭제

해석
1. 방사선은 과학에서 다루는 가장 복잡한 대상 가운데 하나이다.
2. 원자는 존재하면서도 원소의 특성을 그대로 갖는 화학적 원소의 가장 작은 부분을 말한다.
3. 플레밍 박사는 영어를 모국어로 하지 않는 학생들에게 역사를 가르친다.
4. 포식동물들이 먹이를 잡기 위해 사용하는 도구의 상당수가 방어용으로 사용된다.
5. 긴 독창곡인 아리아는 등장인물들의 생각과 느낌을 표현하는 노래와 비교된다.
6. 새장에 갇힌 모든 새들은 크고 널찍한 보금자리가 필요하다.
7. 대부분의 민요는 간단한 가사와 줄거리가 있는 발라드 곡이다.
8. 우주왕복선과 우주정거장은 인간의 우주 탐사 방식을 대단히 효율적으로 만들었다.

Sentence Writing Practice p. 153-154

Ⓐ 1. who use chopsticks and spoons
   2. which are written in Japanese
   3. who spend much time with their parents
   4. which is filled with waste
   5. which my townspeople can gain
   6. which influence people's behavior
   7. during which a person obtains the most amount of new information
   8. which has contributed to Korean's lives most
   9. which improves teenagers' physical development
   10. who are interested in only one or two subjects

Ⓑ 1. It is essential to have nutritious foods that

your bodies require.

2. Children who start formal education at early ages have difficulty understanding what they learn in school.

3. Products which are made by hand have their own uniqueness.

4. People who start to learn foreign languages when they are young tend to speak the languages fluently.

5. I like to spend time with friends who have many things in common with me.

6. The pond was contaminated by the release of waste materials from the factory.

7. People who begin their day early in the morning have better chances of using their time more efficiently.

8. I go to the movies once a week to relieve the stress which results from my busy routine.

9. The animal which the Koreans consider important is the cow.

10. I believe that improving sports facilities, which will keep our students healthy, is necessary.

실전 Essay Practice

p. 155-156

Ⓐ 1. it is better to complain in writing than in person

2. it may be done more logically with little emotion involved

3. it is the best way to include all the relevant information

Ⓑ 1. they can often become incoherent

2. Complaining in person might drive them mad

3. Losing one's temper often leads to losing an argument

4. businesses are supposed to defend themselves from those who try to claim their rights through phony complaints

5. a written document is the best way to outline the history of poor service

6. consumers can make sure that the business understands every part of the official document on their complaints

Ⓒ 1. it enables me to organize my thoughts more rationally and provide the business with all the information in a clear and concise manner

해석
에세이 주제
토픽: 사람들이 제품이나 불만족스러운 서비스에 대해 불평을 하는 경우 어떤 사람들은 서면으로 하기를 선호하고 다른 사람들은 직접

찾아가 불만을 토로한다. 여러분은 어떤가? 구체적인 이유와 사례를 들어 의견을 진술하라.

A. 대부분의 사람들은 아마도 결함이 있는 제품을 구매하거나 만족스럽지 못한 서비스를 받아 본 경험이 있을 것이다. 그런 일이 발생하면 어떤 사람들은 제품이나 서비스를 제공한 업체로 직접 찾아가 불만을 토로하는 쪽을 택한다. 하지만 내 생각에는 서면 상으로 불만을 토로하는 것이 감정도 거의 개입되지 않은 채 보다 논리적으로 할 수 있어서 더 낫다고 생각한다. 또한 모든 관련된 정보를 다 포함시킬 수 있는 최선의 방법이기도 하다.

B. 우선, 서면상으로 불만을 표시하는 것은 너무 감정적으로 보이지 않게 해 준다. 대부분의 경우, 고객이 제품이나 서비스에 대해 불만을 표시하는 경우 낭비한 시간과 돈에 너무 화가 난 나머지 조리가 맞지 않는 경우가 많다. 고객이 직접 대면해 불만을 토로하는 경우 업체에서 상황을 자신이 보는 것과 똑같이 보지 않을 경우 미칠 듯이 흥분할 수도 있다. 화가 나게 되면 언쟁에서 지기가 쉽다. 감정적인 대응으로는 양쪽 당사자가 합리적인 해결책을 찾아내지 못한다. 이런 이유로 사람들이 너무 화가 나 불만을 명확하게 표시할 수 없을 때면 언제나 '타임아웃'을 갖는 것이 더 낫다. 따라서, 서면으로 불만을 표시하게 되면 감정을 거의 개입시키지 않은 채 논리적으로 언쟁의 요점을 조직화할 수 있다.

게다가, 업체는 모든 관련 정보를 다 첨부한 면밀한 서류를 갖춘 불만서가 보다 설득력이 있다고 생각한다. 일반적으로 업체는 거짓 불만을 통해 권리를 주장하려고 하는 사람들로부터 자신들을 보호하기 마련이다. 따라서, 결함이 있는 제품에 대해 불만을 표시하는 고객은 일반적으로 결함에 대한 세부 정보를 보여주는 구체적인 기록뿐만 아니라 영수증과 다른 구매 증빙 서류를 제시해야 한다. 게다가, 서비스 불만을 표시하는 경우에는 서류가 형편없는 서비스의 경위를 보여주는 최선의 방법이다. 업체에 서면으로 불만을 표시함으로써, 소비자는 업체가 고객의 불만에 관한 공식적인 문서의 모든 면을 확실히 이해하게 할 수 있다. 따라서 불만 표시 서류 한 부는 수만 마디 말보다 강력한 힘을 갖는다.

C. 결론적으로, 결함 있는 제품이나 불만족스러운 서비스에 대한 불만을 표시하는 경우 서면으로 하는 것이 훨씬 낫다. 이는 내 생각을 보다 이성적으로 정리할 수 있고 업체에 모든 정보를 분명하고 간결하게 전달할 수 있기 때문이다. 따라서 서면으로 불만을 표시함으로써 업체는 해결책을 내놓을 수 있을 것이며 이는 내 요구 조건을 충족시켜 줄 것이다.

Unit 16 부사절

A 부사절 접속사의 종류

예문 해석

1. • 나무들은 높은 고도에서는 성장을 멈춘다. 왜냐하면 꽁꽁 얼게 추운 기온과 강한 바람에 생존할 수 없기 때문이다.
• 삶은 문제의 연속이기 때문에 사람들은 끝없이 계속되는 문제를 풀어감에 따라 자신감과 성숙을 배운다.
• 도기류는 초기 문화권에 있어 매우 중요했으므로 과학자들은 고대 문명에 대해 더 배우기 위해 이제 도자기를 연구하고 있다.
• 회계는 정보를 요약하고 해석하는 것을 포함한다는 점에서 부기와 다르다.

2. • 사막에서는 충분한 강우량을 얻을 수 없음에도 불구하고, 단지
  적은 양의 물을 가지고도 잘 자라는 많은 식물들이 있다.
  • 징병법안은 연방법인 반면에 결혼법안은 연방법이라기보다는
  주법이다.
  • 영화의 긴 장면들이 아버지 입장을 묘사하는 반면, 단편적인
  장면은 소년의 관점에 초점을 두고 있다.
3. • 달이 지구 그림자의 어떤 부분을 통과한다면, 월식이 일어날 수
  있다.
  • 적절하게 취급하지 않으면 방사선의 일부 형태는 위험할 수
  있다.
  • 티켓이 매진되는 경우를 대비해서 좌석을 예약하는 것이 훨씬
  더 낫다.
  • 부모가 아이들이 보는 만화를 감독하는 한, 만화는 아이들의
  성장에 해롭지 않다.
4. • 역사박물관에 가면, 사람들은 과거로 시간 여행을 할 수 있다.
  • 사람들이 여럿이서 일하거나 높은 자리에 있는 사람들을 대하는
  동안 의사소통 기술은 매우 중요하다.
  • 온실효과는 태양에너지가 기체 상태의 대기에 갇히는 과정에서
  생겨난 행성 온도의 상승이다.
5. • 뜻이 있는 곳에 길이 있다.
  • 위대한 문명들은 물 공급이 풍부한 곳에서 발생해 왔다.
  • 퇴적암이 노출된 곳마다 화석들을 발견할 수 있다.
  • 금속 기술이 발달한 곳마다 금속은 조각 재료로 사용되어 왔다.

B 문장전환

예문 해석
1. • 피터슨은 경제적으로 가난했기 때문에 대학에 갈 수 없었다.
  • 피터슨은 경제적으로 가난했다. 그래서 그는 대학에 갈 수
  없었다.
  • 경제적인 가난 때문에 피터슨은 대학에 갈 수 없었다.
  • 피터슨은 경제적으로 가난했다. 그 결과 그는 대학에 갈 수
  없었다.
  • 피터슨은 경제적으로 가난해서 대학에 갈 수 없었다.
2. • 링컨은 사는 동안에 여러 번 실패했지만 마침내 미국의 16대
  대통령이 되었다.
  • 링컨은 사는 동안 여러 번 실패했다. 그러나 마침내 미국의 16대
  대통령이 되었다.
  • 많은 실패에도 불구하고 링컨은 마침내 미국의 16대 대통령이
  되었다.
  • 링컨은 사는 동안에 여러 번 실패했다. 그럼에도 불구하고 그는
  마침내 미국의 16대 대통령이 되었다.
3. • 앤은 내일 아침 서두르지 않는다면 세미나에 늦을 것이다.
  • 앤이 내일 아침 서두르지 않는다면 세미나에 늦을 것이다.
  • 앤은 내일 아침 서둘러야 한다. 그렇지 않으면 그녀는 세미나에
  늦을 것이다.
  • 내일 아침 서두르지 않으면 앤은 세미나에 늦을 것이다.
  • 앤은 내일 아침 서둘러야 한다. 그렇지 않으면 그녀는 세미나에
  늦을 것이다.

Check-Up Test 1 ▶
p. 160

❶ Economically poor students are likely to feel
hurt because they cannot afford to buy brand
name clothes.

❷ Although not everyone has to become a
professional in music, he or she needs to have
basic knowledge about music.
❸ If children face personal problems, they need
somebody to talk with.
❹ When students go to university far away from
their homes, they should decide where to live.
❺ Her new car will take her wherever she is
supposed to go on business.

Grammar Practice
p. 162

Ⓐ 1. As   2. Since
  3. as   4. in that
  5. because of   6. Wherever
  7. When a comet's tail

해석
1. 이혼율이 증가하면서 편부모 가족과 혼합 가족의 수가
  증가했다.
2. 상사가 수고했다고 종종 나의 노력을 칭찬으로 인정해
  주었기 때문에 나는 정말로 직장이 마음에 들었다.
3. 밤이 깊어지면서 렘수면 시간은 점점 길어진다.
4. 종합대학은 크기도 더 크고 교과과정도 더 폭넓다는 점에서
  단과대학과는 차이가 있다.
5. 상아를 얻기 위한 무제한적 살상 때문에 코끼리는 심각한
  수준까지 수가 줄었다.
6. 성장기 동안 비가 충분히 내리는 곳이면 어디든지 다양한
  형태의 생명체가 풍부하게 존재한다.
7. 혜성의 꼬리가 태양 쪽으로 향하는 것처럼 보일 때 반대 꼬리
  또는 비정상 꼬리라고 한다.

Ⓑ 1. Although → Despite
  2. such → so
  3. as soon → as soon as
  4. does 삭제, trap → traps
  5. otherwise → whereas
  6. while → during

해석
1. 지난 20년간 도로 위의 자동차 대수가 75% 정도
  증가했음에도 불구하고 미국에서의 자동차 사고 사망률은
  절반 이상 감소했다.
2. 지구 내부에서는 압력이 아주 커서 광물이 조밀한 형태로
  압축된다.
3. 어린이들은 집안일을 할 수 있는 나이가 되자마자 집안일을
  돕도록 해야 한다.
4. 온실효과는 지구의 대기가 태양에서 나온 열을 가둘 때
  생긴다.
5. 행성은 반사된 빛 때문에 빛이 나는 반면에 항성은 직접 빛을
  낸다는 점에서 항성은 근본적으로 행성과 다르다.
6. 샬롯 퍼킨스 길먼은 미국의 초창기 시대에 여성 운동에서
  핵심적인 지식인이었다.

Sentence Writing Practice p. 163-164

A 1. Since 　　　　2. As
3. Whether 　　　4. If
5. as 　　　　　　6. Although
7. Since 　　　　　8. After
9. Before 　　　　10. Although

B 1. If children study alone, they can be socially immature.
2. Students can get energy again as they enjoy their vacations.
3. The meeting had been over before the document arrived.
4. If deliveries cannot be made more quickly, we will change carriers.
5. When people are not satisfied with services, some of them write letters to companies.
6. People can do what they want without any interference when they are alone.
7. People cannot say that they are able to do it or not before they try new things.
8. If you do not train them to put their toys away now, you will not be able to get your children to make the bed when they get a little older.
9. Though people may not agree with my thoughts, I have always believed that hard work pays off.
10. When people meet someone for the first time, they use intuition and instinct more than thought and analysis.

실전 Essay Practice p. 165-166

A 1. in my view, parents cannot be the best teachers
2. they are too closely related to their children to be objective, unconsciously instilling their values to them

B 1. parents cannot make objective judgments because they are emotionally attached to their children
2. As living standards have improved, the number of children per household has declined
3. some parents tend to spoil their children by overprotecting them
4. parents can become an obstacle that interferes with their children's dreams
5. they are likely to force their children to achieve certain goals that they could not obtain through their lives
6. parents want to be a decider rather than an adviser in a decision-making process
7. parents' excessive greed finally stifles their children's own dreams

C 1. parents can be one of the best supporters, not the best teachers

해석
에세이 주제
토픽: 다음 진술에 찬성하는가, 반대하는가? 부모는 최선의 교사이다. 구체적인 이유와 사례를 들어 의견을 진술하라.

A. 부모가 자녀들을 위한 최선의 교사인지에 관해 논쟁이 있어 왔다. 어떤 사람들은 부모가 자녀들에게 지대한 영향을 미친다고 주장한다. 하지만 내 생각에는 부모는 자녀와 너무 가까워서 객관적이 될 수도 없고 무의식 중에 자신들의 가치관을 자녀에게 주입하게 되기 때문에 최선의 교사가 될 수 없다고 본다.

B. 무엇보다도, 부모는 자녀와 감정적 애착 관계에 있기 때문에 객관적인 판단을 내릴 수가 없다. 생활 수준이 향상되면서 가정당 자녀 수가 감소했고 오늘날 부모들은 자녀에게 모든 시간과 사랑을 준다. 그래서 대부분 부모들은 항상 자녀를 돌보려 애쓰는 보호자의 눈으로 자녀를 본다. 자녀에게 애정을 갖는 것은 자연적인 현상이지만 이것은 종종 자녀의 올바른 교육을 방해한다. 일례로, 한 조용한 식당에서 5살짜리 남자아이가 크게 소리를 지르며 뛰어다니기 시작한다. 이 소리를 참지 못하는 한 남자가 소년에게 다가와서 조용히 시킨다. 이 남자의 행동은 옳고 이성적이다. 하지만 부모는 어린 소년을 꾸짖는 대신 남자에게 화를 낼 것이다. 따라서 일부 부모들은 자녀를 과잉 보호해 자녀를 망치기도 한다.
그뿐만 아니라, 부모들은 자녀들의 꿈을 방해하는 장애물이 되기도 한다. 이는 보통 부모들이 자신들의 가치관을 자녀에게 전하려 하기 때문이다. 부모는 자녀들이 자신들이 원하는 대로 자라기를 기대한다. 그 결과 부모들은 자신들이 일생 동안 이루지 못한 어떤 목표를 자녀에게 성취하도록 강요하기 쉽다. 예를 들어, 내가 대학 전공을 무엇으로 할지를 고민하고 있을 때 나는 심리학에 관심이 있고 상담가로 일하고 싶다는 결론에 도달했다. 그러나 부모님은 내 결정을 인정하지 않으셨고 의대에 진학해 의사가 되도록 나를 강력히 설득하셨다. 문제는 의사결정 과정에서 부모는 조언자가 아니라 결정권자가 되기를 원한다는 것이다. 그 결과 부모의 과욕이 결국 자녀들의 꿈을 좌절시킨다.

C. 결론적으로, 부모님은 자녀들에게 가장 바람직한 교사가 될 수 없다. 이는 부모가 자녀와 감정적으로 강한 유대 관계에 있을 뿐만 아니라 자녀를 통해 자신들의 꿈을 실현시키고자 하기 때문이다. 따라서 부모는 최선의 후원자는 될 수 있지만 최선의 교사는 될 수 없다.

Unit 17 등위접속사와 병렬구조

A 중문구조

예문 해석
1. • 물은 생명을 위해 필수적이며 세계의 일부 지역에서는 가장 귀중한 일용품이다.

- 고래는 후각이 없다. 그러나 그들은 잘 발달된 미각을 가지고 있다.
- 제니퍼는 오늘 아침 서둘러야 한다. 그렇지 않으면 모임에 늦을 것이다.
- 칼슘, 인, 다른 영양소들이 우유에 함유되어 있으므로 누구라도 쉽게 우유를 소화할 수 있다.
- 톰은 대학에서 학업을 계속할 수 없다. 왜냐하면 그는 수업료를 낼 여유가 없기 때문이다.
- 지나는 귀를 뚫지도 않았고, 그렇게 하기를 원하지도 않는다.

B 병렬구조

예문 해석
1. • 별들은 엄청난 양의 열과 빛을 방출하는 빛나는 공 모양의 기체 덩어리이다.
   • 토마스 맬서스는 질병, 전쟁, 기근, 도덕적 제재가 인구 증가에 대한 억제책 역할을 한다고 주장했다.
   • 아이다호의 천연 자원은 비옥한 토양, 풍부한 물, 우거진 숲을 포함한다.
2. • 적이 가시복을 위협할 때, 가시복은 바위의 구멍으로 들어가서 가시를 두드러지게 세우기 위해 배를 물로 채운다.
   • 그들은 화학물질에 대한 폭넓은 지식을 얻었고 화학적 특성을 발견했으며 오늘날 화학자들이 사용하는 많은 기술과 지식을 창안했다.
3. • 자료 표나 그래프는 분석을 위한 정보를 정리하고 보여주기 위해 사용된다.
   • 교원 연맹의 주요 목적은 전문성을 증진시키고 적절한 임금을 확보하는 것이다.
   • 비판적으로 생각하는 사람은 주요 문제를 확인하고, 기본적 가정을 인식하며, 증거를 평가할 수 있다.
4. • 회계는 정보의 사용자들이 정보에 근거한 판단하는 것이 가능하도록 하기 위해 경제 정보를 확인하고, 측정하고, 전달하는 과정이다.
5. • 골든 리트리버는 총명하고 다정한 개이다.
   • 속담들은 흔히 일반적인 진리와 지혜의 소박하고, 재치 있으며, 간결한 표현이다.
   • 토론토 시는 세계에서 가장 안전하고 깨끗하며 효율적인 지하철 시스템 중의 하나를 운영하고 있다.
   • 책을 통해 얻은 지식은 행복하고 효과적이며 성공적인 삶을 위해 중요하다.
6. • 초롱꽃은 그늘진 들판과 언덕에서 봄에 개화한다.
   • 모형 비행기를 조종줄로 당기거나 무선 송신기로 조종하는 것이 가능하다.

C 등위 상관접속사

예문 해석
1. • 코미디는 비판적이면서도 동시에 재미있을 수 있다.
   • 양서류는 육지에서도 물에서도 산다.
2. • 도시의 땅 대부분은 콘크리트나 아스팔트로 덮여 있다.
   • 역학은 정지하거나 움직일 때 물체에 미치는 힘의 영향에 대한 연구이다.
   • 역사를 통해, 유럽인들은 정복하거나 공장에서 노동력을 착취하는 등 인간의 희생으로 부를 축적할 수 있었다.
3. • 많은 인조 보석들은 희귀하지도 않고 가치가 있지도 않다.
   • 스트레스에 대한 일반적 평판에도 불구하고, 스트레스 그 자체는

나쁘지도 좋지도 않다.
4. • 대륙은 엄청난 크기뿐만 아니라 지리적 구조에 의해서도 섬이나 반도와는 구별된다.
   • 보행 어류는 물 밖에서 살 수 있을 뿐만 아니라, 육지에서 짧은 거리를 이동할 수도 있다.
5. • 로키산양은 진짜 염소가 아니라 산양이다.
   • 표현주의 예술가는 대상의 사실성보다는 그 대상의 내적 본질과 그것이 불러일으키는 감성에 관심을 가졌다.
6. • 미국 유대인 작가인 솔 벨로는 소설뿐만 아니라 심리학에도 관심이 있었다.
   • 훈제는 보통 음식을 보존하려 하기 위해서뿐만 아니라 음식 맛을 돋우기 위해 사용된다.

Check-Up Test 1 ▷   p. 170
❶ Motor vehicles, home heating, and other industrial activities emit pollution into the air.
❷ Regular physical exercise releases stress and improves health in general.
❸ Counselors help people identify their problems and find solutions.
❹ People learn a culture by watching and imitating different behaviors in the society.
❺ Youth unemployment results in economic trauma on a personal, communal, and national level.
❻ A dormitory is built on school grounds or near the campus.

Check-Up Test 2 ▷   p. 172
❶ Both biography and history are concerned with the past.
❷ Technology is either good or bad, depending on how people use it.
❸ Students who live on campus, not only spend less time commuting to school, but also cut down expenses thanks to the close distance.
❹ Teaching should be ethical, not money-oriented.
❺ Living in a dormitory is educational as well as economical.

Grammar Practice   p. 173

Ⓐ   1. but   2. alternate
     3. contract   4. lowers
     5. nor   6. or

해석
1. 일부 박테리아는 질병을 유발하지만 다른 많은 박테리아들은 유익하다.
2. 숲은 나무들이 일년 내내 자라거나 성장기와 휴지기를 교대해가며 반복하는 곳이다.
3. 많은 태양열 기관은 금속이나 대부분의 액체들이 온도가 올라가면 팽창하고 식으면 수축한다는 사실에 기초한다.

4. 약물 치료 없이도 생체 자기제어는 두통을 치료하고, 심장 박동을 안정시키며, 혈압을 낮추고, 근육을 이완시킨다.
5. 많은 종류의 물고기들이 따뜻하지도 차갑지도 않은 바닷물에서 산다.
6. 상징은 받아들이는 사람의 문화적 인식의 복잡한 관계 때문에 신호나 기호보다 설명하기가 더 어렵다.

B 1. it is late-night → it is 삭제
2. as well → as well as
3. bright → brightness
4. determine → determines
5. policemen can → can policemen
6. however → but

해석
1. 많은 보건 전문가들이 주말 근무, 야간 근무, 심야 근무를 한다.
2. 기술이라는 용어는 고도로 발달된 도구뿐만 아니라 원시적인 도구도 포함한다.
3. 밤에 보이는 별은 사실 크기, 온도, 색깔, 밝기, 질량에 있어 다양하다.
4. 어떤 물질의 입자의 크기, 모양, 강도는 연마제로서의 특성을 결정짓는다.
5. 흰 가운을 입은 의사들이 환자를 가볍게 여길 수 없는 것처럼, 제복을 입은 경찰 역시 범죄를 가볍게 여길 수 없다.
6. 문제는 그것을 왜 해야 하느냐가 아니라 어떻게 해야 하느냐이다.

Sentence Writing Practice p. 174-175

A 1. not / but
2. Both / and
3. as well as
4. either / or
5. neither / nor
6. or
7. not / but
8. otherwise

B 1. He is interested in, not only mathematics, but also physics.
2. He composes music as well as writes lyrics. (= He not only writes lyrics but also composes music.)
3. She enjoys watching movies, shopping, and dancing.
4. My digital camera allows me, not only to keep the good memories, but also to share pictures with my friends.
5. Regular exercise is essential to good health emotionally as well as physically.
6. Neither the supervisor nor the subordinate can figure out what is going wrong.
7. The staff of the company deals with projects such as collecting materials, analyzing results and planning businesses.
8. University education is preparation for life as well as for a career.
9. Adolescents tend to buy products, not because they need the products, but because they want to assimilate themselves to the stars in advertisements.
10. Having jobs during school years, not only helps increase students' sense of responsibility, but also gives them good opportunities to learn the value of money.

실전 Essay Practice p. 176-177

A 1. Comparing one long vacation with several short vacations, I think that the former is of more benefit to students
2. it helps them to broaden their perspectives and to prepare for the next semester

B 1. during a long vacation, students can take an overseas trip in order to broaden their perspective of the world.
2. students can enjoy diverse experiences related to their studies and have an open mind to see a broader world
3. Such experiences helped me deepen my understanding of East Asian history
4. Some students have to make money to pay for their tuition fees and books as well as living expenses
5. students are occupied with their schoolwork, so they can hardly find a full-time job
6. The pressure to obtain a good grade is so formidable that students need enough time to give their brain a rest

C 1. it is practically important to prepare for a brighter future during a long vacation

해석
에세이 주제
토픽: 어떤 사람들은 학생들이 해마다 한 번의 긴 방학을 가져야 한다고 생각한다. 다른 사람들은 한 해에 여러 번에 걸쳐 짧은 방학을 가져야 한다고 생각한다. 여러분은 어떤 의견에 동의하는가? 구체적인 이유와 사례를 들어 의견을 진술하라.

A. 교과목을 학습한다는 것은 학생들에게 스트레스를 주기도 한다. 따라서 교육학적 견해로 볼 때 방학은 꼭 필요하다. 한 번의 장기 방학과 여러 번의 단기 방학을 비교해 볼 때, 나는 학생들의 시야를 넓혀주고 다음 학기에 대한 준비를 하게 한다는 점에서 전자가 더 유익하다고 생각한다.

B. 우선, 장기 방학 동안에 학생들은 세계에 대한 시야를 넓히기 위해 해외여행을 할 수 있다. 해외여행을 하는 동안 다양한 문화를 접하고 다른 사고방식을 가진 사람들을 만나고 외국어를 배울 수도 있다. 그뿐만 아니라 학생들은 학업과 관련한 다양한 경험을 쌓을 수도 있고 더 넓은 세상을 볼 수 있는 열린 마음을 가지게 된다. 나로 말하자면 대학생이었을 때 매 여름 방학 때마다 친구들과 혹은 혼자서 중국과 일본을 포함한 여러 국가를 여행했다. 그러한 경험은 동아시아 역사에 대한 이해를 깊이 있게 해 주었으며 우리나라 역사에 대한 새로운 시각을 갖게 해 주었다. 이 점에서 볼 때 장기 방학 동안의 여행은 아직까지도 학업과 사고방식에 상당히 긍정적인 영향을 준다고 하겠다.

그뿐만 아니라, 한 번의 장기 방학은 학생들로 하여금 다음 학기에 대한 준비를 하게 해 준다. 어떤 학생들은 생활비뿐만 아니라 등록금이나 교재비를 내기 위해 돈을 벌어야 한다. 학기 중에는 학업에 매달리느라 풀타임 일자리를 구하기가 힘들다. 이런 이유로 장기 방학은 학생들의 경제적 부담에 대한 실제적 해결책이 된다. 반면에 단기 방학 동안에는 학교 생활을 해 나갈 만한 충분한 돈을 벌기가 거의 불가능하다. 게다가 학생들이 학업에 대한 정신적 준비를 하기에도 장기 방학이 훨씬 낫다. 좋은 성적을 얻고자 하는 부담이 너무 커서 학생들은 두뇌에 휴식을 줄 충분한 시간이 필요하다. 따라서 준비 과정은 모든 목표 성취에 없어서는 안 되며 시간이 필요하다.

C. 결론적으로, 나는 장기 방학이 학생에게 가치 있고 필요하다고 강력히 주장한다. 이는 학생들이 다른 문화를 경험하고 다음 학기 준비를 할 수 있기 때문이다. 따라서 장기 방학 동안 좀더 나은 미래를 위해 준비하는 것이 실질적으로 중요하다.

Unit 18 형용사와 부사

A 형용사의 위치

예문 해석

1. • 목성의 빠른 자전은 목성의 적도 부분을 볼록하게 만들고, 극 부분을 평평하게 한다.
   • 지구 핵의 바깥쪽은 액체이고 반면에 안쪽은 고체이다.
   • 산업으로의 농업은 선진국에서는 경제의 주요 구성 요소로서 제조업, 건설업, 수송업, 서비스산업과 어깨를 나란히 한다.
   • 온난습윤한 기후 덕분에 워싱턴은 낙농업을 하기에 그만이다.
   • 호박은 소나무의 송진으로부터 만들어진 딱딱하면서 황갈색을 띠는 물질이다.

2. • 거미들은 해로운 곤충을 잡아먹기 때문에 사람들에게 이롭다.
   • 지구 깊은 곳에서는 압력이 너무 커서 광물질이 고밀도로 압축될 수 있다.
   • 독수리는 사나워 보이며, 이따금 우아한 자태로 하늘 높이 날아오른다.
   • 인간과 마찬가지로 개도 육체적으로나 정신적으로 건강을 유지하기 위해 운동이 필요하다.
   • 구름은 무게가 없어 보이지만, 심지어 작은 구름조차 실제 수백만 킬로그램의 질량을 갖고 있다.

3. • 나는 낮에 늦게 커피를 마시면 종종 밤새 깨어 있기 십상이다.
   • 건축과 가구 만들기는 서로 비슷하다. 왜냐하면 그들은 아름다움과 기능성을 하나로 결합하기 때문이다.
   • 가진 것을 빼앗길까 두려워하는 사람들은 인생에서 성공하기가 매우 어렵다.
   • 존은 컴퓨터를 사는 데 필요한 모든 돈을 벌었다.
   • 병정개미들은 더 크고 느린 동물들을 죽이거나 잡아 먹을 수 있는 잔인한 전사들이다.
   • 플로리다의 대부분은 다른 남부 주들의 기후와 비슷한, 온난습윤한 기후이다.
   • 제니퍼는 10살이다.
   • 피터는 키가 7피트이다.
   • 미국 대서양의 해안선은 걸프 해안선보다 약 400마일 가량 더 길다.

B 부사의 위치

예문 해석

1. • 많은 산들이 저절로 발생하며 어떤 것은 생활에 필수적이다.
   • 토끼의 수는 18세기에 상당히 증가했다.

2. • 많은 과학 시설들에는 온도를 정확하게 제어하는 실험실이 있다.
   • 어떤 사람들은 거미가 생산하는 생사를 수확하기 위해 상업적으로 거미를 사육하려 했다.

3. • 랄프 얼이 여전히 죄수인 동안에, 그는 뉴욕의 가장 우아한 인물들의 초상화를 그렸다.
   • 마침표는 아마도 사용하기 가장 쉬운 구두점이다.

4. • 알코올 중독은 때때로 감정적인 문제에서 비롯된다.
   • 심리학의 기원은 흔히 고대 그리스 철학자인 아리스토텔레스까지 거슬러 올라간다.

5. • 새들은 상대적으로 큰 눈을 가지고 있다.
   • 열대 우림은 세계에서 생물학적으로 가장 다양한 생태계이다.
   • 원소 주기율표에 자연적으로 발생하는 모든 요소들 중 오직 4개만 강자성이다.
   • 원근법의 원리는 과학자에 의해 발견된 것이 아니라, 세상을 표현하기 위해 더 사실적인 방법을 열정적으로 찾던 예술가들에 의해 발견되었다.
   • 일반적으로 세상에서 가장 인구 밀도가 높은 지역은 필요한 만큼 충분한 비가 내린다.
   • 최근 형성된 바위 층에 남아있는 화석들은 복잡하거나 단순한 형태의 생물이 모두 포함되어 있다.

6. • 2차 세계대전의 종식 이래로 생활비는 매우 꾸준히 증가해 왔다.
   • 행성이 항성과 가까워질 때, 그것은 궤도를 따라 비교적 빠르게 이동한다.
   • 다른 경기들이 주로 행운과 관련된 반면, 일부 경기는 주로 기술과 숙련[연습량]에 달려 있다.
   • 사막 생명체들은 선인장과 같은 식물에서 직접적으로 물을 얻는다.
   • 머리카락의 색깔은 멜라닌이라고 부르는 흑갈색 색소의 양과 분포에 의해 주로 결정된다.
   • 존은 단지 그가 여행할 여유가 없었다는 이유 때문에 여행을 취소했다.
   • 크리 족은 허드슨 만 회사가 모피 무역 부서를 설립하기 훨씬 전에 북 서스케처원 강에 살았다.
   • 사람들은 주로 시력을 교정하기 위해 안경을 쓴다.

Check-Up Test 1

❶ Recent studies have shown that children who receive formal training in music do better in mathematics.

❷ It becomes increasingly difficult to get a good job after graduation.

❸ Even a simple object might have a completely different meaning for the person who has received it.

❹ Careers vary greatly in the way they influence a person's life.

❺ Sports provide entertainment for people around the world.

❶ In some cultures, raising a child is simply the duty of women.

❷ More diplomas do not always mean more money.

❸ Another benefit of using the subway is that it is relatively inexpensive.

❹ My teacher asked me to see him immediately after class.

❺ Today, people smoke chiefly to satisfy a craving for nicotine.

Grammar Practice   p. 184

Ⓐ 1. large   2. powerful
3. probably   4. essential
5. years old   6. large

해석
1. 움직이는 대기는 풍차를 돌리기도 하고 큰 범선을 바다 위로 이동시키기도 한다.
2. 대부분의 물고기들은 강력한 근육질의 꼬리를 좌우로 움직여 헤엄을 친다.
3. 1875년 미국 철학가인 윌리엄 제임스는 세계 최초의 심리학 실험실이라고 할 수 있는 기관을 창설했다.
4. 올바른 식습관은 아동 성장에 대단히 중요하다.
5. 미국 헌법에는 대통령이 되기 위해서는 미국 태생이며 35세 이상이어야 한다고 되어 있다.
6. 나무늘보의 조상은 덩치가 코끼리만큼이나 컸지만 현대의 나무늘보는 길이가 2피트 이상 되는 경우가 드물다.

Ⓑ 1. good → well
2. common → commonly
3. alive → living
4. rapid → rapidly
5. thickness → thick
6. desperate → desperately

해석
1. 수잔은 면접 시험을 잘 봤다고 생각했다.
2. 숯은 세계에서 가장 흔히 사용되는 요리 연료이다.
3. 종은 살아있는 생물의 가장 기본적인 분류 단위이다.
4. 금융기관은 주로 보스톤에 위치해 있었지만 남북전쟁 즈음에 중심부가 재빨리 뉴욕으로 옮아가고 있었다.
5. 달의 바깥 껍질은 평균 두께가 68킬로미터인데 0에서 100 킬로미터 이상까지 다양하다.
6. 대부분의 한국 고등학생은 대학입학시험에 합격하기 위해 필사적으로 공부한다.

Sentence Writing Practice   p. 185-186

Ⓐ 1. sweet   2. smoothly
3. always   4. generous
5. early   6. immediately
7. luxurious   8. all the more

Ⓑ 1. Wearing school uniforms prohibits students from doing what is forbidden to them.
2. The Koreans consider dogs faithful.
3. Many teachers regard students with poor grades to be incompetent.
4. My grandfather had given me an old painting before he passed away.
5. I think recycling is of great use.
6. My cousin bought me a practical pan as a wedding present.
7. Americans think that individuality is important.
8. The movie rating system cannot prevent children who are not supervised by their parents from watching adult animation.
9. Going to live shows enables people to experience the vivid atmosphere that they can not feel from television.
10. The use of the Internet enables people to easily share information with others all over the world.

실전 Essay Practice   p. 187-188

Ⓐ 1. casts skepticism on the advantage of the Internet

Ⓑ 1. the communication based on Internet technology is fairly dry and impersonal
2. the Internet has improved worldwide human interactions
3. there are serious problems caused by abusing the Internet, which includes sexually-oriented materials and crimes
4. it is more urgent to prevent Internet-related social problems

Ⓒ 1. the lecturer warns that there are serious consequences related to this freedom

해석
에세이 주제
A. 강의에서, 강사는 본문에서 주장되었던 인터넷의 이점에 대한 회의를 표한다.
B. 무엇보다도 강의는 인터넷 기술에 기초한 커뮤니케이션이 상당히 건조하며 비인간적이라는 점을 지적한다. 본문에서는 인터넷이 전 세계적인 인간 상호 작용을 향상시켰다고 주장한다. 하지만, 강사는 음성 기능과 웹캠이 직접 대면의 사회적 상호작용이나 육필 편지를 받는 기쁨을 대신할 수 없다고 주장한다. 따라서 인터넷 기술에는 여전히 인간미가 부족하다.
게다가, 강사는 인터넷이 엄청난 양의 유익한 정보를 제공한다는 생각에도 완전히 동의하지 않는다. 본문에서는 인터넷 사용자들이 공부를 위한 최신 자료에 접근하는 데 시간을 덜 소비한다고 하지만 강사는, 성적 내용이나 범죄 관련 자료를 포함한 인터넷 남용을 통해 야기되는 심각한 문제들이 있다는 점을 지적한다. 따라서 점점 증가하는 인터넷 사 용자들을 그러한 것들로부터 보호하기 위해서는 인터넷 관련 사회 문제를 예방하는 것이 더욱 긴급하다.

C. 간단히 말해 본문은 인터넷에 대해 상당히 낙관적이지만 강사는 이러한 자유와 관련한 심각한 결과가 있다는 점을 경고한다.

Unit 19 비교급과 비교구문

A 비교구문

예문 해석

1. • 수영은 건강을 유지하는 데 조깅만큼 효과적이다.
   • 좋은 상사는 필요한 만큼 종업원을 관리만 한다.
   • 한국의 경제는 일본의 경제만큼 중동으로부터 수입한 석유에 상당히 의존한다.
   • 셔면의 승리는 보이는 것만큼 완벽하지 않았다.
   • 교향악단에서 베이스 드럼은 케틀 드럼만큼 보편적이지 않다.
2. • 항성일은 태양일보다 더 짧다.
   • 스티브는 나의 연구에 제니퍼보다 더 큰 공헌을 했다.
   • 많은 농부들은 그들이 한때 곡물을 팔기 위해 운전했던 거리보다 지금은 훨씬 더 멀리까지 운전한다.
3. • 시베리아 호랑이는 전세계의 큰고양이과 동물 중에서 가장 사납다.
   • 세계에서 가장 작은 새는 수컷 꿀벌새이다.
   • 지금껏 생존했던 가장 큰 동물인 흰수염고래는 포유동물이다.
   • 추상 표현주의를 따르는 가장 두드러진 미국의 예술 스타일은 팝아트 운동이었다.
   • 불소만큼 불안정한 물질은 거의 없다.
   • 어떤 운동도 수영만큼 많은 근육을 잘 이용하지는 못한다.
   • 인종 토론이 세계 다른 어떤 나라에서보다 미국에서 더 많이 발생한다.
   • 하와이는 세계 다른 어떤 지역보다 더 많은 파인애플 통조림을 생산한다.

B 비교급 특수 구문

예문 해석

1. • 소리의 속도는 빛의 속도보다 훨씬 더 느리다.
   • 불경기 동안에는 경제 여건이 경기 침체 동안에 비해 훨씬 나쁘다.
   • 루타바가 순무의 뿌리는 흰 순무보다 약간 더 크다.
   • 코요테는 회색이리보다 크기가 다소 더 작다.
2. • 일용품의 가격은 1960년보다 1970년에 2배 더 비싸다.
   • 금성은 태양에 지구보다 30% 더 가깝다.
   • 가장 크다고 알려진 은하는 은하수보다 약 13배 더 많은 별들을 가지고 있다.
3. • 100개 이상의 나라에서 농부들이 벼농사를 짓고 있다.
   • 1889년 메리 엘리자베스 브라운은 그녀가 수집했던 200개나 되는 많은 악기들을 메트로폴리탄 미술관에 기증했다.
   • 박물관을 재건축하는 데 최소한 6개월이 걸릴 것이다.
   • 토성이 한 번 궤도를 도는 데 거의 30년이 걸린다.
   • 해달은 80파운드까지 무게가 나가기도 한다.
4. • 이 침대 시트는 저것과 마찬가지로 지저분하다.
   • 우리는 그 지역에 대해 추가적인 정보가 필요하지 않다.
   • 휴대폰을 가지고 다니는 것은 더 이상 사치스러운 것으로 여겨지지 않는다.

5. • 주식 시장이 폭락하면 폭락할수록 금의 가격은 더욱더 올라간다.
   • 사람들이 더 많은 역경에 직면하면 할수록 타인들을 더욱 동정하는 경향이 있다.
   • 더 비싼 집을 살수록 더 많은 세금을 지불해야 한다.
   • 진화적인 사슬에서 동물의 서열이 높을수록 감각기관은 더욱더 복잡하다.

Check-Up Test 1　　　　　p. 191

❶ The invention of pottery belongs as much to Korean history as it does to Chinese history.
❷ Japanese students consider TOEFL to be more difficult than Korean students do.
❸ Korean National Soccer Team supporters may be the most passionate fans in the world.
❹ Black holes are more difficult to observe than any other object in the universe.

Check-Up Test 2　　　　　p. 192

❶ Drinking while smoking cigarettes is ten times more harmful than smoking or drinking separately.
❷ The heavier an object (is), the more quickly it drops.
❸ The more time people spend watching television, the less time they have with their family.

Grammar Practice p. 193

A 1. larger　　　　　　2. more
　　 3. prolifically　　　4. nearly
　　 5. covers　　　　　6. as

해석
1. 오늘날 파충류 가운데 가장 큰 공룡보다 덩치가 큰 것은 없다.
2. 물이 얼어 얼음이 되면 대부분의 그 어떤 고체 물질보다도 미끄러워진다.
3. 경작용 기계나 파종용 기계가 나오기 전에는 오늘날만큼 밀이 많이 생산되지 못했다.
4. 토성은 태양에서 받는 열의 거의 2.5배나 되는 열을 발산한다.
5. 이 사막은 약 1만 에이커에 달하는 땅 위에 펼쳐져 있다.
6. 심리학자들은 연구에서 다른 과학자들과 거의 동일한 접근방법을 사용한다.

B 1. other any → any other
　　 2. eating → to eat
　　 3. At less → At least
　　 4. bitterest → bitterer
　　 5. it → that
　　 6. much → more

해석
1. 다른 어떤 종류의 시를 쓰는 것보다 소네트를 쓰는 것이 더 어렵다.

2. 레서판다는 대왕판다에 비해 과일이나 베리와 같은 대나무 외의 다른 먹이를 더 잘 먹는다.
3. 1800년대에는 적어도 인구의 20%가 빈곤층 또는 그 이하로 살았다.
4. 커피는 진할수록 맛이 쓰다.
5. 영국의 크기는 남한의 2배이다.
6. 그 케이크는 기대했던 것보다 더 맛있었다.

Sentence Writing Practice p. 194-195

A 1. more carefully than Jane
2. more kindly than his sister
3. exercising regularly
4. more difficult
5. than when they walk
6. three times as much
7. The more / the more
8. The most effective way to keep good health

B 1. Korean students study as hard as Japanese students.
2. Spending time alone is much more beneficial than spending time with others.
3. A person's childhood is the most important time in his or her life.
4. Rice is one of the most important plants in my country.
5. Traveling alone costs more than traveling with several friends.
6. This movie is the most impressive that I have ever seen.
7. The more people understand themselves, the more satisfying jobs they can get.
8. As access to the Internet is getting easier, privacy invasion is becoming more serious.
9. Students can achieve their goals more efficiently when they study with other students who have the same goal than when they study alone.
10. Compared to those who skip breakfast, those who have breakfast every morning do their work more efficiently.

실전 Essay Practice p. 196-197

A 1. various human activities cause serious desertification

B 1. it would be effective to cultivate edible drought-tolerant plants for the prevention of desertification
2. planting edible plants that can tolerate aridity would function as a natural wall to deter the widespread of desert

3. the elimination of plants binding the soil is caused by the overgrazing of nomads
4. He added that more research on how to use grazing land and water resources is quite important.
5. the government of related areas would provide the people living in the arid land with supplies of fuel for their basic living such as solar ovens

C 1. the lecture suggested several solutions to the problem of desertification

해석
A. 강의에서 강사는 본문에서 제기했던 다양한 인간활동이 심각한 사막화를 야기한다는 문제에 대한 대안을 제시했다.

B. 우선, 강사는 사막화 방지를 위해 가뭄에 견디는 식용 식물을 재배하는 것이 효과적일 것이라고 제안했다. 구체적으로, 본문에서는 건조 지역에서 토착식물이 멸종되면서 토양을 안정시키는 힘이 소실되는 것이 사막화의 가장 주된 원인이며 이것은 사람들이 그러한 식물들의 식품으로서의 가치를 높이 사지 않기 때문이라고 언급했다. 이러한 이유로 강사는 건조한 기후를 견뎌낼 식용 식물을 재배함으로써 사막의 확산을 방지하는 자연방벽의 역할을 할 것이라고 주장했다.
본문 내용에 따르면 사막화의 또 다른 이유는 유목민의 과도한 방목으로 인해 토양을 단단하게 하는 역할을 하는 식물이 사라지게 되는 것이다. 따라서 강사는 기존의 수자원을 보다 효과적으로 사용함으로써 이 문제를 해결할 수 있다고 권고한다. 특히, 그는 주기적인 빗물이나 유수가 생기는 동안 수확을 하거나 보다 효과적인 관개 방법을 개발함으로써 수자원을 좀더 효과적으로 사용할 수 있다고 말했다. 그는 목초지와 수자원을 어떻게 이용할지에 관한 추가적인 연구가 상당히 중요하다고 덧붙였다.
사막화가 해당 지역 주민들의 땔나무 수집에 의해 가속화된다는 본문의 내용과 관련해 강사는 관련 지역의 정부가 건조한 지역에 사는 사람들에게 태양열 오븐과 같이 기본적 생활에 필요한 연료를 공급해야 한다고 충고했다.

C. 요약하면, 강의는 사막화 문제에 관한 몇 가지 해결책을 제시했다.

Unit 20 전치사

A 시간을 나타내는 전치사구

예문 해석
1. • 가을이 되면 낙엽이 진다.
• 나폴레옹은 워털루 전쟁에서 패배한 후, 1815년에 세인트 헬레나 섬으로 보내졌다.
2. • 나는 6월 3일에 새 일을 시작하기로 되어 있다.
• 지나는 주말에 종종 외출을 나선다.
3. • 나는 오늘 아침 7시 정각에 일어났다.
• 피터는 밤에 하늘의 별을 보는 것을 좋아한다.
4. • 식품 첨가물은 수천년 동안 사용되어 왔다.
• 1927년 이래로, 아카데미 상은 영화산업 분야의 두드러진 기여를 기념하기 위해 주어졌다.

5. • 자정부터 1월 1일까지 새해 축하가 이어진다.
   • 55명의 대표들은 1787년 5월부터 9월까지 필라델피아 헌법 제정 회의에 참석했다.

B 장소를 나타내는 전치사구

예문 해석

1. • 밀라노는 이탈리아의 북쪽에 있다.
   • 나는 지금 한국의 중소도시 일산에 살고 있다.
2. • 내 사무실은 2층에 있다.
3. • 우리 집은 거리의 끝에 있다.
4. • 조지타운에서 포토맥 강의 그레이트폴스까지 역사적인 체사피크 만과 오하이오 운하가 15마일 가량 펼쳐져 있다.

C 동사+전치사

예문 해석

• 잡초는 물, 햇빛, 영양소를 얻기 위해 작물과 경쟁한다.
• 안 좋은 공기는 천식 같은 만성적 호흡기 질환의 원인이 될 수 있다.
• 새로운 극장의 건설은 소음 문제들을 야기할 것이다.
• 많은 다른 동물들처럼 코끼리는 다른 어떤 감각보다 후각에 훨씬 더 의존한다.

D 형용사+전치사

예문 해석

• 산업화는 인간에 의해 야기된 가장 급격한 환경 변화에 책임이 있다.
• 무대 배경 없이 공연되도록 쓰여진 손톤 와일더의 희곡 〈우리 마을〉은 작은 뉴잉글랜드 지역사회의 생활을 묘사한다.
• 아이들은 심한 폭력이 가득 찬 영화를 텔레비전에서 쉽게 접한다.

E 분사+전치사

예문 해석

• 물은 수소와 산소로 구성되어 있다.
• 유명한 영국 정치가인 리차드 타우니는 특히 영국의 경제사 분야에 대한 학문적인 공헌으로 유명하다.
• 공간과 시간의 철학은 철학의 다른 어떤 분야보다 물리 이론과 더 긴밀하게 연관되어 있다.
• 마틴 루터 킹은 가난하고 혜택받지 못하고, 인종적으로 박해받는 사람들을 위한 정의를 수호하는 일에 헌신했다.

F 명사+전치사

예문 해석

• 나의 조카인 롭의 선물은 진심에서 우러난 선물이 받는 사람에게 기억되는 이유에 대한 좋은 본보기가 될 것이 다.
• 낮은 콜레스테롤 함유량 때문에, 마가린은 버터 대신에 널리 사용된다.
• 많은 의사들이 척수신경 마비에 대한 치료법 개선을 위해 노력했다.
• 에어로빅 운동은 정상적인 신체 기능을 심하게 손상시키지 않으면서 몸 안에 산소 수요를 만들어낸다.

G 전치사 관용구

예문 해석

• 일부 비평가에 따르면 윌리엄 버로우즈의 소설은 부조리 문학의 주요 위험요소를 보여주고 있다.
• 학업의 전공 분야 이외에도 대부분의 학생들은 선택 과목을 수강할 시간이 있다.
• 연료 주입 엔진은 연료를 실린더로 뿌리는 기화기 대신에 연료 분사 장치를 사용한다.
• 아이들은 부모와 함께 공부와 놀이 사이의 균형을 잡아야 한다.

Check-Up Test 1 ▷   p. 199

❶ We are living in the 21st century.
❷ I did not notice any change until yesterday.
❸ In the United States, sentiment against US participation in the Gulf War mounted steadily.

Check-Up Test 2 ▷   p. 202

❶ Korean people bless each other on the first day of the year.
❷ My neighbor will find it much healthier to live in Ilsan.
❸ It is not easy to adjust to each other due to completely different backgrounds.
❹ For weight management, I make it a rule to eat foods that are naturally low in fat.
❺ Most children are exposed to the threat of injuries while playing sports.
❻ The sudden increase in demand for housing leads to a rise in renting costs.
❼ Ginseng is one of the most important plants loved by all Korean people in terms of its usefulness in medicines.

Grammar Practice   p. 203

A 1. with   2. in
   3. such as   4. because of
   5. to   6. of

해석

1. 중세의 길드조직은 상업 규칙을 조정할 목적으로 상인들의 조합으로 시작되었다.
2. 1840년대와 1850년대 미국에서는 신문의 정치적 독립이 언론의 일반적인 특징이 되었다.
3. 최근에 고고학자들은 고고학적 증거에 기초해 농업 발달과 같은 사회 변화를 설명할 수 있는 이론을 개발하려고 애써 왔다.
4. 조직 내에 있는 사람들 간에는 많은 문제와 충돌이 규칙적으로 일어나기 때문에 인간관계가 대단히 중요하다.
5. 별의 색깔은 표면 온도와 큰 관련이 있다.
6. 다이아몬드는 한 가지 화학 원소로만 이루어진 유일한 보석이다.

B 1. toward → to

2. based of → based on

3. In → From

4. known for → known as

5. on → of

6. for → with

해석

1. 속력은 운동의 방향을 명시하지 않은 운동의 정도를 말한다.

2. 심리학은 1800년대 말이 되어서야 세심한 관찰과 실험에 근거한 과학으로 발전하게 되었다.

3. 1866년부터 1883년까지 북미의 들소 수는 약 1300만에서 수백 마리로 감소했다.

4. 알렉산더 그레이엄 벨은 존경받는 교육가였지만 전화기의 발명가로 가장 잘 알려져 있다.

5. 그 은자는 이웃들과 고립되어 그 지역 소식을 모르고 있었다.

6. 모든 문서는 새 지침을 따라야 한다.

Sentence Writing Practice p. 204-205

A 1. from
2. to
3. to
4. to
5. from
6. to
7. with
8. with

B 1. She has changed a lot since the car accident.

2. In spite of my warning, she decided to accept their suggestion.

3. The lecture consists of three parts.

4. The results of the study will depend on the amount of investment.

5. Their activities are contrary to the rules of the organization.

6. He was involved in the radical political movement.

7. The new policy had a great influence on the production improvement.

8. They made a lot of progress in terms of attracting more students.

9. In addition to designing the log house, he built it by himself.

10. According to the article, many people agree with the new environmental law.

실전 Essay Practice p. 206-207

A 1. space exploration will not succeed and therefore there is no need for the exploration

B 1. despite all the risk, space exploration should continue in terms of improving the quality of human life.

2. there is always danger in everything that humans do

3. space exploration has contributed to the scientific advancement through many indirect achievements

4. the lecture indicates that it is a short-sighted perspective

5. space exploration is spending thirty times less than the governmental budget for poor people

C 1. the lecturer cast doubt on various critiques of space exploration

해석

A. 강의에서, 강연자는 우주 탐사가 성공적이지 못할 것이며 따라서 탐사를 할 필요도 없다는 본문 내용에 의구심을 표시했다.

B. 우선, 강의에서는 모든 위험에도 불구하고 인간의 삶의 질 향상이라는 면에서 우주 탐사는 계속되어야 한다고 주장한다. 구체적으로, 과거의 많은 재앙들에서 볼 수 있듯이 우주 탐사에는 너무 많은 위험이 도사리고 있긴 하지만, 강의에서는 인간이 하는 모든 일에는 항상 위험이 존재한다고 언급했다. 그뿐만 아니라 인류의 보다 나은 삶을 위해 일하는 많은 사람들이 더 큰 위험을 감수한다.

두 번째로, 강연자는 또한 우주 탐사의 성공이 분명하지도 않으며 그로 인한 중요한 과학적 약진도 없었다는 본문 내용에 의문을 표시했다. 강연자의 주된 주장은 우주 탐사가 통신, 기상 예보, 전자공학에서의 발전을 포함한 많은 간접적 성취 등을 통 해 과학 발전에 기여해 왔다는 것이다.

마지막으로, 본문에서 우주 탐사에 소요되는 막대한 비용이 전 세계의 가난한 사람들을 위해 쓰여져야 한다고 지적하지만 강의에서는 그것이 근시안적인 시각이라고 지적한다. 사실, 강의에서는 우주 탐험에 드는 비용이 빈곤층을 위해 정부가 사용하는 예산의 30분의 1에 불과하기 때문에 전체적인 우주 탐사를 그만둔다고 하더라도 큰 차이가 없을 것이라고 주장한다.

C. 요약하면, 강연자는 우주 탐사에 대한 다양한 비판에 의구심을 표시했다.

Unit 21 특수구문

A 강조 구문 (It ~ that)

예문 해석

1. • 사람들이 쉽고 빠른 방법으로 객관적인 지식을 얻을 수 있는 것은 책을 통해서이다.

• 나만의 일을 하면서 시간을 보낼 수 있는 곳은 침실에서이다.

• 나의 개인적 문제에 관심을 가져주는 사람들은 소수의 친한 친구들이다.

2. • 생명체가 화성에 존재한다고 추측된다.

• 걷기가 건강에 중요하다는 것은 사실이다.

• 사회심리학의 주요 핵심은 사람들 간의 상호작용이다.

3. • 이론적으로 물과 심지어 우주의 가장 바깥쪽의 별 사이에도 중력이 존재한다.

• 몇 종의 야생 염소가 있는데 대부분은 아시아에 서식한다.

• 관찰 가능한 우주에 적어도 천억 개의 은하가 있다.

B so that 구문

예문 해석

1. • 그 표현은 너무 모호해서 독자들에게는 전혀 의미가 통하지 않는다.
   • 텔레비전은 너무 일시적인 기분전환용이어서 사람들은 그것을 대인관계의 의사소통 대체물로 더 이상 사용하지 않는다.
2. • 나는 걷기를 불편함이 아닌 첫 번째 우선순위로 만들기 위해 엘리베이터 대신 계단 오르기를 주로 선택한다.
3. • 나는 쇼핑할 때, 슈퍼에서 멀리 떨어진 곳에 주차하려 한다. 결과적으로 나는 걷지 않을 수 없다.

C 가정법 구문

예문 해석

1. • 나에게 2주간의 휴가가 생기면 뉴욕을 방문하겠다.
   • 복권으로 엄청난 상금을 받게 된다면, 그의 행운은 돼지꿈 덕분으로 여겨질 것이다.
   • 자격을 갖춘 교사가 없다면 학교는 단지 건물이나 시설에 불과할 것이다.
2. • 내가 집에서 간접적으로 그것을 봤더라면 결코 그렇게 깊은 인상을 받지 못했을 것이다.
   • 토론 포럼의 참여 없이 학생들은 교육 문제에 대한 내적 성장을 경험하지 못했을 것이다.
   • 그러나 이러한 이점들에도 불구하고 라이트 형제들이 역사상 매우 적절한 바로 그 시기에 태어나지 않았더라면 그들은 성공하지 못했을지 모른다.

Check-Up Test 1
p. 209

❶ It was John's interest in gardens that led him to major in biology.
❷ There is no substitute for personal experience when it comes to learning about life.
❸ The car is so expensive that we cannot afford to buy it.

Check-Up Test 2
p. 210

❶ If I were a manager of the company, I would hire more employees.
❷ Without zoos, many of the endangered animals on the Earth would have already disappeared.
❸ If I had listened to the advice of my parents, I would not have repeated the same mistake they made.
❹ If Hemingway had not participated in the First World War, his work A Farewell to Arms would not have been written.
❺ Without well-qualified teachers, schools are little more than buildings and equipment.

Grammar Practice
p. 211

A 1. It 2. that
3. such 4. so that
5. so 6. would not have been

해석
1. 꿈을 꾸는 것은 바로 렘(REM) 수면 동안이다.
2. 새로운 경험을 원하는 학생들에게는 장기 방학이 더 필요하다.
3. 아동들은 세상에 대해 너무도 순진무구한 견해를 갖고 있어 때로는 흥미를 불러일으킬 만한 통찰력을 보여 주기도 한다.
4. 내 동료 가운데 한 사람이 내 자리를 대신해 주어 나는 성공적으로 운전면허 시험을 볼 수 있었다.
5. 월드 와이드 웹은 1990년대 동안 너무도 극적으로 팽창해 인터넷이 널리 사용되게 되었다.
6. 어니스트 헤밍웨이가 1차 세계대전에 참전하지 않았더라면 소설 〈무기여 잘 있거라〉는 탄생하지 않았을 것이다.

B 1. the dinner table → at the dinner table
2. It is → There is
3. very precisely → so precisely
4. could have survived → could survive
5. would be delayed → would have been delayed
6. so sensitive period → such a sensitive period

해석
1. 그날 있었던 일을 가족들과 이야기할 수 있는 시간은 종종 저녁 식사시간이다.
2. 현재 화성에 생명체가 존재한다는 증거는 없다.
3. 레이더는 물체의 위치를 아주 정확하게 찾아내기 때문에 많은 종류의 무기를 겨냥하고 발사하는 데 사용된다.
4. 물이 없다면 어떤 생명체도 살 수 없을 것이다.
5. 링컨이 남북전쟁에서 이기지 않았더라면 노예해방은 더 지체되었을 것이다.
6. 임신 기간은 대단히 예민한 시기이기 때문에 모든 행동을 조심해야 한다.

Sentence Writing Practice
p. 212-213

A 1. It was the weather
2. so appalling
3. wind grew stronger
4. were made possible
5. who was responsible
6. so many inaccurate data
7. so that I can see
8. so that the crystallization takes place

B 1. The coat was so expensive that no one was willing to buy.
2. It was such a rude comment that the panelist could not continue the speech.
3. Professor Smith would have bought the dictionary if he had known that the university offers stipends for class materials.

4. It was during the general meeting that the news was delivered.

5. If the United States entered the war with Iraq, several allies might have to cooperate.

6. It was then that Newton thought of the law of Universal Gravitation.

7. If I lost my passport in Paris, I would be in trouble.

8. It is advanced technology that allows us to enjoy a polished life.

9. The performance was so exciting that we could not leave the place.

10. If such a thing had happened before, I would definitely remember how it ended.

실전 Essay Practice

p. 214-215

B 1. it is difficult to gain reliable information through the online research

2. the Internet provides researchers with an easy access to certain target groups that they are interested in

3. the online survey saves researchers a great amount of time for a survey

4. too many people asked to participate in the online survey tend to ignore the invitation

5. online research offers payment like a lottery to increase response rates

C 1. the lecturer takes a skeptical attitude toward benefits of the online survey methodology

해석

A. 강의에서 강사는 본문에서 지지한 온라인 조사 방법의 이점에 대해 의구심을 표시했다.

B. 무엇보다도, 강사는 온라인 설문 조사로는 신뢰할 만한 정보를 얻기가 힘들다는 점을 지적했다. 본문은 인터넷은 조사자들이 관심 있어 하는 특정 목표 집단에 쉽게 접근할 수 있도록 해 준다는 생각을 지지한다. 하지만, 강사는 그러한 설문 조사 방법에서는 조사자들이 연구 대상과 직접 대면을 하지 못하기 때문에 거짓 없는 정보를 얻기 힘들게 만들고 조사를 통해 수집한 대부분의 정보는 자기보고적이라고 주장한다.

그뿐만 아니라, 강사는 조사자들이 온라인 설문 조사를 이용해 조사에 소요되는 시간이 상당히 절약된다는 생각에도 전적으로 동의하지 않는다. 본문에는 웹사이트에 게시한 조사 참여 유도 문구로 조사자는 쉽게 자료를 수집할 수 있다고 되어 있지만, 강사는 온라인 설문 조사에 참여하는 사람 가운데 너무 많은 이들이 설문 요청을 무시하는 경향이 있다는 점을 지적한다. 따라서, 조사를 위한 충분한 정보를 얻기까지 더 많은 시간이 소요된다.

마지막으로, 설문 조사 비용과 관련해 강사는 온라인 설문 조사는 응답률을 올리기 위해 복권과 같은 보수를 제공한다고 말한다. 그뿐만 아니라 쿠폰과 같은 확실한 상품을 제공해야 하기도 한다.

C. 요약하면, 강사는 온라인 설문 조사 방법의 이점에 대해 회의적인 태도를 취하고 있다.

CHAPTER 05

토플 에세이 쓰기

Unit 22 Expression I _ 선호 / 동의 / 반대 / 의견

A 선호

예문 해석

• 지구상의 모든 과일 중에서 나는 다른 어떤 것보다 사과를 좋아한다.

• 정규 학교교육과 자택교육 중 선택을 해야 한다면 나는 친구들과 함께 공공학교에 다니는 것을 선택하겠다.

• 내 개인적인 견해로는 제안을 받아들이는 것 이외에는 선택의 여지가 없다.

• 대체로 다음과 같은 이유로 인해 애완동물을 키우는 것이 낫다.

• 망설임 없이, 나는 수영 대신에 등산을 하겠다.

• 첨예한 논란이 있는 주제임에도 불구하고 나는 낙태 금지가 현재 상황에 적절한 대책이 아니라는 후자의 견해에 동의할 수 밖에 없다.

B 동의

예문 해석

• 나는 정부가 관세를 낮춰야 한다는 주장에 동의한다.

• 나는 종교적 관용의 견해를 강력히 지지한다.

• 이를 지지하여 심판은 경기 진행이 적절한 페이스로 유지될 수 있도록 올바른 판정을 내려야 한다.

• 다음 증거에 따라 아이들에게 가장 필요한 것은 사랑과 애정이다.

• 나는 더 건강한 내일을 위해 채식주의자의 생활양식을 장려하는 데 일말의 주저함도 없다.

C 반대

예문 해석

• 나는 그렇게 하는 것에 반대한다.

• 나는 낙태에 대해 반대한다.

• 나는 교복을 입는 것이 학생들에게 더 좋다는 것에 반대한다.

• 일반적인 견해와 달리, 고등학교 학생들은 미디어가 묘사한 것보다 훨씬 더 성숙하다.

• 나는 특정 NGO의 활동이 정말로 공익을 위한 일인지 의심스럽다.

• 새로운 세법은 모든 사람들, 특히 퇴직자들에게 바람직하진 않을 수 있다.

• 일부 사람들은 맥도날드의 마을 상권 진입을 허가하는 것에 반대할지도 모른다.

• 온실 가스의 가장 큰 문제점은 지구온난화를 초래하면서 지구의 기존 조건을 훼손한다는 것이다.

• 나는 동물의 목숨이 인간의 목숨보다 덜 중요하다는 사실에 강력히 반대한다.

D 의견

예문 해석

- 나는 안락사가 인간 존엄성의 측면에서 시행되어야 한다는 사실을 굳게 믿는다.
- 내가 이해하기로 '0'의 개념은 매우 철학적이다.
- 나는 제리의 행동이 전적으로 불필요했다고 생각한다.
- 내 생각에는, 너의 조사 방법이 이제껏 본 것 중 가장 정교하다.
- 내가 보기에는 강이 내일까지 완전히 얼어버릴 것 같다.
- 나는 공항까지 택시 타고 가는 것을 제안한다.
- 내가 강력히 주장하는 바는 정부가 교육 제도에 더욱 관심을 가져야 한다는 것이다.
- 이것은 우리 삶의 가치관에 관한 의문을 야기한다.

Sentence Writing Practice   p. 221

A
1. If given the choice of between a dog and a cat, I will take the dog.
2. By and large, it is better to read the newspaper for the following reasons.
3. Without hesitation, I will enlist myself.
4. I strongly support the idea that the nation exists for its people.
5. I think that euthanasia is indeed an ill practice that devalues human life.
6. Contrary to the popular opinion, physics is not always hard.
7. I question whether he will indeed attend the meeting.
8. I firmly believe in innate goodness.
9. I contend that the Rosenberg couple were the scapegoats of the witch hunt, which was widespread across the USA in the 1950s.
10. In accordance with the following reasons, Einstein's theory of relativity is proven to be valid.

Unit 23   Expression II _
예시 / 인용 / 부연설명

A 예시

예문 해석

- 예를 들면, 감자는 뿌리 부분이 아니라 줄기 부분이다.
- 또 다른 경우, 한 성형외과 의사는 심한 화상에 의해 손상된 귀를 성공적으로 복구했다.
- 이러한 예로들 알레르기가 치명적일 수 있음을 알 수 있 다.
- 온실 가스가 환경을 파괴하는 과정을 보여줄 3가지 예들이 있다.
- 누구나 예상할 수 있듯이, 자동차 사고는 눈보라와 같은 궂은 날씨에 증가한다.
- 특히, 돌고래는 믿기 어려울 정도로 똑똑하다.
- 선인장들은 바늘처럼 보이는 잎은 말할 것도 없이 두꺼운 줄기를 가진 매우 이상하게 생긴 식물이다.
- 치명적인 태양광선 이외에도 사막은 건조함으로 유명하다.

B 인용

예문 해석

- 연구 결과 간접흡연이 직접흡연만큼 위험하다는 사실이 지적되었다.
- 전문가들은 톰이 범죄 현장에 대해 거짓말을 하고 있다는 사실을 증명할 것이다.
- 어떤 사람들은 이 모든 믿음이 단지 미신이라고 여긴다.
- 옛 속담이 말해 주듯이, 그 아버지에 그 아들이다.
- 대부분의 직원들은 더 많은 휴일이 필요하다는 것에 동의하는 것 같다.

C 부연설명

예문 해석

- 게다가, 베토벤은 아름답고 감상적인 많은 곡들을 작곡했다.
- 번역 이외에도 각 언어 전문가는 또한 몇 가지 상황에서 통역을 하기도 한다.
- 내가 언급했던 바와 같이, 위험한 날씨는 자연 환경뿐만 아니라 인간의 생활도 위협한다.
- 환자의 안정에 관한 한 헬리콥터가 앰뷸런스보다 더 낫다.
- 실제로 바다에 석유로 오염된 지역이 확장되어 왔다.

Sentence Writing Practice   p. 224

A
1. In another case, the mayor stood up to reduce the crime rate.
2. There are three examples to show how inaccurate the test result is.
3. As anyone may expect, unseasonal floods occurred as the snow that had been piled up melted.
4. In particular, the black car has the best fuel efficiency.
5. The new production line will increase the profit, not to mention the productivity.
6. Aside from gym facilities, we need a large amount of musical instruments for music education.
7. Studies have indicated that carbonated beverages cause obesity.
8. Experts would verify that the fossil is the bone of a dinosaur.
9. As far as I am concerned, I do not care where we go on our trips.
10. It is true that, to some extent, we benefited from the event.

A 등위접속사

예문 해석

1. • 그 도시의 분위기는 다른 도시들만큼 생기가 넘치지 않지만, 삶의 질은 빠르게 향상되고 있다.
   • 대도시는 사람들이 쉽게 직업을 찾을 수 있는 곳이다. 그렇지만, 그곳에서 알맞은 가격의 아파트를 찾는 것은 어렵다.

B 부사절 접속사

예문 해석

1. • 아이들이 많은 다른 출처에서 지식을 얻는 것이 중요함에도 불구하고, 나는 부모가 아이들을 위한 가장 적합한 교사라는 것을 믿는다.
   • 비록 대부분의 젊은 사람들은 도시에서 사는 것을 선호함에도 불구하고, 많은 도시인들은 종종 기관지염 같은 호흡기 질병의 일반적 증상을 경험한다.
2. • 대도시 시민들이 소음과 유해 연기 때문에 스트레스를 받는 반면, 소도시 사람들은 깨끗한 환경을 유지하는 것에 자부심을 갖는다.
   • 아파트의 가격이 (대도시의) 1/3인 반면에, 소도시 사람들이 직장을 위해 대도시로 통근하는 데는 단지 몇 시간이 걸릴 뿐이다.

C 전치사구

예문 해석

1. • 시인이 되기로 한 결심에도 불구하고, 부모님은 나에게 의대에 가서 외과의사가 되라고 강력히 설득하셨다.
   • 그들의 강한 반대에도 불구하고, 나는 반드시 변화의 위험을 무릅쓰는 쪽을 선택한다. 왜냐하면 변화를 두려워하는 사람은 오늘날의 변화 지향적인 사회에서 살아남기가 어렵기 때문이다.
2. • 다른 대도시와는 달리, 그 도시에는 연중 경험할 수 있는 문화 행사가 더 적다.
   • 사회적 분류와는 달리, 의미 있으면서 학문적인 범주로 '흑인'이나 '아프리카계 미국인'을 실제적으로 정의하는 것은 쉽지 않다.

D 접속부사

예문 해석

1. • 대도시에 사는 아이들이 새로 개봉된 〈해리포터〉 시리즈를 보기 원한다면, 근처 영화관에서 얼마든지 영화를 즐길 수 있다. 대조적으로, 시골에 사는 아이들은 같은 영화를 보기 위해 여러 시간 동안 긴 여행을 해야 한다.
   • 옛날 사람들은 연필과 종이를 사용했다. 그러나 요즘 사람들은 훨씬 더 깔끔하고 영구적이라는 점에서 컴퓨터에 글을 쓴다.
2. • 시골 아이들이 컴퓨터를 배우려는 강한 욕구가 있을 때, 그들은 근처에 어떤 학원도 쉽게 발견할 수 없다. 반면, 대도시 아이들은 걸어갈 수 있는 가까운 거리에서 쉽게 찾을 수 있다.

• 편지로 소식을 전하는 데는 며칠이 걸리고, 장거리 전화는 비싸다. 반면에 인터넷을 이용한 이메일은 무료이면서 빠르다.

3. • 심지어 이웃이 소중한 가족을 떠나 보낼 때에도, 도움을 구하는 것은 쉽지 않다. 이와 대조적으로 이웃이 상을 당해 힘들어 할 때마다, 작은 마을에서는 그들의 고통을 덜어주고 따뜻한 위로의 말을 건넬 수 이다.
   • 네가 충동적인 사람이라면, 더 계획적인 성격의 누군가가 네가 일을 더 잘 조직하도록 도울 수 있다. 반면에, 너는 그런 사람이 다소 긴장을 풀고 그때그때의 기분에 따라 일을 할 수 있도록 도울 수 있다.

Sentence Writing Practice p. 228-229

A 1. However, parents can devote as much time as possible to teaching their children.
2. Ilsan does not provide as many cultural activities to experience as Seoul; however, a newcomer finds it much cheaper and healthier to live in Ilsan.
3. Unlike a big city, in the country the public transportation available is generally limited to buses, which do not run so frequently.
4. There are fewer jobs owing to the small-sized market in the country; on the other hand, in an urban area I am able to interview with several companies to find a job.
5. Being affectionate to children is a natural behavior, but this can impede their proper education.
6. Although Korea has few natural resources available, its scientists have contributed to elevating many Korean technological fields to world class level.
7. It is not easy to get along with roommates from entirely different environments. On the other hand, students living in apartments can choose their roommates.
8. Unlike the subway, a bus allows commuters to enjoy the outside view.
9. Nevertheless, being punctual is one of the most important reasons for choosing the subway for transportation.
10. On the other hand, it is much wiser to enjoy change and actively cope with the next change.

A 원인과 결과

예문 해석

1. • 새 영화관 건설은 결과적으로 소음 문제를 초래한다.
   • 신경계에 미치는 니코틴의 영향은 많은 사람들로 하여금 중독되게 만든다.
2. • 나는 웹 메신저를 사용하여 실시간으로 가까운 친구들과 대화할 수 있다. 그것이 바로 오랫동안 집에서 멀리 떠나 있을 때마다 노트북 가져가는 것을 결코 잊지 않는 이유이다.
   • 앞선 (역사적) 사건들을 이해하는 것은 학생들로 하여금 현재를 과거와 비교할 수 있게 하고 잠재적 실수를 피하도록 해 준다. 그것이 바로 학생들이 역사를 공부해야 하는 이유이다.
3. • 소설가들은 사건과 등장인물을 지어낸다. 결과적으로 모든 소설들은 가공이다.
   • 부모들은 아이들이 부모가 희망하는 대로 성장하기를 기대한다. 결과적으로 그들은 자신의 삶을 통해 이루지 못했던 (인생의) 목표를 자녀들이 성취하도록 강요하고 싶어한다.
4. • 제인은 오늘 아침에 창백해 보였다. 이러한 이유 때문에 그녀는 병원에 갔다.
   • 간접 흡연이 심각한 건강 위험을 유발한다는 것은 잘 알려진 사실이다. 이러한 이유 때문에 흡연자가 비흡연자에게 그런 해로운 영향을 끼치지 못하게 해야 한다.

B 마무리 요약

예문 해석

1. • 그런즉, 새 영화관을 짓는 것은 소음 때문에 이웃을 성가시게 만들 것이다.
   • 그러므로, 나의 사생활은 침실에서 보호받을 수 있다.
2. • 결론적으로 마을에 새 영화관을 건설하는 것은 지역 사회에 심각한 문제들을 발생시킬 것이다. 새 영화관은 심각한 교통 문제 이외에도 참을 수 없는 거리의 소음을 초래할 것이다.
   • 요약하자면, 고국에 있는 사람들과의 간편한 의사소통을 위해, 그리고 여행 동안 벌어진 일들의 더 깔끔하고 오래 남을 기록을 위해 나는 랩탑 컴퓨터 챙기는 것을 망설이지 않을 것이다.
3. • 아이들의 선물로 체스는 탁월한 선택이다. 이는 체스가 두뇌 개발과 집중력을 가져다 주기 때문이다.
   • 부모들은 최고의 교사가 될 수 없다. 이는 부모들이 감정적으로 자녀에게 애착을 가질 뿐만 아니라 아이들을 통해 자신들의 꿈을 대신 실현시키려 하기 때문이다.

Sentence Writing Practice p. 232-233

A 1. Thus, what really counts in friendship is not numbers but the depths of human relationships.
2. Hence, the factory construction plan may burden the residents of my community to a certain degree.
3. In summary, I can come to the conclusion that the clothes people wear certainly have strong influences on their behavior, because what you wear may decide who you are.
4. In conclusion, what makes a child a grown-up is, not the physical age, but the spiritual maturity.
5. All knowledge does not come from a classroom alone; our children can also learn what is essential in life on the playground. Therefore, I am strongly convinced that physical education should be included in the school curriculum.
6. Today Buddhism is not well known to younger generations in comparison with Christianity. For this reason, I would really like to visit Tibet to learn about the teachings of Buddhism.
7. Accordingly, Japan comes to my mind first whenever I plan to travel abroad.
8. The construction of a new movie theater will lead to heavy traffic jams.
9. A great number of animals are on the verge of extinction all around the world. For this reason, a zoo must be established for their survival.
10. That is why some parents spoil their children by overprotecting them.

Paraphrasing Practice p. 236

1. individual cells will perform various jobs.
2. enormous success in the past few years and is looking forward to expanding its business.
3. requires much patience and endurance, it certainly returns a satisfactory result all the time.
4. Each student should find more efficient yet unique ways for taking notes.
5. Potassium solution radiates red light as it burns in the fire.
6. It is not only groundless but also inaccurate to believe that the caffeine of green tea is nontoxic and nonirritating.
7. Factories should construct the proper sewage disposal system, where the unwanted industrial waste products are processed.
8. The number of animals in danger of extinction grows consistently as the water and air pollution is aggravated

9. whether homosexuality is sexual preference or sexual orientation are the leading theories

10. Large or small, mammals always have seven vertebrae in the neck.

해석
Original Context
아인슈타인의 상대성 이론은 빛은 상대성의 개념이 없다는 가정에 기초를 두고 있다. 아인슈타인에 따르면 빛은 동일 한 속도로 모든 방향에서 모든 물체에 도달한다. 예를 들어, 어떤 사람이 0 m/s의 속도로 움직이든 298,098,000 m/s 의 속도로 움직이든, 그는 항상 주위의 빛이 3×108 m/s 의 속도로 움직인다고 느낄 것이다. 빛은 또한 공간의 개념 이 없다.

→ Paraphrasing
아인슈타인의 상대성 이론은 빛을 시간과 공간 같은 상대 적 개념과 전적으로 관계가 없는 유일한 존재로 정의한다. 예를 들어, 어떤 사람이 얼마나 빨리 움직이고, 얼마나 멀 리 있건 간에, 빛의 속도는 항상 3×108 m/s일 것이고 빛 과 사람 사이의 거리는 항상 0일 것이다.

→ Summary
상대성 이론에서 아인슈타인은 빛을 시간과 공간 같은 상 대적 개념과 관계가 없다고 정의한다.

→ Plagiarism
아인슈타인의 상대성 이론은 빛은 상대성의 개념이 없다 는 믿음에 기초한다. 아인슈타인에 따르면 빛은 어디에서 나 같은 속도로 모든 물체에 도달할 수 있다. 빛은 항상 3×108 m/s의 속도로 이동한다. 빛은 또한 시간의 개념이 없다.

Unit 27 Paraphrasing II _ 독립형

A Topic을 활용하여 신속하게 서론 시작하기

예문 해석
Topic: 다음의 진술에 동의하는가, 반대하는가? 실제 사건들과 기정 사실들에 관한 책들만 읽을 가치가 있다.
→ Paraphrase: 사실을 다루는 책을 읽는 것만이 도움이 되는지에 관한 논란이 있어 왔다.

B 서론을 활용하여 신속하게 본론 단락 시작하기

예문 해석
전체 주제문: 나는 소설을 읽는 것이 우리 상상력을 개발시키고 또한 우리에게 삶의 중요한 교훈을 가르쳐 줄 수 있다고 믿는다.
→ Paraphrase: 소설은 인간의 본성과 우리가 사는 세상에 대해 우리에게 가르침을 주는 데 매우 유익할 수 있다.
→ Paraphrase: 또한, 소설을 읽는 것은 우리의 상상력을 개발시키고 풍부하게 만들 수 있다.

C 서론으로 신속하게 결론 완성하기

예문 해석
전체 주제문: 나는 소설을 읽는 것이 우리 상상력을 개발시키고 또한 우리에게 삶의 중요한 교훈을 가르쳐 줄 수 있다고 믿는다.
→ Paraphrase: 결론적으로 소설은 우리에게 삶에 대해 가치 있는 교훈을 가르쳐 주고, 단순한 사실들로는 할 수 없는 방법으로 우리의 창의력을 길러줌으로써 의미 있는 역할을 한다.

Paraphrasing Practice   p. 240-241

A 1. There seems to be two kinds of reactions to new customs. Some people try to assimilate into the new environment while others strive to maintain their own traditions.

2. There is an argument regarding whether playing games is enjoyable as long as people win.

3. There has been an argument concerning whether it is beneficial for teenagers to have part time jobs during their school years.

4. (1) First, children raised in the countryside are less likely to have stress than those raised in a big city.

   (2) Moreover, children brought up in rural environments also experience the natural beauty of the Earth.

5. (1) First, a zoo can be an educational place for both children and adults.

   (2) In addition, zoos make constant conservation efforts directed towards preserving endangered populations.

6. In conclusion, it goes without saying that growing up in the countryside rather than in a big city is far more advantageous to children because of their chances to have a better quality of life and the spirit of community.

7. In conclusion, parents cannot be the most desirable teachers for their children. This is because they are not only emotionally tied to their offspring, but they also try to realize their dreams through their children.

8. In conclusion, winning or losing a game does not determine the joy people obtain through playing the game. This is because both fair play and self-realization are momentous factors that determine the pleasure of carrying out a variety of games.

해석
1. 다른 나라로 갈 경우 어떤 사람들은 새로운 나라의 관습을 따르기로 한다. 다른 이들은 고국의 관습을 유지하는 쪽을

선호한다. 당신은 어느 쪽을 선호하는가?
2. 당신은 다음 진술에 찬성하는가 반대하는가? 경기를 하는 것은 승리할 경우에만 재미있다.
3. 당신은 다음 진술에 찬성하는가 반대하는가? 10대들은 학생일 때 일자리를 가져야 한다.
4. 시골에서는 아이들이 스트레스도 덜 받고 자연과 접할 기회도 많기 때문에 대도시에서 자라는 것보다 시골에서 자라는 것이 더 유익하다고 나는 생각한다.
5. 내가 보기에는 대부분의 국가들이 교육이나 위기에 처한 종의 보호와 같은 다양한 목적을 위해 계속해서 동물원을 짓고 있는 것처럼 보인다.
6. 시골에서는 공동체 의식을 가질 수 있을 뿐만 아니 라 안전하면서도 건강한 분위기에서 자랄 수 있기 때문에 도시보다는 시골에서 아이를 키우는 것이 더 낫다고 나는 생각한다.
7. 부모들이 감정적으로 자식과 결부되어 있을 뿐만 아니라 무의식적으로 자식에게 자신들의 가치관을 주입하기 때문에 부모는 최고의 교사가 될 수 없다고 나는 생각한다.
8. 나는 경기에는 단순히 이기는 것 이상의 흥분을 안겨 주는, 상호 작용이나 자립심 같은 수많은 면들이 있다고 본다.

Unit 28 Note-taking

A 글의 핵심 내용을 중심으로 노트 필기

예문 해석
인터넷
기술의 발달로 우리의 삶은 대단히 향상되었다. 인터넷은 여기에서 주요한 역할을 했다. 학생에서 전문가에 이르기까지, 인터넷은 우리 일상생활의 영구적 부분이 되었으며 연구 방법을 향상시키고 개인 생활에 만족을 주었다.

B 구성 파악이 용이한 노트 필기

예문 해석
인터넷
기술의 발달로 우리의 삶은 대단히 향상되었다. 인터넷은 여기에서 주요한 역할을 했다. 학생에서 전문가에 이르기까지, 인터넷은 우리 일상생활의 영구적 부분이 되었으며 연구 방법을 향상시키고 개인 생활에 만족을 주었다
우선, 인터넷은 정보를 쉽게 빠르게 수집할 수 있는 주요 정보원이 된다. 진행 중인 조사 과제나 프로젝트를 위해 더 이상 책 더미를 뒤지며 여러 시간을 낭비하지 않아도 된다. 마우스 클릭 한 번으로 정보를 수집할 수 있다. 오늘날 그리고 이 시대에는 사람들이 과거에 상상할 수 있었던 것 이상으로 데스크탑에서 많은 정보를 얻을 수 있다.

C 자기만의 말로 노트 필기

예문 해석
인터넷은 또한 개인의 삶을 향상시켰다. 로그온을 하기만 하면 거의 모든 것에 곧바로 접속을 할 수 있다. 지구 반 바퀴나 떨어진 곳에

있는 친구들과 쉽게 채팅을 하고 온라인으로 책을 주문하고 최신 농구 점수를 확인할 수도 있다. 인터넷만 있으면 세상이 내 손바닥 안에 있는 것이다.

Note-taking Practice　　p. 245

A 1. b　2. a　3. a　4. a

해석
1. 요즘에는 스트레스가 사회의 큰 문제가 되고 있으며 스트레스에는 여러 가지 원인이 있다. 직장, 학교 생활, 그리고 일상 생활이 스트레스의 원인이 될 수 있다.
2. 인간은 단백질, 지방, 탄수화물, 비타민, 무기질 등의 5대 필수 영양소가 필요하다.
3. 오염 물질은 암, 면역 결핍 질환, 알레르기, 천식과 같은 질병을 유발한다.
4. 일반적으로 한 종 또는 한 개체군의 환경이 그 종의 생존에 불리한 방식으로 변할 때 생태적 위기가 일어난다.

B 1. a　2. b　3. a　4. a

해석
1. a 정부 결정에 대해 국민들이 투표를 하는 직접민주주의에 비해 대의민주주의는 대부분의 정부 결정에 대해 직접 투표를 하는 대신 통치 기관이나 의회의 대표자를 선출하는 정치 체제이다.
　 b 대의민주주의에서는 국민들이 투표 과정을 통해 통치기관이나 의회의 대표자를 선출하는 반면에 직접 민주주의는 사람들이 정부 결정에 대해 투표를 하는 정치 체제이다.
2. a 많은 도시 지역의 고층 건물은 태양빛을 반사하고 흡수하는 많은 면적이 있기 때문에 도시 지역의 열기를 식혀준다.
　 b 많은 도시의 고층 건물은 태양빛을 반사하고 흡수하는 많은 공간이 있다. 이로 인해 도시 지역은 온도가 상승한다.
3. a 연구 결과 애완동물을 키우는 사람들이 그렇지 않은 사람보다 스트레스 관련 질환에 덜 걸리는 경향이 있다고 한다.
　 b 스트레스 관련 질환을 앓는 애완동물 소유자들이 연구를 진행했다. 이 연구 결과 애완동물을 키우는 사람의 수는 애완동물을 키우지 않는 사람의 수보다 훨씬 적었다.
4. a 엔지니어들이 새 승강기, 급수펌프, 파이프 등을 설계하고 나서야 고층 건물을 건설할 수 있었다. 이 장치들로 인해 사람과 물을 지상보다 높은 곳으로 운반할 수 있게 되었다.
　 b 엔지니어들은 승강기, 급수펌프, 파이프와 같은 몇몇 장치들을 고안했다. 이 장치들 덕분에 사람들은 물과 다른 도구들을 지상보다 높은 곳까지 운반 할 수 있었다. 그래서 고층 건물에는 승강기와 급수 펌프가 있다.

C 1. e.g. w/　2. /　3. etc.　4. w/o

해석
1. 정부 보조를 받는 학교가 좋은 예이다.
2. 그것이 찬성에 달렸는지 반대에 달렸는지는 다르다.
3. 그림이나 소설, 영화, 연극, 무용, 음악과 같은 예술 역시 우리 삶에서 중요하다.
4. 아무 것도 얻지 않고 일하는 사람들도 있다.

D 1. for example　2. Compared to　3. about
4. differences / For example / However

1. 우리는 학교와 가정 생활에서 많은 결정과 맞닥뜨린다. 예를 들어 어떤 과목을 공부할지, 휴가는 어디로 갈지 하는 결정들이다.
2. 서로를 위해 망을 보는 동물들과 비교해 볼 때, 인간 역시 장기 기증을 통해 서로를 보살핀다.
3. 그 다큐멘터리는 5대륙의 약 3만 종에 달하는 멸종 위기종을 다룬다.
4. '제어'와 '자유' 사이에는 약간의 차이가 있다. 예를 들어 운전을 할 때는 제어를 즐길 수 있다. 하지만 날 때는 더 큰 자유를 느낄 수 있다.

E 1. studies : TV → negative effects on lives
2. TV → lack of comm.
   esp. children → gap between child. & parents
3. TV prog. – detrimental to young
   e.g. research : heavy exposure to violence → juvenile crimes
4. off-campus vs. dormitory
   dormitory – better
5. TV prog. – educational
   e.g. National Geography
   – infor. about animals & plants
   – used by science teacher
6. population ↑ → car # ↑
   carpooling – solution to traffic jam
   save money – divide the cost of fuel
7. fewer car → pollutant in the air ↓
   noise ↓
8. cf. off-campus – trouble (burglar, noise)
   dorm – full time secur.
9. dorm. – stronger relationship
   → develop academic abilities
10. megastore – convenient
    find any item we want, in walking distance
11. megastore – cheaper
    cf. specialty store – high price / fewer sales
    megastore – lower price / many customers

1. 우리는 많은 시간 TV를 본다. 다양한 조사에 따르면 TV는 우리 삶에 부정적 영향을 미친다고 한다.
2. 우선, TV는 의사소통의 부재를 낳는다. 특히 대부분의 자유시간을 스포츠 중계나 영화를 보며 보내는 아이들은 부모와 대화할 충분한 시간을 갖지 못한다. 그 결과 자녀와 부모 사이에 틈이 생긴다.
3. 게다가, 몇몇 TV 프로그램들은 청소년들에게 해롭다. 예를 들어 일부 연구에 따르면 많은 청소년 범죄가 TV 프로그램의 폭력에 가장 많이 노출된 10대들에 의해 일어났다고 한다.
4. 학생들이 단과대학이나 종합대학에 입학하면 캠퍼스 밖에서 생활할지 캠퍼스 내 기숙사에서 생활할지를 선택하게 된다. 기숙사가 더 나은 선택이 될 수 있다.
5. 어린이들에게 교육적인 TV 프로그램이 많이 있다. 예를 들어, 내가 가장 좋아하는 채널인 내셔널 지오그래피 채널은 동물과 식물에 관한 많은 유익한 정보를 제공한다. 우리 고등학교 과학 선생님은 수업 중에 그 채널의 몇몇

프로그램을 사용했다.

6. 도시 인구의 증가로 인해 자동차 수 역시 증가했다. 카풀 제도는 교통 문제를 감소시킬 수 있는 한 가지 방법이다. 무엇보다도 카풀은 운전자에게 경제적으로 도움이 된다. 모든 사람이 매일매일 각자 연료비를 지불하는 것보다 여러 명이 연료비를 나누어 지불하기 때문에 훨씬 저렴하다.
7. 또한, 자동차 수가 너무 많으면 오염 문제가 발생한다. 만약 사람들이 카풀을 하게 되면 대기로 오염물질을 내보내는 자동차 수가 감소하게 된다. 소음공해 역시 자동차 수가 너무 많아 발생하게 되는 문제이다. 하지만 카풀을 하면 주변에 발생하는 소음의 정도도 줄일 수 있다.
8. 기숙사에서 생활하는 것의 이점 중 하나는 좀더 안전하다는 것이다. 캠퍼스 밖의 아파트는 도둑이나 이웃의 소음 같은 많은 문제의 여지가 있다. 기숙사는 항상 안전이 보장되고 기숙사 내 모든 사람들과 알고 지낼 수 있다.
9. 또한, 기숙사에서 생활하면 학생들은 서로 보다 강한 유대감을 갖게 된다. 다른 학생들과 긴밀한 관계를 갖게 되면 학교 성적을 올리는 데도 도움이 된다.
10. 사람들은 쇼핑을 좋아하는데, 많은 사람들은 대형매장이 쇼핑하기에 좋다고 생각한다. 대형매장은 우선 매우 편리하다. 생각할 수 있는 거의 모든 품목을, 걸어 다닐 수 있는 거리에서 찾을 수 있다. 그렇기 때문에 쇼핑을 하러 도시 전체를 돌아다닐 필요가 없다.
11. 대형매장은 편리할 뿐만 아니라 가격도 저렴하다. 전문매장은 판매량이 적기 때문에 더 높은 가격을 매겨야 한다. 대형매장은 고객이 대단히 많은 탓에 보다 저렴한 가격으로 판매를 한다.

F 1. purpose of tax – manage. of the gov.
   e.g. coining, regulating with frgn. nations, post office, law, armies
2. guidelines for health
   1. physical exercise – muscle, reduce calories
   2. proper nutrition – vitamin, mineral – protection against disease
   3. adequate rest – function fully
3. hybrid vehicle – better gas mileage
   e.g. over 60 miles / gallon – double what a gas car can
   technology ↑ → cost ↓
4. stress
   caused by
   1. problems (work, school, daily life)
   2. change in life (e.g. death, moving, job change)
      management
   1. distance from the sit. (e.g. long walk, drive)
   2. favorite activity (e.g. working out, reading)

1. 세금

과세의 첫 번째 목적은 정부의 경영이다. 미국 헌법에는 화폐 발행, 외국과의 통상 조절, 우체국 설립, 일률적인 법 제정, 군대나 함대 육성 및 의장 등과 같은 여러 가지 이유들이 나열되어 있다. 세금은 정부의 일상적 기능을 수행하기 위해 필요하다.

2. 건강

건강 유지를 위해서는 다음의 기본적인 지침을 따라야 한다. 건강한 생활을 위해서는 신체 운동이 대단히 중요하다. 근육을 강화하고 과도한 열량을 감소시키기 위해 매일 운동을 해야 한다. 신체가 필요로 하는 에너지를 공급하고 질병에 대항할 비타민과 무기질을 공급하기 위해서 올바른 영양소 섭취도 필요하다. 또한 건강한 신체를 위해서는 적절한 휴식도 중요하다. 휴식이나 수면을 충분히 취하지 않으면 몸이 제대로 완전한 기능을 수행하지 못한다.

3. 하이브리드 자동차

하이브리드 자동차는 확실히 연비가 좋다. 많은 전문가들이 세계의 석유 공급이 언제 끝날지에 대해서 의견을 달리하고 있지만, 그렇다고 해서 걱정할 필요가 없다는 얘기는 아니다. 유가가 급등하고 있는 상황에서 이를 주목하지 않을 수 없다. 현재 갤런 당 60마일 이상의 연비를 갖는 하이브리드 자동차가 나왔다. 이것은 휘발유를 사용하는 자동차 연비의 두 배에 해당하는 수치다. 기술이 발전하고 하이브리드 차량의 가격이 감소하면서 가격에 민감한 소비자의 선택의 폭이 넓어졌다.

4. 스트레스

스트레스는 삶의 문제들로 인한 근심이 주는 압박의 결과로 생긴다. 스트레스의 원인은 주로 직장, 학교, 일상 생활과 관련된 문제이다. 스트레스는 또한 가족 구성원의 사망, 이 사나 이직과 같은 삶의 중요한 변화에 의해서도 일어날 수 있다. 사람들은 다양한 방법으로 스트레스를 해소하는데, 예를 들면 오래 산책을 가거나 시골길을 드라이브 하면서 상황에서 벗어난다. 또 다른 사람들은 헬스장에서 운동을 하거나 최신 베스트셀러를 읽는 것과 같이 자신들이 가장 좋아하는 활동에 몰두해 스트레스를 해소한다.

Unit 29 Summarizing I _ 키워드 요약

A 효과적인 요약 문장 쓰기를 위한 3단계

예문 해석
최초 북아메리카인이 누구였는가에 대한 많은 견해가 있다. 그들 중의 하나가 'Clovis-first'이론이라 불린다. 이 이론은 약 14,000년 전에 사람들이 시베리아와 알래스카 사이에 존재했던 육교를 횡단했다고 제시했다. 그들은 'Clovis people'이라고 알려졌고 사람들은 그들이 최초의 북아메리카인이었다고 믿는다.

Topic: 최초의 북아메리카인
Key words: 최초 북아메리카인, Clovis-first 이론, 14,000년 전, 여행하다, 시베리아와 알래스카
Summary: Clovis-first 이론은 14,000년 전 시베리아 사람들이 알래스카로 이동했고, 최초로 북아메리카에 정착했다고 주장한다.

Summarizing Practice

1. Personal essay summary
   Passage 1
   Topic: Skiing

Key words: winter, skiing, move, miss
Summary: The writer misses skiing because she[he] hasn't had a chance to ski since her[his] family moved to London.

Passage 2
Topic: My best friend, Becky
Key words: Best friend, listens to & comforts me, advice, wit & humor, love
Summary: The writer favors her friend Becky the most because of her considerate and comfortable personality, as well as the wit and humor in her nature.

Passage 3
Topic: Importance of a healthy diet
Key words: eating right, used to eat out, not much time to cook, difficult to eat right
Summary: Contrary to the preference of eating out in the past, the writer has realized a healthy diet is very important, but rather difficult for busy people.

해석
Passage 1
나는 스키를 아주 좋아하기 때문에 겨울을 가장 좋아한다. 어렸을 때에 우리 가족은 밀라노에 살았다. 겨울이면 우리 부모님은 유명한 스키 리조트가 있는 알프스 근처의 북쪽 지방으로 우리를 데려갔다. 런던으로 이사한 뒤로는 스키를 타러 갈 기회가 별로 없었다. 정말 스키가 타고 싶다.

Passage 2
베키는 나의 제일 친한 친구다. 우리는 초등학교 때부터 친구였다. 그녀는 내가 진심으로 대화를 나누고 즐거움을 함께 할 수 있는 몇 안 되는 사람 중의 한 명이다. 그녀는 항상 내 말을 들어주기 때문에 내가 언짢을 때마다 그녀는 위로가 되어 준다. 또한 직장 동료들과 문제가 생길 때면 유익한 충고를 해 준다. 베키는 재치와 유머로 종종 나를 놀라게 한다. 그녀와 시간을 보내는 일은 정말 즐겁다.

Passage 3
학교에 다닐 때 우리 선생님은 "사람은 자신이 먹는 것처럼 된다."라고 말씀하셨다. 내 생각에 건강을 유지하기 위해서 올바른 식습관을 갖는 것이 중요하다는 것을 강조하신 듯하다. 식당 음식은 맛도 좋고 친구들과 얘기를 나누며 즐거운 시간을 가질 수 있기 때문에 예전에는 외식을 즐겨 하곤 했다. 지금은 풀타임으로 일을 하는 탓에 요리를 할 시간이 별로 없어서 거의 매번 빠르고 자극적인 음식을 사 먹는다. 최근에는 몸도 약해지고 더부룩한 느낌을 자주 느낀다. 아마도 식습관 때문인 것 같다. 이제야 나는 선생님 말씀이 옳았으며 올바른 식습관을 갖는 것이 얼마나 어려운 일인지를 알겠다.

2. Informative essay summary
   Passage 1
   Topic: Genes carry codes for your appearance
   Key words: codes, appearance, half from each parent, own set, look alike
   Summary: Genes carry codes for your

appearance. You build your own set of genes that derived from each of your parents.

Passage 2
Topic: Apartment
Key words: dense population, lack of housing, make most of available land
Summary: Apartments are a solution for housing problems in big cities, as they allow people to use available space in a way that accommodates many people on limited land.

Passage 3
Topic: The origin of piggy bank
Key words: mistake, cheap clay called 'pygg', housewives drop coins, forgot, pig- shaped piggy bank, potter
Summary: A piggy bank is a pig-shaped bank where we save coins. It was mistakenly shaped to be a pig when English potters didn't know 'pygg' referred to clay and made piggy banks based on the pronunciation of 'pygg'.

Passage 4
Topic: Chess – its origin and infinity
Key words: origin, mystery, infinite, complexity, artistic beauty
Summary: Chess is a game of mysterious origin and infinity. Whoever invented the game, it fascinates people regardless of age by the feeling of control and realization of its complexity and artistic beauty.

해석
Passage 1
유전자는 사람들의 외모를 결정하는 정보를 운반한다. 유전자는 사람들의 키가 얼마나 클지 머리 색은 어떤 색이 될지를 말해 준다. 또한 눈 색깔에 대한 정보도 갖고 있다. 유전자의 반은 어머니에게서 나머지 반은 아버지에게서 나온다. 그렇게 해서 자신만의 유전자를 갖게 된다. 사람들은 누구나 신체 각 부위에 대해 다른 유전자를 갖는다. 그래서 형제자매는 외모가 비슷하다.

Passage 2
대도시는 인구밀도가 상당히 높다. 이것은 주택 부족의 주요 원인 가운데 하나이다. 한정된 주택 부지 문제를 해결하기 위해 정부는 아파트를 많이 짓는다. 아파트는 여러 층이 있다. 각 층에는 10가구 이상이 살 수도 하다. 더 많은 가구가 살 수 있도록 더 높은 아파트를 짓기도 한다. 이렇게 해서 이용 가능한 땅을 최대한 활용할 수 있다.

Passage 3
사람들은 왜 동전을 돼지저금통에 저금할까? 그것은 누군 가 실수를 한 탓이다. 중세 시대에는 금속이 비싸서 가정용 품으로는 거의 사용하지 않았다. 대신 사람들은 '피그'라고 하는 값싼 진흙으로 접시와 냄비를 만들었다. 주부들이 동전을 모으게 되면 진흙 항아리 안에 넣었다. 사람들은 이 항아리를

피그 저금통이라고 불렀다. 2∼300년이 지나면서 사람들은 '피그'가 진흙을 뜻한다는 사실을 잊어버렸다. 19세기에 영국 도공들은 처음으로 돼지 모양의 저금통을 만들었다. 그 이후로 돼지저금통은 동전을 모으는 가장 일반적인 저금통이 되었다.

Passage 4
어느 누구도 언제 어디서 체스가 처음 생겼는지 모른다. 체스의 전신으로 알려진 경기는 많은데 네 명이서 하는 인디언 게임인 차투랑가(Chaturanga)도 그 중 하나이다. 하지만 체스가 정확히 언제 어디서 시작되었는지는 알려져 있지 않다. 하지만 체스에 관해 확실한 사실은 체스가 무한하다는 것이다. 인디언 속담에 '체스는 모기가 목욕하기도 하고 코끼리가 익사하기도 하는 호수다.'라는 것이 있다. 아이들은 나무로 된 작은 군대를 지휘하기를 좋아하며 어른들은 체스 게임에서 나폴레옹이 되기를 좋아한다. 사람들은 그렇게 시작한다. 그러다가 나중에는 체스 게임이 얼마나 어려운 기술을 필요로 하는지 그리고 얼마나 경이로운 예술미가 존재하는지를 알게 된다.

3. Argument/discussion summary
Passage 1
Topic: Manpower is the key for improving university service quality.
Key words: Human resource, support for lecturers, intensive student attention, extraordinary performance and achievement
Summary: Universities should support the lecturers and students to improve service quality.

Passage 2
Topic: University tuition fee raise is necessary.
Key words: upgrade service quality, money, students, responsibility
Summary: In order to upgrade university service quality, raising tuition fees seems inevitable.

Passage 3
Topic: Capital punishment prevent crimes
Key words: prevent crimes, society's view of capital crime
Summary: Knowing the fact that the bad are punished prevents people from committing crimes. Capital punishment is an effective way of preventing serious offenses from taking place.

Passage 4
Topic: Capital punishment – no prevention of serious crimes
Key words: little prevention, avoid capture, more vicious actions, raise crime rates
Summary: The death penalty does not deter people from committing crimes. Rather, it would increase crime rates because criminals would commit even more serious violations in order not to be captured.

해석

Passage 1
등록금 인상 외에도 대학 서비스의 질을 높일 많은 방법이 있을 수 있다. 인적 자원은 변화를 일으킬 수 있는 가장 강력한 무기이다. 대학은 동원할 수 있는 인력에 초점을 맞추어야 한다. 예를 들어, 강사들의 강의와 연구에 대한 지속적인 지원을 통해 학생들에게 보다 양질의 학업을 제공할 수 있다. 게다가, 학업 분야에서 학생들에 대한 집중적인 지원은 놀라운 성과를 가져온다.

Passage 2
사람들은 대학으로부터 점점 더 높은 수준을 기대한다. 그렇기 때문에 대학 등록금을 올릴 수밖에 없다. 아무 것도 없이 대학이 서비스의 질을 향상시킬 수는 없다. 대학 서비스에는 유능한 강사, 유익한 교과과정, 학교 시설, 그 외의 많은 것들이 포함된다. 이 서비스를 개선하기 위해서는 돈이 필요하다. 나는 학생들도 어느 정도는 책임을 져야 한다고 생각한다.

Passage 3
사형제도는 범죄 유발을 저지하는 효과가 있다. 범인들이 사형을 받게 되면 시민들은 사회에서 중죄를 얼마나 심각하게 여기고 사회정의를 실현하고자 애쓰는지를 알게 된다. 사람들이 잘못된 행동으로 인해 사형을 당할 수도 있다는 것을 알고 있다면 중죄를 저지르려는 시도를 하지 않을 것이다. 범죄자들도 훨씬 더 위중한 범죄를 저지르기 전에 한 번 더 생각하게 될 것이다.

Passage 4
사형제도는 사람들이 중죄를 저지르는 것을 막는 데 별다른 효과를 발휘하지 못할 것이다. 도주 중인 사람들은 잡히지 않기 위해 무슨 짓이라도 할 것이며 훨씬 더 심한 범죄를 저지를지도 모른다. 마찬가지로 누군가 벌써 사형에 해당하는 범죄를 저지른 경우 나쁜 짓을 하는 것을 두려워하지 않을 것이다. 이로 인해 범죄율이 감소되는 대신 증가될 것이다. 그러므로 사형제도는 범죄 예방에 효과가 있다고 보기 어렵다.

Unit 30 Summarizing II _ 지문 요약 / 필기 요약

A 지문을 읽고 요약하기

예문 해석

풍력
풍력은 오랫동안 안전하고 깨끗한 대체 에너지로 여겨져 왔다. 그러나 풍력과 관련된 모든 장점에도 불구하고 심각한 환경 훼손의 가능성이 있다. 우선 바람 농장이라 불리는 풍력 발전단지는 인근 지역에 거주하는 수많은 조류를 위협하고 있다. 풍력은 회전날에 의해 작동되는데, 이것이 새들에게 위험할 수 있기 때문이다. 예를 들어, 환경주의자들의 보고에 의하면 5천마리 이상의 조류가 캘리포니아에 있는 농장에서 회전날로 인해 죽었다고 한다. 새들은 특정한 해충 번식을 억제하는 역할을 함으로써 생태계 유지에 중요한 역할을 한다. 따라서 새가 줄어들수록 해충이 번식한다는 이치는 너무나 당연한 것이다. 이러한 해충은 농작물에 심각한 피해를 가져다 줄 수 있다.

Original
바람 농장이라고 불리는 풍력 발전소는 그 지역의 수많은 새들을 위험에 빠뜨린다. 회전날은 새들에게 위험하다. 그것은 농작물에 심각한 손상을 야기한다.

Summary
바람 농장은 새들에게 대단히 위험하다. 새들은 농장의 회전날 때문에 죽고, 그로 인해 농작물에 심각한 피해가 야기된다.

B 노트 필기를 보고 요약하기

예문 해석

인터넷
기술 진보는 우리의 삶을 크게 향상시켰다. 이것은 인터넷이 주요한 역할을 담당해 왔기 때문이다. 학생으로부터 전문가에 이르기까지 인터넷은 모든 일상 생활에 필수적인 부분이 되고 있으며 연구 방법을 향상시키고 개인적 삶에 만족을 가져다 주고 있다.
→ Note
인터넷 – 연구 방법을 향상시킴
　　　 – 우리 삶에 만족
→ Summary
인터넷은 연구 방법을 향상시키고 우리 삶에 만족을 가져다 주기 때문에 유익하다.

Summarizing Practice

p. 261-266

A 1. a　2. b　3. a　4. a　5. b　6. a　7. b　8. a

해석
1. 학업에 근면하고 노력을 하는 학생은 더 우수한 점수를 받을 것이다.
   a 열심히 공부하는 학생이 좋은 점수를 받는다.
   b 공부 습관이 있는 학생이 더 우수한 점수를 받는다.
2. 수많은 단어들로 대단히 복잡하게 이루어져 있음에도 불구하고 어떤 문장들은 아무런 의미도 없다는 것을 쉽게 발견할 수 있다.
   a 복잡한 문장들에는 여러 가지의 어려운 의미가 있다.
   b 어떤 문장들은 보기에는 어려워 보이지만 실제로는 아무 의미도 없다.
3. 고등교육은 회사에서 좀 더 매력적인 지위를 얻기 위한 필수조건이다.
   a 좋은 일자리를 얻기 위해서는 훌륭한 교육이 필요하다.
   b 고등교육을 받는 사람은 돈을 많이 벌 수 있다.
4. 그 증거를 볼 때 압도적으로 흡연은 실제로 건강에 유해 하다라는 결론을 얻게 된다.
   a 확실히 흡연은 건강에 나쁘다.
   b 그 증거는 흡연의 단점을 입증할 만큼 충분히 명백했다.
5. 소비자 신뢰지수의 감소로 인해 소규모 자영업자의 경우 수익 감소 또는 심지어 도산에 이르기도 한다.
   a 사람들이 돈을 쓰지 않으면 이익은 감소할 것이다.
   b 사람들이 돈을 쓰지 않으면 소규모 사업체들이 손해를 보거나 심지어 파산에 이르기도 한다.
6. 생물은 외부 물질이나 에너지 없이는 조직을 유지하거나 활동을 해 나갈 수 없다.
   a 생물은 기능을 하기 위해 먹이가 필요하다.
   b 생물은 많은 활동이 필요하다.
7. 개인마다 특성에 많은 차이를 보이기 때문에 혼자서 사는 것이 동거를 하는 것보다 더 낫다.
   a 혼자 사는 것은 룸메이트와 함께 사는 것보다 낫다.
   b 사람들은 습관이 다르기 때문에 혼자 사는 것이 룸

메이트와 함께 사는 것보다 낫다.

8. 뉴욕이나 도쿄와 같은 대도시의 분명한 문제는 휘발유를 이용한 개인이나 대중 교통 차량의 수가 증가해 적시의 이동을 방해한다는 것이다.
   a 대도시에서는 교통 문제가 점점 심각해지고 있다.
   b 대도시의 대중 교통은 매우 편리하다.

B 1. a 2. b 3. a 4. a 5. b 6. b 7. b

해석
1. a 지구에 관한 새로운 연구로 지구가 어떻게 움직이는지 알게 되었다.
   b 일부 조사는 지구 시스템과 지구가 움직이는 원리를 연구하고 있다.
2. a 식사 시간에 식사를 하는 것은 심각한 건강 문제를 유발할 수 있다.
   b 지나친 과식을 하면 어떤 면에서는 뚱뚱해지거나 병에 걸릴 수 있다.
3. a 정부가 실패한 후에는 보다 적은 건물들이 건축되었다.
   b 정부가 실패한 후에 몇몇 건물들이 건축되었다.
4. a 영국인들은 차를 마시기 좋아한다.
   b 영국인들은 다양한 종류의 차를 모으기 좋아한다.
5. a 자동차는 도시 오염의 원인이다.
   b 자동차는 공기를 오염시키고 도시 거주자에 호흡기 질환을 야기한다.
6. a 영어 음성학 공부는 어렵다.
   b 많은 학생들이 영어를 정확하게 발음하기 어렵다고 생각한다.
7. a 음식물의 결핍은 죽음을 야기한다.
   b 생명체는 필요한 양의 먹이가 없으면 수가 감소할 것이다.

C 1. Professors / television / reputation / students
2. fluorine / teeth / calcium / bones
3. harm / pollution / climate
4. temperature / carbon dioxide / deforestation

해석
1. 요즘에 유명 대학 교수들이 TV에서 강의하는 것을 보는 것은 드문 일이 아니다. 관련 대학의 명성을 쌓을 수 있다는 점을 포함해 여기에는 몇 가지 이점이 있다. 고교생들이 TV에서 그 교수들을 보고 감동을 받는다면, 이는 그 대학에 들어가고 싶어하는 학생의 수가 증가할 수도 있다는 것을 의미한다.
2. 미국의 몇몇 주에서는 식수에 불소를 첨가한다. 이 주들이 이렇게 하는 데는 몇 가지 이유가 있다. 우선, 불소는 치아와 뼈의 건강 유지에 도움이 된다. 불소는 치아에 쌓인 물질을 제거해 주고 충치를 예방해주는 유익한 화학물질이다. 또한 특히 아동의 뼈를 튼튼하게 해주는 칼슘도 일정량 함유하고 있다.
3. 산림 벌채란 나무를 잘라내고 그 지역을 가축을 위한 목초지나 경작지, 또는 주택이나 도로, 공장과 같은 도시화를 위한 공간으로 바꾸는 것을 말한다. 일반적으로 이러한 숲의 파괴는 도움이 되기보다는 해가 된다. 산림 벌채의 부정적 효과는 대기 오염의 증가나 기후 변화에서 쉽게 알 수 있다.
4. 아동기 때의 겨울이 오늘날의 겨울보다 더 춥게 느껴지는가? 이것은 부분적으로는 지구온난화 때문이다. 기본적으로 지구온난화는 지구 평균 기온의 상승을 말한다. 일반적으로 과학계에서는 이것이 산림 벌채와 인구 증 가뿐만 아니라 이산화탄소와 다른 온실 가스의 방출 때 문이라고 말한다.

D 1.

Note-taking
franchise – benefits
1. start with a name consumers know, less money for ad.
2. consumers familiar w/ brand
   → more likely to buy (trust)

Summary
Opening a franchise is a good idea. Owners can save money for advertising because company does the ad. In addition, people are likely to buy from a familiar and trusted business no matter who owns the shop.

2.

Note-taking
heat island – cities warmer than rural
causes : tall buildings – reflect & absorb sunlight – block natural wind

Summary
There are several reasons for heat islands, and tall buildings are one of them. They reflect and absorb sunlight. Moreover, they hinder natural wind and keep cities from cooling.

3.

Note-taking
4-day workweek – benefits
1. for employer
   save money – less pay for less work
2. for employee
   – much time to relax → stress ↓
      → productivity ↑

Summary
The four-day workweek is a system that benefits both employers and employees. For employers it means paying less in salaries. Employees can benefit from more time to relax, which could mean higher productivity.

해석
1. 프랜차이즈
프랜차이즈 사업을 하는 것은 사업을 시작하는 좋은 방법이다. 우선, 사업주는 소비자에게 친근한 이름을 가지고 사업을 시작하기 때문에 광고비를 줄일 수 있다. 프랜차이즈 점주는 회사에서 홍보를 전부 해 주기 때문에 광고에 그만큼 많은 돈을 쓸 필요가 없다. 게다가 소비자들은 이미 그 브랜드에 익숙해져 있고, 딱 들으면 알 수 있는 유통업체에서 제품을 살 확률이 높다. 소비자가 오랫동안 사용해 온 제품에 만족할 경우 그 상점의 주인이 누구인가에 상관없이 그 제품을 계속해 사용하게 된다.

2. 도시 열섬

열섬은 주변 지역보다 온도가 훨씬 높은 대도시 지역을 뜻 한다. 사람들이 인구가 많은 도심 지역에 살기 시작하 면서 도심은 온도 상승이 일어나기 시작했는데, 이는 겨울에는 좋은 일이지만 여름에는 문제가 된다. 도시 열섬에는 몇 가지 원인이 있다. 대부분의 도시 지역에 있는 고층 건물들은 건축 자재에 따라 태양빛을 반사 또는 흡수하는 많은 추가 면적들이 있다. 이른바 '협곡 효과'는 시골 지역의 자연환경에 비해 보다 효율적으로 도시 지역의 온도를 높인다. 그뿐만 아니라 건물들이 대류에 의한 냉각을 막아 자연적인 바람 패턴을 차단한다.

3. 주 4일제

주 4일제는 고용주나 고용인 모두에게 유익할 수 있다. 우선, 고용주는 고용인들의 노동시간이 줄어들기 때문에 임 금을 예전만큼 많이 지불하지 않아도 된다. 직원들이 하루에 8시간씩 주 5일 일을 할 때는 하루에 8~9시간씩 주 4일간 일을 할 때에 비해 보다 많은 임금을 지불해야 한다.

고용인들의 입장에서 보면 휴식을 취할 충분한 시간을 갖게 되어 일로 인한 스트레스가 감소된다. 너무 많은 시간 노동을 할 경우 사람들은 지치게 된다. 더 행복해지고 더 많은 휴식을 취할 수 있다면 주 4일제는 생산성 향상이라는 결과를 가져올 것이다. 그렇기 때문에 주 4일제는 고용주와 고용인 모두에게 유익하다.

iBT 고득점으로 가는

Grammar
& Writing 4

2nd Edition